SHEHUIKEXUE WENXIAN
JIANSUO YU LIYONG

社会科学文献检索与利用

（第3版）

王立诚 主 编

储云峰
刘晓丹 副主编

邵婷芝 主 审

东南大学出版社
SOUTHEAST UNIVERSITY PRESS
·南京·

内容提要

本书在第2版的基础上,结合近几年高等学校"文献检索"课程教学的需要,对全书内容进行了修订;并结合各类型数据库的变化情况,对有关数据库的内容进行了更新;从大学生对信息需求的变化,增加了"专题信息检索与利用"、"图书馆服务实用指南"和"学术论文写作基础"等三个章节。全书系统地阐述了社会科学文献检索与利用的基本原理和基础知识,介绍了社会科学文献检索工具的编排方法和使用方法;根据文科类专业学生在学校学习期间以及今后走上工作岗位的需要,按文献出版类型分别介绍了获取的方法和途径。本书不仅可以作为文科院校本专科生的"信息检索"课教材,还可供图书情报人员、科技人员和管理人员使用。

本书为《科技文献检索与利用》的姊妹篇。

图书在版编目(CIP)数据

社会科学文献检索与利用/王立诚主编.—3版.
南京:东南大学出版社,2014.7(2021.12重印)
 ISBN 978-7-5641-4902-4

Ⅰ.①社… Ⅱ.①王… Ⅲ.①社会科学-情报检索-高等学校-教材 Ⅳ.①G252.7

中国版本图书馆 CIP 数据核字(2014)第 079946 号

社会科学文献检索与利用(第3版)

主　　编:王立诚
策划编辑:张　煦
装帧设计:王　玥

出版发行:东南大学出版社
社　　址:江苏省南京市四牌楼2号(210096)
出 版 人:江建中
经　　销:江苏省新华书店
印　　刷:南京玉河印刷厂
版　　次:2014年7月第3版　2021年12月第6次印刷
开　　本:700mm×1000mm　1/16
印　　张:17.75
字　　数:358千
书　　号:ISBN 978-7-5641-4902-4
定　　价:36.80元

凡因印装质量问题,可直接向出版社营销部调换。电话:025-83791830

第3版前言

《社会科学文献检索与利用》第2版出版7年来,大学生对信息的需求发生了巨大变化,同时电子文献收录内容和检索方法也有了变化。为适应人才培养需要,现在第2版基础上,编者对全书再次进行修订。第3版在保持第2版原有特色的基础上,对全书章节进行了较大的增加,增加了"专题信息检索与利用"、"图书馆服务实用指南"和"学术论文写作基础"等三个章节。

培养学生掌握文献检索方法和技能,提高学生自学能力和科研能力,是高等学校教学中的一项重要任务。本书自2002年出版以来,已先后修订2次,这次修订,认真总结了这7年来教学过程中的经验,吸收有关专家的建议;结合大学生对信息全方位的需求,我们不仅要培养学生自学能力和科研能力,同时要培养学生适应社会发展需求的应对能力。第3版在保持第2版按文献出版类型分别介绍获取的方法和途径外,增加了四六级考试信息、考研信息、公务员信息、出国留学信息和就业信息的获取与利用,增加了图书馆服务实用指南,增加了学术论文写作基础知识等内容;并结合计算机检索发展,对部分数据库的调整和变化情况进行了修订介绍,使新版更科学、更实用。第 3 版共分十七章,由王立诚同志对 2 版进行了修订,并执笔撰写了增加的三章内容。

  本书再次修订过程中,东南大学出版社张煦副编审对本书的修订和增加的三章内容提出了建议,并对本书修订出版提供了大力支持和帮助;同时本书修订过程中参考了大量国内外文献资料,许多作者的研究成果为我们提供了丰富的素材。在此,一并表示感谢。

编　者

2014 年 5 月 1 日

目 录

第一章　绪论　/1
　第一节　社会科学与社会科学文献　/1
　第二节　社会科学文献检索概述　/8
　第三节　社会科学文献检索的意义和作用　/13

第二章　社会科学文献检索基础知识　/16
　第一节　社会科学文献检索原理　/16
　第二节　社会科学文献检索工具　/23
　第三节　社会科学文献检索途径、方法、技术和
　　　　　步骤　/30

第三章　社会科学文献检索工具编排方法　/38
　第一节　字顺编排法　/38
　第二节　分类编排法　/45
　第三节　主题编排法　/47
　第四节　其他编排法　/49

第四章　字、词和文句的查考和检索　/52
　第一节　常用字、词的查检　/52
　第二节　古文字、词的查检　/58
　第三节　成语典故与古文句查检　/61

第五章　人名、地名及机构检索　/65
　第一节　人物资料检索　/65
　第二节　地名检索　/70
　第三节　组织机构检索　/73

第六章　历史年代、历史事件检索　/77
第一节　历史年代检索及其换算　/77
第二节　历史及当代事件的检索　/89

第七章　古代典章制度和法律、法规检索　/94
第一节　古代典章制度检索　/94
第二节　法律、法规检索　/100

第八章　图书文献及其检索　/110
第一节　概述　/110
第二节　中文图书及其检索　/111
第三节　外文图书及其检索　/121

第九章　期刊文献及其检索　/127
第一节　概述　/127
第二节　中文期刊论文及其检索　/128
第三节　外文期刊论文及其检索　/138

第十章　专利文献及其检索　/146
第一节　专利基础知识　/146
第二节　国际专利分类法　/150
第三节　中国专利文献及其检索　/153
第四节　外国专利文献及其检索　/159

第十一章　标准文献及其检索　/165
第一节　概述　/165
第二节　国内标准及其检索　/169
第三节　国际标准及其检索　/174
第四节　有关国家的标准检索　/179

第十二章　学位论文、会议文献和产品样本及其检索　/183
第一节　学位论文及其检索　/183
第二节　会议文献及其检索　/189
第三节　产品样本及其检索　/198

第十三章　网络信息资源检索　/202
第一节　网络信息资源基础知识　/202
第二节　主要搜索引擎及其使用　/206
第三节　Internet 网络资源利用介绍　/215

第十四章 专题信息检索与利用 /220
第一节 四六级考试信息检索与利用 /220
第二节 考研信息检索与利用 /222
第三节 公务员考试信息检索与利用 /225
第四节 留学信息检索与利用 /228
第五节 大学生就业信息检索与利用 /231

第十五章 图书馆服务实用指南 /235
第一节 文献借阅服务 /235
第二节 参考咨询服务 /236
第三节 用户教育与培训服务 /236
第四节 文献传递与馆际互借服务 /236
第五节 科技查新服务 /237

第十六章 学术论文写作基础 /239
第一节 概述 /239
第二节 学术论文写作准备工作 /241
第三节 学术论文的写作要求 /246
第四节 学术规范 /253

第十七章 社会科学文献综合利用示例 /257
第一节 经济类文献检索示例 /257
第二节 政法类文献检索示例 /262
第三节 文史类文献检索示例 /265

参考文献 /274

第一章 绪 论

第一节 社会科学与社会科学文献

一、社会科学概述

社会科学是以人类社会运动变化和发展规律为研究对象的科学。其任务是研究并阐述各种社会现象及其发展规律。它所包含的学科一般都属于上层建筑和意识形态的范畴,在有阶级的社会中它具有阶级性。马克思主义作为一种哲学体系产生以后,科学地揭示了社会发展的客观规律,使社会科学发生了根本的变革,成为促进社会科学发展,推动人类历史前进的重要力量。

社会科学是人类整个知识体系中的一大门类。它与自然科学一样,是众多学科的总称。社会科学一般包括经济学、政治学、法学、史学、文学、语言学、教育学、社会学、民族学、宗教学、美学等。每一学科又包含许多分支学科,如经济学包括政治经济学、工业经济学、农业经济学等。随着社会科学进一步向纵横两方面发展,社会科学各门类学科将有更多的分支学科和交叉学科出现。

1. 社会科学的主要学科简介

为了学好社会科学文献检索课程,首先应该了解有关社会科学的学科知识。下面,我们将社会科学中的一些基本学科作一简单介绍。

(1)经济学

经济学是研究人类社会在各个发展阶段上的各种经济活动和各种相应的经济关系及其运行、发展规律的科学。

随着人类社会分工的深化,经济活动内容越来越复杂、丰富,专业化程度越来越高,同时各种经济活动之间,经济活动与其他社会活动之间相互依存、相互渗透的联系,也越来越紧密。为适应这种发展,经济学的研究范围也不断扩展。一方面,从带有高度概括性的理论经济学中不断分化出带有应用性的和独立的部门经济学、专业经济学等分支学科,如:工业经济学、销售经济学、美国经济学、世界经济学等;另一方面出现了经济学领域内部各个分支相互交叉的学科以及经济学科与其他社会科学以至自然科学之间彼此连接的边缘学科。如：人口经济学、环境经济学等。

(2) 政治学

一般而论，政治学是研究社会政治现象的一门科学。具体来说，政治学研究的范围主要包括国家学说、政治理论、政治制度和政治思想史等。

政治学是一门阶级性很强的科学，不同的政治学说反映不同阶级的政治观点，代表着不同的阶级利益，为不同的阶级服务。马克思、恩格斯的《共产党宣言》第一次提出了无产阶级的政治学说，创立了科学社会主义的政治学说。

(3) 法学

法学也称法律学，是以法律为主要研究对象，全面系统地研究法的一门科学。法学与政治学长期结合在一起，具有鲜明的阶级性，它反映特定阶级的利益，并为特定的阶级利益服务。

随着人类社会的不断发展，法律关系日益复杂，法学的研究领域也不断扩大，法学已成为一门体系庞大、门类众多、结构严密的学科。它包括：宪法、刑法、诉讼法、民法、行政法、劳动法、海洋法、经济法、专利法、国际贸易法、国际经济法等，以及法律思想史、法律制度史、比较法学等。

(4) 史学

史学又称历史学，是研究和阐明人类社会发展的具体过程和发展规律的一门科学。它是在记录史实和编纂史书过程中产生的。在有阶级的社会中，它具有鲜明的阶级性。马克思、恩格斯创立了辩证唯物主义和历史唯物主义，提出了史学的根本任务和史学研究的基本方法——阶级分析法，之后，史学才第一次成为科学。

史学研究的范围非常广泛，它包括古今中外社会发展史，各个国家、各个地区、各个民族的历史及人们的政治活动、社会经济活动、社会生活等。

(5) 文学

文学是人类认识和反映社会生活的一种特殊的意识形态。它以语言来塑造形象，并通过形象来反映社会生活。

在阶级社会中，文学带有一定的阶级性，它的发展在很大程度上取决于社会政治的开明与进步；其次还会受到其他社会性意识形态的影响。

文学研究的范围包括：文学理论、文学史和文学批评三个独立的科学部门。文学作品的体裁主要有：诗歌、散文、小说、戏剧四种。

(6) 语言学

语言学是以人类语言为研究对象的科学。它探索的范围包括：语言的结构、语言的运用、语言的社会功能和历史发展以及其他与语言有关的问题。

20世纪以来，语言学得到了很大发展，它不仅分化出许多分支学科，如：语音学、语法学、词汇学、修辞学、文字学等；而且同哲学、心理学、史学和文学保持着密切的联系,甚至同自然科学的关系也越来越密切,产生了许多新兴的边缘学科,如：数理语言学、工程语言学、病理语言学等,标志着语言学已进入一个崭新的发展阶段。

2. 社会科学发展趋势

随着人类对自然界和社会认识的不断深化,当代社会科学正朝着纵向分化和横向综合两大趋势发展。

社会科学的纵向分化表现为其学术研究的进一步深入,一些新的研究客体或新的研究方向不断从原有的研究对象中分离出来,逐步形成许多新的分支学科。例如：文学中的"红学"、史学中的"敦煌学"、经济学中的"建筑经济学"、"农业经济学"等。这种趋势使原有的科学机体越分越细,以原有的传统科学为根本,生长出越来越多,越来越专业化的分支学科,而且这些分支学科日益成熟,推动了社会科学研究的发展。

社会科学的横向综合表现为其各学科与自然科学各学科,以及社会科学领域各学科的交叉渗透,各学科之间的交流打破了以往专业化垄断的现象,拓展了研究范围及主题,采用了新的研究方法或转换了研究视角,形成了大量交叉性、综合性、横断性和边缘性的新学科,极大地增加了社会科学的知识内容。例如：据美国社会学发表的《社会学研究指南》统计,当代社会学的分支有 50 个,其中有 41 个交叉学科,只有 9 个属于纯社会学的范畴。更重要的是,这种横向综合的趋势还产生了一批大学科,以及解决复杂社会问题的软科学等。这种综合汇流趋势比前一种纵向分化的趋势更富有生命力,具有广阔的前景。

社会科学纵向分化和横向综合的趋势,使当代社会科学更加充满生机和活力,同时也向社会科学研究者提出了更高的素质要求。

二、社会科学文献概述

1. 社会科学文献定义

按照我国《文献著录总则》(GB 3792.1—83)的定义：文献是指"记录有知识的一切载体"。它是存贮在一定物质载体上的关于知识信息的记录。构成文献的要素有两个：一是知识信息,二是用以记录知识信息的载体。离开了任一要素,则不能成为文献。因此,文献也可以说是固化在一定物质载体上的知识。

由文献的定义,我们可以得出：社会科学文献就是指记录有关于社会科学知识信息的一切载体,是社会科学领域中诸学科文献的总称,也是记录和反映社会现象及其规律的文献系统。它来源于人类的社会实践,是在认识过程和实践过程中如实反映社会现象及其规律,并反作用于社会的产物。

2. 社会科学文献的一般特点

社会科学文献是人类逻辑思维的产物。它是在获得感性材料的基础上,经过逻辑思维和实践的不断检验而形成的概念与系统的理论知识的总结。社会科学文献大部分属于上层建筑中的意识形态(如政治、经济、法律、艺术等)范畴,因此,它既是人们对社会的客观反映,而又受着一定社会的各种因素的影响和制约。

社会科学文献与自然科学文献相比较,有其自身的特点,它的一般特点如下:

(1)具有广泛的社会性

社会科学是以社会现象为研究对象的科学,社会科学的各个学科所研究的内容范围较广,诸如阶级社会中人们的社会关系、政治经济形势、人类自身的发展过程、人们行为的心理活动以及直接反映人类生活的各种文学形式、艺术手法、语言现象等,都与人们日常生活密切相关,因此社会科学文献来源于人们的社会实践,具有广泛的社会性。

(2)具有一定的政治倾向性

由于社会科学各学科一般属于上层建筑和意识形态范畴,在有阶级的社会中,各学科的研究无一不打上阶级的烙印,受社会政治、经济环境影响,其文献内容也必然会反映出作者的思想、观点,抹上政治的色彩,甚至包含主观唯心的偏见以及伪科学的臆断。因此,这就要求我们运用马克思主义的立场、观点加以分析鉴别,去伪存真,剔除糟粕,吸取精华。此外,在使用文献时,还要对所搜集的文献资料进行筛选,尽量选用有独创见解的、科学性较高的知识信息,摒弃那些人云亦云,琐屑而无意义的部分,不能无条件地兼收并蓄。

(3)积累性和继承性强,老化速度慢

相对于自然科学而言,社会科学文献的积累性和继承性较之前者更强。在社会科学领域,比较注重历史资料的积累,文献的剔旧率较低,老化速度慢。研究中不仅要了解新观点、新资料,也要充分利用前人已取得的成果。许多社会科学文献在不同的历史时代和不同的思想方法下被重新研究过,甚至我国两三千年以前的先秦古文献,至今仍在得到引用。所以,在社会科学领域的研究中更注重对文献的积累和继承,很多问题不能单纯依靠第二手资料,必须追溯其原始出处,查证核实。

(4)文献面广量大,内容交叉重复

随着科学发展进程的加快,记载知识信息的文献数量急剧增加,据不完全统计,1950年全世界出版图书25万种,而现在每年出版图书80万种以上,期刊10万多种。据中国新闻出版信息网《2012年全国新闻出版业基本情况》报道,2012年全国出版图书414005种,期刊9867种,报纸1918种。就现存的古籍而言,估计在10万种以上,其中绝大多数是社会科学文献,蕴藏着丰富的知识信息,是我国宝贵的文化遗产。

由于科学研究的深入发展,使得社会科学文献交叉渗透情况十分突出。最典型的就是"文史哲不分家",往往是"你中有我,我中有你",彼此纠结融汇在一起。针对社科文献交叉渗透的情况,检索文献时要特别注意文献的完整性,既要查阅本学科的文献,又要搜索相关学科的文献,尽可能详尽地占有资料,避免漏检。

此外,社会科学文献在内容上的重复性情况也较突出。例如:同一内容在书、报、刊各类文献中相互转录;印刷型文献转换成机读型文献;同一内容的文献以不同的语言文字出版等。虽然文献的重复性有其不足之处(造成一定浪费),但对读者检索与利用文献还是有益处的,人们不仅可以通过多种途径查到同一内容的文献资料,而且也可避免语言的障碍,查阅自己掌握的语言文字资料。

3. 社会科学文献的类型

根据不同的划分标准,社会科学文献可分为许多类型。例如,按文种划分有中文和外文之分;按出版年代划分有古代、近代、现代之分;按出版形式划分有图书、期刊、报纸等之分;按载体划分有印刷型、缩微型、机读型等之分。下面主要按以下三种标准来划分社会科学文献的类型:

(1)社会科学文献出版的种类

①图书　图书是最早的文献类型之一,直至当今,仍然在整个文献系统中占主导地位。图书按其出版形式的不同,可分为:单卷书、多卷书和丛书;按其用途又可分为:专著、教科书、教学参考书及工具书等。

社会科学图书与科技图书都具有相同的特点:内容系统、全面、成熟,但由于出版时间较长,一般不能迅速反映最新科研成果。

社会科学图书在社会科学研究中的作用,相比较而言,要比科技图书在科学研究中的作用重要得多。许多对社会科学作出贡献的、有重大理论意义的著作多以巨著或专著形式问世,而且有些重要的专著或巨著在几十年、上百年甚至上千年内都有提供知识的价值,它的使用"寿命"较长。因此,必须高度重视社会科学图书的价值和作用。

②期刊　期刊又称杂志,是一种连续出版物,具有出版周期短、时间性强、反映新成果及时、内容新、信息量大等特点。据报道,在科学家和专家们利用的全部知识信息中,由期刊提供的约占70%左右,由此可见,期刊是获取知识信息的一个重要来源。

③报纸　报纸又称为新闻纸,有日报、双日报、周报、旬报等多种。它是一种以专门刊载新闻和评论为主的定期出版物。综合性或社会科学方面的专业性报纸,除报道新闻外,经常有社会科学学术论文发表。同时由于报纸发行广泛、传递迅速、信息量大和政策性强等特点,已成为社会科学研究人员不可忽视的一种重要信息来源。

④会议文献　会议文献是指在学术会议上宣读或书面交流的论文、报告以及讨论记录等资料。由于学术会议都是围绕着某一学科或者专业领域的新成就和新课题来进行交流、探讨，因此，会议文献的学术性很强，代表了一门学科或专业领域最新的研究成果，尤其是国际性会议或全国性会议的论文可不同程度地反映某一学科在相应范围内的学术水平、发展趋势和研究的进展情况。

⑤政府出版物　政府出版物是指政府机关颁布的文件，如政府公报、会议文件和记录、法令汇编、条约集、公告、专题报告、调查报告等。所包括的内容范围广泛，几乎涉及整个知识领域。但其重点则在政治、经济、法律、军事、制度等方面。政府出版物按其性质可分为行政性文献和科技性文献。行政性文献包括：会议记录、政府法令、方针政策、规章制度、决议和指示、调查报告和统计资料等，它们占政府出版物的60%~70%。

政府出版物具有正式性、权威性特点，这对于了解各国政治、经济和研究各国科学技术发展状况具有独特的参考价值。

⑥学位论文　学位论文是指高等院校、科研机构的博士、硕士毕业时所撰写的学术性研究论文。学位论文是经过审查的、具有一定独创性的科学研究成果，能够解决具有相当科学意义的某个特定的科学问题或是对某一问题作出理论性的概括。有的学位论文由于数据资料充分，可以被看做是对某一特定问题的总结；有的学位论文则提出了新的论点、新的论据，具有启示和开创新领域的作用。

各国学位论文，除少数在期刊中刊载以外，多数是非卖品，一般不出版发行。读者可通过复制而获得，或到学位论文的收藏单位去查阅。

⑦档案　档案是指各政府机关、企事业单位等在进行日常事务时产生并具有查考使用价值，经过立卷归档集中保管起来的各种文件材料。包括收发电文、会议记录、电话记录、人事材料、技术文件、出版物原稿、财会账册、照片、录音带、录像带以及具有保留价值的各种文书。档案是人类社会实践活动中自然形成的第一手参考材料，是社会历史的真实记录，具有重要的凭证作用。

⑧标准　标准是一种具有法定性质的文件。它以科学技术和实践经验的综合成果为基础，经有关方面协商一致，由主管机构批准，以特定形式发布，作为共同遵守的准则和依据。

就社会科学研究来说，标准和具有标准性质的出版物是很多的，诸如规程、规则、条例、章程等等都是，在实际工作中有着广泛的用途。重视和利用标准文献能使社会科学领域的各项工作纳入统一化、制度化、科学化和文明化的轨道。

⑨专利文献　专利文献是指实行专利制度的国家出版的专利说明书，也包括专利局出版的各种检索专利文献的工具书。专利文献融技术情报、法律情报和经济情报于一体，利用专利文献可以分析研究其技术动向、产品动向和市场动向，因

此,它具有很高的使用价值。

⑩产品样本 产品样本是对定型产品的性能、构造、原理、用途、使用方法和操作方法、产品规格等所作的具体说明。产品样本是由制造商和销售商出版发行的,它往往配有外观照片、结构图,直观性强,技术成熟,数据可靠。它既反映了企业的技术水平和生产动态,又促进了新产品、新工艺的推广应用。

除了以上十种主要文献类型外,还有未刊稿、统计资料、地图、乐谱、广告资料等类文献,它们也是社会科学研究不可缺少的信息来源。

(2)社会科学文献的载体种类

根据社会科学文献的载体形式的不同,可将其分为以下几类:

①印刷型 这是以纸张为载体,以手写、石印、油印、校印、铅印、影印、复印等为记录手段的传统的文献类型,是迄今为止一直占据着主导地位的一大文献类型。它具有用途较广、读取方便、流传广泛、不受时空限制等优点,其缺点是存储密度低、较笨重、占据空间大。

②缩微型 这是以感光材料为载体,以缩微照相为记录手段而产生的一种文献类型,也称缩微复制品,包括缩微平片、缩微胶卷等。此类文献的优点为:体积小、贮存信息密度高,可节省95%以上的存贮空间,便于收藏;价格比较便宜,便于传递;保存时间长,为珍贵文献提供了安全贮存的形式。其缺点是需借助缩微阅读机及其他辅助条件方能阅读,也不便于携带。

③声像型 这是以磁性材料或感光材料为载体,以磁记录或光学技术为手段直接记录声音、视频图像,也称视听型文献或直感型文献。这一类文献常见的有唱片、录音带、录像带、电影片、幻灯片等。它不同于文字形式的文献而给人以直观生动、栩栩如生的感觉,在科学研究、信息传递等方面有独特的作用。其缺点是成本较高,而且不易检索和更新。

④电子型 按其载体材料、存储技术和传递方式,主要有联机型、光盘型和网络型之分。联机型以磁性材料为载体,采用计算机技术和磁性存储技术,把文字或图像信息记录在磁带、磁盘、磁鼓等载体上,利用计算机及其通信网络,通过程序控制将存入的有关信息读取出来。光盘型以特殊光敏材料制成的光盘为载体,将文字、声音、图像等信息采用激光技术、计算机技术刻录在光盘表面上,利用计算机和光盘驱动器,将有关的信息读取出来。网络型是利用国际互联网 Internet 中的各种网络数据库读取有关信息。电子型文献资料具有存储信息密度高,读取速度快;易于网络化和网络化程度高;高速度、远距离传输信息,使人类知识信息的共享能得到最大限度实现的特点。在文献信息资源的各种载体中,电子型文献已逐步占有主导地位。

(3)社会科学文献的等级结构

根据文献的加工程度的不同,可将社会科学文献划分为三个等级结构:

①一次文献　也称原始文献，它是作者在科学研究、教学和生产实践中以自己的研究成果为依据，创作而成的文献。诸如专著、报刊论文、研究报告、会议文献、学位论文等，多属一次文献。只要是原始的著述，无论其以何种形式出版或记录在何种载体上，都属一次文献范畴。一次文献具有创造性的特点，有很高的直接参考和借鉴使用价值，但数量大，贮存分散，不够系统。

②二次文献　也称检索性文献。它是对一次文献进行加工整理后的产物。二次文献将分散的、无组织的、各种形式的一次文献予以系统化、条目化，从而使它成为检索一次文献的工具。如书目、题录、文摘等出版物，均属二次文献，它们具有报导性、检索性、汇编性和简明性的特点。

③三次文献　也称参考性文献。它是指在利用二次文献的基础上对一次文献进行筛选、综合、分析、浓缩后的出版物，如：动态综述、进展报告、辞典、年鉴、手册、名录、大全等。三次文献源于一次文献，又高于一次文献，是一种再创性文献，具有综合性、浓缩性、参考性的特点。

将文献划分为三个结构层次，只是一种近似的划分，各级文献的界限有时并不十分严格。例如：从总体看，"年鉴"属于三次文献，即参考性工具书，但各种年鉴中收录的许多专论则是一次文献，其中的"论文选目"、"新书要目"则是二次文献。因此，在检索和利用文献时，既要从三级划分的角度去充分认识各级文献在读书治学中的作用，但又不可十分拘泥。只有这样，才能准确、全面地利用各种文献。

社会科学文献经过一、二、三次的等级结构加工，使分散繁多的一次文献由博到约、由分散到集中，由无组织到系统化。这不仅有利于文献本身的管理和流通，同时也使社科信息的获取变得有章可循，有径可问。

除了一、二、三次文献的概念外，还有零次文献和半文献的说法。所谓零次文献是指通过交流或听报告等所获得的信息，它们通常未经记载或仅仅是一些零乱的笔记。半文献又叫灰色文献，指非公开出版的内部文献，它们一般是非卖品。这两种级别文献构成非正式渠道的信息交流。

第二节　社会科学文献检索概述

一、文献检索与社会科学文献检索的概念

所谓文献检索，简单地说就是将众多的文献按一定的规律排列、存贮起来，并查找出符合特定需要的文献的全过程。所以，它的全称又叫文献存贮与检索。但在习惯上，人们往往只把文献查找的过程称为文献检索。

社会科学文献检索是指对社会科学文献进行存贮与查找的全过程。它是文献检索的一个方面,它以社会科学内容的文献为检索对象,满足社会科学研究领域内的各种文献需要。值得提出的是,在社会科学与自然科学日益交叉渗透的今天,社会科学文献检索还应包括对边缘学科、交叉学科研究领域的文献检索。

由于社会科学文献面广量大,内容交叉重复,因此,仅通过传统的阅读、浏览的方法来查找所需文献信息并非易事。学会文献检索方法,掌握文献检索技能,是信息时代向社会科学研究者提出的新要求。具备了文献检索的能力,我们便能在浩繁的文献海洋中畅游无阻,便能以最简捷的方法全面、准确地查获所需要的文献信息。

二、社会科学文献检索课题

所谓社会科学文献检索课题,就是指人们在读书治学或学术研究的过程中要查找的文献资料或要查解疑难时所提出的问题。例如:(1)国际货币基金组织的基本性质、业务范围、发展情况如何?(2)2006年我国居民个人储蓄金额为多少?(3)2000年以来,报刊上发表了哪些探索文学研究方法论的论文?这些就是文献检索的课题。

文献检索按其检索对象可以分为:以查找或选出文献中所提供的具体事实资料为目的的事实检索;以查找或选出文献中所提供的具体数据资料为目的的数据检索;以查找或选出某一主题的文献为目的的书目检索。有鉴于此,对应于上述列举的3个课题,依次可称为事实型检索课题、数据型检索课题和书目型检索课题。下面对这三种类型的检索课题进行分析和介绍。

1. 事实类课题

事实类课题以事实为检索对象,是有关个别性知识或信息查找的课题。其特点是:提问具体、狭小、明确、不含糊、专指性强。

事实类课题根据不同的检索对象,又可细分为许多类型,现列举如下:

(1)文字类　包括文字的形、音、义等各个方面。例如:查"笔"的读音。

(2)词语类　包括词语的写法、读音、用法等,例如:古汉语中"弱冠"是什么意思?

(3)语句类　包括马列经典著作中的语句出处,古今文献中的名言、警句、诗词曲、联语等出处。例如:"太上立德,其次立功,其次立言"出自何书?

(4)器物类　包括某物的图形、名目、作用及起源等。例如:清代以前的弓箭的图形如何?

(5)史事类　包括历史上大事和专科史事等。例如:第一届奥运会是在哪个国家、什么时候举行的?

(6)时间类　包括中历的纪年纪月纪日的名称和中外历法年月日的换算。例如:公元759年唐鉴真和尚在日本建招提寺,试查这一年的唐代年号纪年与干支纪年分别是什么?

(7)地理类　包括古今地名及地理位置等。例如:秦代长沙郡相当于今何地?

(8)人物类　包括人物的姓名、字号、室名、别名、笔名、生平、职官、生卒年等。例如:查鲁迅一生曾用过多少个笔名?

(9)机构类　包括企事业单位以及行政单位的名称、地址、邮编、电话、机构设置、服务项目或产品等。例如:查中国社会科学研究院的地址、邮编、电话和业务范围等。

(10)典制、约章类　包括典章制度的名称和沿革,各种条约、章程、法令等。例如:查古代"刑律"、"田赋"、"选举"等有关资料。

2. 数据类课题

数据类课题以数据为检索对象,为特定课题从文献中查检出想了解的数据资料。此类课题常见的有以下几种类型:

(1)统计数据类　包括各个国家基本情况的一些数据。例如,查2005年中国人口状况、资源状况、经济发展状况等数据。

(2)调查数据类　包括对各种特定课题进行调查、收集、统计、综合分析后的数据。例如,查2006年中央电视台"新闻联播"收视率的调查数据。

(3)实验数据类　包括为开展社会科学领域的各项研究,进行实验后得出的数据。

(4)标准数据类　包括与社会科学领域有关的一切具有法定性质的文件中提供的标准数据。例如,查有关环境保护、人生安全方面的标准数据。

3. 书目类课题

书目类课题以文献资料为检索对象,是围绕着特定研究课题进行文献资料检索的课题。

其特点:一是问题涉及范围较宽;二是不直接给出答案,一般是通过检索得到原文的线索,进而查得原文中的观点、理论依据等。

那么,围绕特定课题,究竟要收集哪些方面的文献资料呢?一般说来,应包括以下几个方面:

(1)收集有关课题研究的现有成果

包括有关该课题的基本理论的文献、专著、综述和最新研究的一些学术论文。只有检出这些文献,才能够了解与该课题有关的学科研究发展的水平和动态,才能参考他人的观点,拓宽自己的思路,使研究立于新的起点上,最终使研究成果达到先进水平。

(2)收集有关该课题的原始资料

涉及人物或历史事件的研究课题,不能光查阅后人撰写的文献,还必须查阅当时的有关档案资料,如本人作品、日记、书信、当时其他人的记载等。只有这样,研究得出的结果才有充分依据,研究才会处于较高的水平。

(3)收集与课题相关学科成果的文献

由于社会科学各学科之间以及社会科学与自然科学之间的相互交叉渗透情况越来越突出,因此,查阅和参考相关学科、交叉学科和边缘学科的研究成果,往往能促进人们从多角度思考问题,启迪思维、带来灵感,从而使特定课题的研究走向深入,具有创新的成果。

社会科学文献检索课题,除了上述介绍的各种类型外,还可以列举出许多类型,尤其是随着社会科学的不断发展,人们在读书治学和开展科学研究的过程中碰到各种各样的问题会越来越多。但是,应该相信,不管问题如何复杂,只要通过文献检索和利用都会有利于问题的解决或直接找到答案。那么,各类课题通过什么途径、采用什么方法和利用什么工具书能够帮助解决问题呢?这里不再详述,将在后面各章节中作详细介绍。

三、社会科学文献检索的一般特点

社会科学所研究的对象,如政治经济学、文学、历史学、教育学、法学、社会学等,通常属于意识形态和上层建筑范畴,主要通过著书立说来反映人们的思想意识活动,阐述人们的立场、观点和方法,介绍各种社会思潮、社会现象并预测社会发展趋势。

社会科学文献检索以社会科学研究领域中的各种知识内容的文献为检索对象。由于社会科学研究在性质、对象、任务等诸方面都有其自身特点,因此,社会科学文献检索也有其自身的特征。

1. 课题综合性强

课题综合性强,包括两个方面:一是课题本身大,包括古今中外许多问题,或者说,它本身是由许多个小课题组成的一个综合课题;二是课题涉及面广,涉及多种学科知识,需要查阅多种学科文献,才能满足课题需要。由于当代社会科学正朝着纵向分化和横向综合两大趋势发展,一方面社会科学领域各学科相互渗透,不断分化和综合,形成许多新的分支学科;另一方面许多自然科学中的理论、方法被引进社会科学研究领域中来,形成许多新兴的交叉学科,如:生态经济学、数学语言学、数理历史学等。因此,扩大了社会科学的研究领域,同时也对社会科学文献检索提出了更高的要求。日益专深和综合的研究课题,光从单一的角度检索文献资料已不能满足课题的需要,而必须通过更加全面、系统的文献检索与之相适应。例如,"关于当代新技术革命挑战问题的研究"这一课题,就是综合分析当代社会、经济、政治、科学、技术等各种现象的一个典型的综合性非常强的课题。收集这一课题的文献资料,既要从哲学的范畴收集有关人们在社会发展、社会生产过程中的地位变化的文献,又要从社会学、经济学、历史学、法学等范畴收集有关科学技术革命在历史过程中的地位和作用、经济效益问题、法律与法规等方面的文献资料。此外,还要收集有关计算机、激光、生物工程、空间技术、海洋开发等新技术的学科知识的文献资料。通过全面、系统的文献资料的收集,就能使研究人员从全方位来研究这一课题,使研究成果具有较高的价值。

2. 检索范围的时间跨度大

检索范围的时间跨度与课题本身的要求和目的有关,尤其是一些综合性较强的大课题或者有关人物和历史的课题,往往需要从历史学的角度去分析研究问题。此外,社会科学研究的自身特点就是注重历史资料的积累,研究中不仅要了解新观点,而且要充分利用前人已取得的成果。所以,社会科学文献检索更重视回溯性检索,检索范围的时间跨度一般较大。

3. 综合运用各种工具书

在读书治学过程中,有时一个问题查阅一本书便可解决,但在更多的情况下,要综合运用多种工具书才能获得圆满的答案。例如,哲学的专门术语较多,对同一哲学概念,不同的哲学派别有不同的解释。哲学的很多文献都是阐述各学派的理论观点的,而一个学派的形成,一个理论体系的建立,往往需要较长一段时期。因此,有关哲学概念方面的文献检索除了利用解释性的辞典,如《中国哲学大辞典》、《伦理学名词解释》等之外,主要是利用累积性索引,如《中国哲学论文索引》、《全国主要报刊哲学资料索引》、《中国学术期刊全文数据库(文史哲专辑)》、《中国社会科学引文索引数据库》、《万方博硕学位论文全文数据库》等。此外,还可以查阅一些年鉴和文摘,如《中国哲学年鉴》、《美学文摘》、《中国年鉴全文数据库(社会科学工作与成果专辑)》等。这样,综合运用上述各种类型工具书,就会得到较为圆满的结果。

丰富多彩的社会科学文献检索实例给予我们以下几点启示:

(1)要善于综合利用多种参考工具书,并注意比较它们各自的优缺点;

(2)不仅要利用二次文献,还要注意利用一次文献和三次文献;

(3)不仅要利用各种印刷型的文字资料,还要注意利用各种电子文献资料和图像资料;

(4)不仅要注意参考工具书的正文,还要充分利用它们的附录。

文献检索是一项实践性和经验性很强的工作,只要我们广泛接触各种课题,在实践中不断总结和积累经验,提高分析问题和解决问题的能力,就一定会收到事半功倍之效。

第三节 社会科学文献检索的意义和作用

在科学技术飞速发展的今天,文献的数量、种类急剧增加,若要从浩如烟海而又极其分散的文献中迅速、准确地查获自己所需要的文献资料并非易事。为了节省时间,少走弯路,就必须掌握打开知识宝库的钥匙——掌握文献检索的技能。

信息时代,人们无论是学习、工作,还是进行科学研究,都离不开文献的检索与利用。具体说来,社会科学文献检索具有以下四个方面的意义和作用。

一、促进智力资源的开发与利用,推动社会进步与发展

历代流传下来的和目前正在源源不断地涌现出来的文献,是人类社会的一个巨大知识宝库,是一种如同能源、材料等一样重要的智力资源,而文献检索则是开发人类智力资源的有效手段。正如柏林图书馆大门上所镌刻的:"这里是人类知识的宝库,如果你掌握了它的钥匙,这里的全部知识就是你的。"文献检索正像一把开启知识宝库的钥匙,掌握并有效地运用它,便能获得和利用人类的精神财富,使其转化为社会物质财富,并创造出更多的精神财富,推动社会的进步与发展。

自从20世纪90年代初联合国经贸组织明确提出"以知识为基础的经济"以来,知识经济这个概念已成为一个全球性的热门话题。知识经济是通过知识的不断创造和增殖达到创造财富,推动经济持续发展。知识经济与以往的工业经济相比,生产中所包含的物质越来越少,而包含的知识成分越来越多。在以往社会里,拥有物质财富和资源是一个国家富裕的象征。然而在知识经济时代,物质财富不再是一个国家发展中起决定性的因素,它所拥有的创造和利用知识的能力是决定经济发展的最关键的因素。正如美国未来学家托夫勒对未来预测那样:"科学越来越发展,人们按照自己需要创造资源的能力就越来越大,到那时,唯一重要的资源就只剩信息和知识,信息和知识就成为未来的中心贸易。"由此可见,信息和知识在经济发展中的重要性。但是,随着科学技术的发展,文献数量成几何级增长,这与人们有限的阅读时间和利用能力形成矛盾,极大地妨碍了人们对文献资源的开发与利用,而学会文献检索的方法和技能,我们就能从知识的海洋中迅速、准确地查获自己所需要的信息和知识,从而充分开发利用人类知识宝库,使其为国家的经济发展、社会进步发挥重要作用。

二、继承和借鉴前人成果,避免重复研究

整个科学发展史表明:积累、继承和借鉴前人的研究成果是科学发展的重要前

提。正如牛顿所说:"假如我比别人看得远一点,那是因为我站在巨人的肩膀上。"因此,科研人员在开始着手研究一项课题前,必须利用科学的文献检索的方法来了解这个课题是如何提出来的,前人在这方面做过什么工作,是如何做的,有何成果和经验、教训,还存在什么问题,以及其相邻学科发展对研究该项课题提供了哪些新的有利条件等信息。只有这样,才能正确地制定研究方案,防止重复研究并少走弯路,使自己的研究能站在一个较高的起点上,同时也可降低获取信息和知识的成本。据杨振宁博士估计,我国国内正在进行的科研项目,至少有40%国外已出了成果。如果研究人员重视对有关文献的调研,充分利用文献检索手段,是完全可以避免重复劳动的,并可减少大量资金的浪费。

三、有利于提高自学能力,培养创新人才

国际经济合作发展组织(OECD)将知识分为四大类:一是Know-what(知识是什么);二是Know-why(知道为什么);三是Know-how(知道怎样做);四是Know-who(知道谁有知识)。其中第四类知识即有关知识在谁那里的信息,在今天的社会里正变得越来越重要。它不仅使信息和知识的利用极大地降低了获取的成本,而且使其有可能以以往社会无法比拟的速度和高回报率取得巨大的经济效益。例如美国微软公司总裁比尔·盖茨就是重视知识和人才的典范,他自1995年起,以129亿美元的身价登上了《福布斯》杂志的全球个人财富排行榜第一名,此后连续20年蝉联富人宝座之首,2013年比尔·盖茨再度以720亿美元的个人资产而居全球首富。

在知识经济社会里,劳动者不仅要有生产经营的知识和技能,而且要具有善于收集、加工、处理和应用知识、信息的能力,而后者的能力变得日益重要。由于知识更新周期缩短,一个人在学校所受的正规教育已无法适应时代需要,人们需要从学校学习转化为终身学习。正如国际教育发展委员会主席埃德加·富尔说:"我们再也不能刻苦地、一劳永逸地获取知识了,而需要终身学习如何去建立一个不断演进的知识体系——学会生存。"而建立一个不断演进的知识体系也就是强调人们要接受终身教育,而终身教育的主要途径是自学。在大学期间,培养提高自学能力就可为今后终身教育打下基础,只有活到老,学到老,才能不断更新知识结构,才能在科学研究和各项工作中有所创新。

具备文献检索与利用的能力正是提高自学能力的重要方面,它可以帮助我们解决在学习和工作中遇到的各种疑难问题,掌握索取知识的门径,使自己在接受新教育和获取新知识的过程中更加顺利。

原国家教委自1984年起先后四次正式行文,要求在高等院校开设"文献检索

与利用课",其目的在于提高当代大学生的信息意识和检索文献信息的技能,从而促进大学生自学能力、研究能力、创新能力的不断提高,使大学生形成能适应我国现代化建设的合理的知识结构。

四、节省科研时间,提高工作效率

根据国内外有关资料表明,科研人员花费在查找资料上的时间是相当多的。一般占本人工作时间的1/2左右。例如:据日本调查,日本科研人员花在查找文献上的时间占整个科研时间的40%~50%,若改用计算机检索,只需要几分钟就可以从几百万件资料中找出有用资料。由此可见,如果能有完善的检索系统和周到的检索服务以及科研人员自己熟练掌握检索方法和技能,就能大大缩短科研人员查找文献资料的时间,也就等于增加或延长了科研人员的寿命,这是发展科学技术的一个巨大潜力。因此,掌握科学的文献检索方法,就能提高科研工作效率,缩短科研周期,达到多出成果,早出成果的目的。

此外,掌握文献检索方法还能克服自然语言和学科语言的障碍,提高科研工作效率。例如,一般文摘杂志选登的文摘覆盖了多种语种,即使只掌握一种语言的人也可以通过阅读文摘杂志,广泛了解有关领域的发展趋势,而一些报道性文摘甚至可以帮助读者不必阅读原文就能了解其主要思想、方法、观点、结论等内容。此外,通过综述、述评、百科全书、年鉴等工具书的使用,也能在一定程度上消除学科语言障碍,获得新的、跨学科的信息和研究成果。

思考题

1. 试述当代社会科学的发展趋势。
2. 什么是社会科学文献?它有哪些特点?
3. 社会科学文献出版的种类有哪些?载体种类有哪些?
4. 什么是一、二、三次文献?它们之间有什么关系?
5. 什么是社会科学文献检索课题?什么是事实、数据和书目类检索课题?它们各有哪些特点?

第二章 社会科学文献检索基础知识

第一节 社会科学文献检索原理

一、文献检索的基本原理

文献检索,广义上包括文献的存贮和检索两个方面。其检索原理简单地说,就是在文献的存贮过程中,对每一篇文献进行分析、著录(所谓著录,就是对某一特定文献的篇名、著者、主题、学科属性、文献出处等表示出来),以极其简洁的形式加以揭示,赋予特定的标识(如分类号、主题词等),并将某种标识按照一定的检索语言——分类语言、主题语言等集中组织起来,成为有规律的检索系统,即检索工具。检索过程就是检索者在查找所需文献时,以该系统所用的标识作为提问标识,与系统中的文献特征标识进行比较,并将文献特征标识与提问标识一致的文献线索从检索系统中检出,检出的部分就是检索的结果。以上两个过程可用图 2-1 来表示。

二、文献检索的手段

依实现文献存贮和检索的技术手段的不同,文献检索可分为手工检索和计算机检索。

1. 手工检索

手工检索就是检索者利用印刷型检索工具检索文献,这是一种传统的检索方式,它的优点是不需要借助任何设备,只需必要的检索工具便可随时随地检索文献,符合人们的阅读习惯,而手工检索的缺点是浏览速度慢,效率低。

2. 计算机检索

计算机检索就是检索者利用计算机检索系统检索文献,包括联机检索,光盘检索和网上信息资源检索等。这是用电子计算机来处理和查找信息的现代化检索方式,它不仅需要一定的设备,对工作环境、检索人员的业务能力也有一定的要求,它具有检索速度快、效率高、易于实现组配检索、检索功能强等优点。

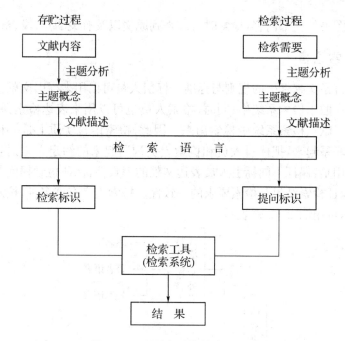

图 2-1 文献存贮与检索原理图

三、文献检索的类型

根据检索目的和对象的不同,文献检索可分为书目检索、数据检索、事实检索和全文检索四种类型。

1. 书目检索

书目检索以题名(书名、篇名等)、著者、文献号码、文献出处和收藏处等为检索对象,它们是文献的外表特征和内容特征的描述,检索的是与课题相关的一系列书目线索,用户通过阅读后再决定取舍。

2. 数据检索

数据检索以数值形式表示的数据为检索对象,它是一种确定性检索,检索的结果是确定的数据,可直接用于定量分析与研究。如管理数据、金融数据、财政数据等统计数据。

3. 事实检索

事实检索以事项为检索对象,凡查询某一事物(事件)的性质、定义、原理,以及发生的时间、地点、过程等等,都属于事实检索的范畴。它也是一种确定性检索。诸如某类产品由哪些厂家生产,哪个牌号最好等即属于事实检索。

4. 全文检索

全文检索以文献所含的全部信息内容为检索对象。即检索系统存贮的是整篇文献或整部图书的全部内容,检索时可以查到原文以及有关的句、段、章等文字。

四、检索语言

检索语言是文献标引的规则与标准。标引人员可以用来标引文献以便将文献整理、加工、存贮于检索系统中;同时,检索人员也可以用来表达检索课题的内容,以便把特定文献从检索系统中检索出来。因此,检索语言实质上是一种把文献的存贮与检索联系起来,把标引人员和检索人员沟通起来的约定人工语言。检索语言的主要作用是:保证不同标引人员表达文献的一致性;保证检索提问与文献标引的一致性;保证检索结果与检索要求的一致性。检索语言有许多种,按对文献特征的描述来分,可用图 2-2 来表示。

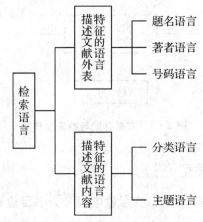

图 2-2 检索语言分类示意图

题名语言是按文献题名字顺逐字排检。

著者语言是按著者姓名,按姓前名后的字顺逐字排检。

号码语言是按文献代码,如专利号、标准号、报告号、ISBN 号、ISSN 号等的顺序排检。

分类语言是以号码为基本字符,用分类号来表达各种概念,将各种概念按学科性质进行分类和系统排列。

主题语言是用语词来表达各种概念,即用自然语言中的名词、名词性词组或句子作为主题词,来表达各种概念,将各种概念不管其相互关系,完全按字顺排列。

检索语言的种类繁多,但是目前应用较多的是分类语言和主题语言,现分别介绍。

1. 分类语言

分类语言一般称为分类法,分类法产生得最早、用得最多的是图书分类法。图书分类法也叫图书分类表,就是按照图书的内容、形式、体裁和读者用途等,在一定的哲学思想指导下,运用知识分类的原理,采用逻辑方法(层次型或树型)编制出来的。例如我国的《中图法》和《科图法》,就是以毛泽东同志知识三分法(把所有知识分为哲学、社会科学、自然科学三大类)为基础,同时体现马列主义、毛泽东思想的指导性和一些综合类文献可分的实用性而成的。下面介绍几种常见的图书分类法。

(1)中国图书馆图书分类法(简称中图法)

1973年编成试用本,1975年出第1版,1982年出第2版,1990年出第3版,1999年出第4版,并更名为《中国图书馆分类法》,2010年出第5版。它是我国图书情报界为实现全国文献资料统一分类编目而编制的一部大型分类法,广泛用于各类型图书馆。现以第5版为例,进行介绍。

①编制说明 主要介绍分类法的编制过程,所依据的编制原则、部类及大类的设置和次序的理由,对各种分类问题的处理方法、标记方法、使用方法等。

②类目表 它是分类法的中心部分,包括主表和附表。主表包括基本部类、基本大类、简表、详表。基本部类共5个,分为:马克思主义、列宁主义、毛泽东思想;哲学;社会科学;自然科学;综合性图书。基本大类是对基本部类的进一步划分,组成22个基本大类(一级类目)(见表2-1),基本大类是分类法的骨架,它为用户迅速了解分类表全貌,准确查到所属类目提供了方便。简表是基本大类的再次展开,可作粗略分类之用。详表是简表的进一步展开,是类目表的主体部分。中图法22大类是基础,每一大类下根据学科的具体内容层层细分为二级、三级、四级……类目,这样逐级划分下去就形成了等级分明的科学系统(其结构见图2-3)。

类目表的另一重要部分——辅助表,又叫复分表,是一组组子目表,用来对主表所列举的类目进行细分。

③标记符号 《中图法》的标记符号采用的是拉丁字母和阿拉伯数字混合编排形式。拉丁字母代表基本大类,另在工业技术大类中,由于学科较多为便于细分也用拉丁字母代表,其余二级、三级、四级……类目都用阿拉伯数字细分,数字编号采用小数制,在三位后加点,这样易读易记。

(2)中国科学院图书馆图书分类法(简称科图法)

科图法1958年出第1版,最新版本是1994年出的第3版。总体结构分为5大部类,下分25个大类。不同于中图法的是标记符号采用的是纯阿拉伯数字。科图法以对自然科学分类见长,广泛用于中科院系统各分院、研究所,各部属研究所,各企业及部分高等院校等。

(3)国际十进分类法—UDC(Universal Decimal Classification,简称UDC)

UDC是由比利时学者鲍威尔·奥特勒和亨利·拉芳在杜威法的基础上扩充

而成的分类法,初版于 1905 年,现已出第 3 版。这是一种组配式的体系分类法,现有 23 种文本,被称为世界图书信息的国际交流语言。其主表(大类类目表)把知识分为 10 大门类,详表(全部类目)有近 20 万个类目,是各种分类法中类目最详尽的一种。

表 2-1 中国图书馆分类法 基本类目

基本部类	基本大类
马克思主义 列宁主义 毛泽东思想 邓小平理论	A 马克思主义 列宁主义 毛泽东思想 邓小平理论
哲学	B 哲学
社会科学	C 社会科学总论 D 法律 E 军事 F 经济 G 文化,科学,教育,体育 H 语言,文字 I 文学 J 艺术 K 历史 地理
自然科学	N 自然科学总论 O 数学科学和化学 P 天文学地球科学 Q 生物科学 R 医药卫生 S 农业科学 T 工业技术 U 交通运输 V 航空航天 X 环境科学 安全科学
综合性图书	Z 综合性图书

《中国图书馆分类法(第五版)》经济类目展开示例

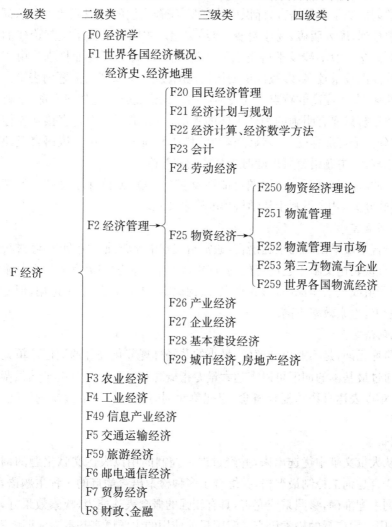

图2-3 《中国图书馆分类法(第五版)》经济类目展开示例

2. 主题语言

主题语言是一种选自自然语言直接性的检索语言,使用词语标识主题语言实际上是相对于分类语言而言的一切以主题字顺体系为基本结构的检索语言总称。在主题语言中,不但对词所采取的规范化措施有所不同,而且选词原则、编制方法及使用规则都有相当的差异。主题语言包括标题词语言、单元词语言、叙词语言和关键词语言。标题词语言、单元词语言、叙词语言是用规范化名词标引和检索文献主题概念的语言,关键词语言是直接选自文献内容的具有实质意义的自然语言(非规范化)作为标引和检索文献的语言,用主题语言作文献标识具有以下优点:①直接性好。主题词来源于自然语言,标识比较直观,符合人们的辨识习惯。主题词在词表中按字顺排列,序列明确,易学易查,容易掌握。主题语言揭示文献论述的具体事物或主题概念一般不涉及学科类别的判断,直观易懂。②专业性强。由于主题词表列举的标识数量较多,多数标识的指代范围较窄,所以利用主题词表检索文献具有直指性强、专指度高的特点。③灵活性高。无论文献主题如何专深、学科专业如何交叉、渗透,只要有明确的表达主题的术语,一般都可以把它直接选作标识语言,而不像分类语言那样受到线性结构和学科体系固定的约束。该语言反映新学科的速度比较快,主题语言可以随时进行增删和修改。

主题语言的缺点是有时一个课题可能涉及多个主题,使该课题分散在许多主题词之下,不好分类集中,不利于从学科角度检索文献。

(1)标题词语言

标题词语言是最早出现的主题语言,通常指文献中比较独立定型的、经过规范化处理的,可直接表达文献主题内容的词、词组或短语。标题词语言的特点是采用列举词表,以词组或短语作标题,形式直观,结构稳定,含义明确,易于选用,但专指度和灵活性较差,检索效率不高。

(2)单元词语言

单元词简称元词,是不能再分解的、最小的并经过规范化处理的词语。单元词语言特点是通过最基本的词汇可以表达大量专指概念和新概念。但由于其强调标识的单元性,难以表达事物的复合概念,组配单元词时也容易产生偏差,所以已被叙词语言代替。

(3)叙词语言

叙词指从大量文献中优选出来,并经过严密控制的用以表达文献主题的词和词组。叙词语言是词汇控制最严格,并综合了多种检索语言优点的一种主题语言,其特点是语词组配准确,参照系统完善,具有较强的概念表达能力,检索效果好,是性能较好、使用最为广泛的检索语言。我国目前使用的主题语言基本为叙词语言。

(4)关键词语言

关键词是指对表达文献主题内容具有实质意义的语词。关键词语言是将描述主题内容的关键词抽出,按字顺排列提供检索,一般不加或加以少量规范处理,所以是一种准主题语言。常规的做法是编制"非关键词表"(又称为"禁用词表"),分别列出冠词、介词、连词、代词等无检索意义的词。在标引或检索时,只要是不在禁用词表中的词,都可作为关键词的备选词。关键词语言的应用,一般是通过各种索引来体现。其突出的优点是能够自动化标引,实现多途径检索,具有较高的检准率。但是由于关键词语言不显示概念之间的关系,难以进行族性检索。

第二节　社会科学文献检索工具

进行文献检索,无论是查找文献线索还是释疑解难,都需要借助于一定的检索工具。这是人们打开知识宝库的钥匙,是掌握学科文献资料的有效手段。

一、检索工具的含义与特点

社会科学文献检索工具是指根据一定的社会需要,将社会科学某一方面的知识材料,以特定的方法加以编排组织,专供人们用来检索文献资料的工具书刊。文献检索工具一般都具有存贮和检索两大功能。存贮功能表现在它将有关文献信息的内部特征和外部特征,详细地描述并著录下来,使之成为众多分散资料的集中反映或成为一条条的文献线索。检索功能主要是指它能提供一定的检索手段,使读者能够根据不同的检索要求,按照一定的文献特征和检索方法,从中查检出所需要的文献资料或文献线索。文献检索工具的这两种功能,使它具有与普通书刊不同的以下特点:

1. 注重知识的诠释

社会科学检索工具在概述知识上,不能像有关学术著作那样侧重于学术新观点的阐发,着力于学术新见解的论证,而是侧重于知识的诠释。在知识的诠释上,它的基本要求是:①情报含量大,用精练的语言、最浓缩的信息及最简洁的文字,多维地概述知识;②知识准确度高,它不追求学术上的新观点,而只注重知识的准确性,以备人们查考;③知识诠释条理化强,它在概述知识上经过条理化的信息处理,使所叙知识内容易懂、易记与易于检索。

2. 注重资料的参考性

社会科学检索工具和普通文献相比,不追求文字的多少、篇幅的大小,而只侧重于资料参考性能如何。评价一部检索工具质量如何,主要看其资料参考价值多大:①资料的完整性,工具文献所辑录的资料富于参考性,不仅取决于资料是否丰富,而且取决于资料是否完整;②资料的系统性,检索工具所辑资料必须系统,按照统一的标准收集、分类、编排,否则七拼八凑的拼盘将失去它的参考价值;③资料的科学性,检索工具所辑资料必须无误,否则脱离了科学性原则,再多的资料也无参考价值。

3. 注重检索与查考

编辑检索工具的目的,不像编著小说、论著那样是为了向人们提供浏览或阅读,而是为了读书治学中的检索与查考。人们阅读普通图书往往是带有一定的欲望去系统阅读,而人们利用检索工具时则常带有特定的需求去专指性翻检。因此,检索工具在检索性能上尤为突出,主要体现在:①科学化的存贮法,检索工具对文献的存贮采用多种形式的科学存贮,以利于检索;②普及化的查检法,查检法实质上是存贮法的逆循环,其普及的广度如何,将直接影响检索工具的使用效率;③现代化的贮、检功能,将电子计算机引进检索系统,打破了几千年手工检索的落后局面,为高速度、高质量、高标准的文献检索开辟了理想的通途。

综上所述,知识性、资料性、检索性是检索工具的最本质特征。

二、社会科学文献检索工具的结构

社会科学文献检索工具的结构是指其内容安排的框架层次。了解它们的结构,掌握它们的规律,有助于我们熟练地使用。各类检索工具在编排上虽各具特色,形式多样,但其主要框架即基本结构是大体一致的。一般主要包括序、跋、凡例、目录、正文、辅助索引、附录等几个部分。

1. 序、跋

序,也称序言、叙言、前言等;跋,也称后记。序与跋,分别位于正文的前后,有的是编著者自己所写,主要用来说明编写宗旨和过程、辑录材料的范围和时限、编写体例、使用对象、作者情况等;多次再版者往往还有修订说明,言及修订的内容与范围;也有的是他人所写,多为介绍和评论本书内容的文字。借助序、跋,读者可以对工具书有一个初步的了解。

2. 凡例

凡例也称例言、编例或使用说明等,主要介绍其编排体例、排检方法及使用方法。作为凡例,往往举例说明应如何使用本工具书。因此,它是使用者的向导。对于初次使用某一检索工具者,必须通过凡例来模拟检索,以便掌握体例。

3. 目录

目录也称目次、检词表或词目表等。有的工具书在目录中列出正文的全部条目,有的则仅列出正文的类目。目录提供检索内容的途径,是利用检索工具的入门钥匙。

4. 正文

正文是检索工具的主体,是读者查阅的具体对象,是我们将检索的具体内容。它往往按一定的次序组合。使用时,我们要注意相关条目或参照条目的对照,以免误解;同时也要注意与其他工具书配合使用,以免以讹传讹。

5. 辅助索引

辅助索引是为提供文献检索的多种途径而编制的索引。它的编排方法与正文的编排方法不同,为了检索的便利,有时采用多种不同的编排方法。辅助索引是否便利与完善,也是评价该检索工具检索功能完善与否的标准之一。

6. 附录

附录是附在正文后面、与正文有关的参考资料,通常包括常用图表、参考书目、相关数据公式、补遗、勘误等。附录是检索工具的有机组成部分,对正文的内容起到补充的作用。

三、社会科学文献检索工具的类型

文献检索工具根据不同的划分标准、不同的功用等,可以有以下几种不同的分类:按检索方式,可分为手工检索工具和机器检索工具;按载体形式,可分为印刷型检索工具和计算机阅读型检索工具;按出版形式,可分为期刊式检索工具、书本式检索工具、附录式检索工具、卡片式检索工具、胶卷式检索工具、活页式检索工具、机读式检索工具等;按收录范围,可分为综合性检索工具、专题性检索工具、专业性检索工具和单一文献类型检索工具等;按语种,可分为中文检索工具和外文检索工具。其他还有一些分类形式,在此就不一一列举了。这里主要介绍一下印刷型检索工具和计算机阅读型检索工具。

1. 检索工具书

检索工具书是在一次文献的基础上整理编制的,为读者提供文献线索和文献出处的二次文献。它通常并不给予读者确切的答案,但是却能指示找出答案的线索。目录、索引、文摘是人们查找文献资料的三大检索工具。

(1)目录

目录是从特定需要出发,按一定次序编排而成的一种记录、揭示、报道文献的工具,是对一批相关文献系统化著录的结果。它所提供的信息,主要包括两方面的内容,一是有关文献的外部特征,如书(篇)名、著者、译者、出版者、出版日期、版本等;二是有关文献的内容特征,如内容梗概、中心思想、作者简况、文献价值等。除此之外,不同类型的目录还可以提供不同方面的信息。目录二字,古已有之。目指篇目,即篇卷名称;录指叙录,即对文献内容、作者生平、著作源流及校勘经过等所作的简要介绍。由于目录最初所收录和揭示的主要是图书,所以目录在习惯上又称为书目。

目录的种类很多,按不同的划分依据,可以产生不同的划分结果。按文种分,有中文目录和外文目录;按文献的学科范围分,有综合性目录和专题目录;按文献出版和编制目录的时间关系分,有回溯目录、现行目录和预告目录;按目录所反映的收藏情况分,有馆藏目录和联合目录;按目录所收录的出版物形式分,有书籍目录、报刊目录、特种文献目录等。

(2)索引

索引一词旧称"备检"、"通检"、"引得"等,它是将一种或多种文献中具有检索意义的特征,如书名、刊名、篇名、人名、地名、主题、语词等分别摘录出来,按一定方式加以编排并逐一注明出处,以供查检的一种检索工具。

从索引的定义中,我们可以看出它具有与目录所不同的两大特点,一是它可以将文献中所包含的信息分析摘录出来作为排列和检索标识,满足人们的微观检索需求;二是它既"索"且"引",具有追本溯源的功能。索引的基本组织单位是条目,每个条目一般由序号、标识或索引词、注释、出处等若干环节构成。但由于索引的种类多样,编排方法各异,索引条目的结构形式也各有不同。

索引的类型多样,根据不同的标准和角度,可作多种划分,从中可见索引的不同功能及其规律性。从文献的外部特征和内部特征来看,索引可分为论著索引和内容索引两大类。论著索引包括论文索引(又称篇目索引)、著作索引(又称图书索引、书目索引和论著索引)等;内容索引包括字词索引、句子索引、主题索引和专名索引等。

(3)文摘

文摘是指对原始文献的主要内容(包括主要论点、方法、数据、条件、结果等)作简明扼要的准确摘述,通常不包含对原文的补充、解释或评论。有些文摘与原文献刊登在一起,这种文摘叫篇首文摘。文摘性检索工具是文献题录加内容摘要。文摘性检索工具的作用可归纳为:报道最新文献;深入揭示文献内容,吸引读者阅读原文;节约阅读时间,避免阅读那些无关紧要的原文;确定原文内容与查找课题的相关程度,帮助读者选择文献,决定取舍;帮助读者克服语言上的障碍;便于电子计算机进行全文检索;是撰写述评的重要素材。文摘性检索工具收录的文摘形式不完全相同,主要有报道性文摘、指示性文摘和评论性文摘等几种。

这里简要叙述了目录、索引、文摘各自的概念、功用及主要类型,目的在于使读者对这三种类型的检索工具有一个初步认识,为进一步学习和实践打下基础。通过上面的叙述我们也可以看出,种类繁杂的检索工具却有着某些共性。

目录、索引、文摘所具有的检索性是它们的基本属性。它们分别通过不同的方式记录和提示文献的各种特征,为检索者提供文献信息和检索途径。

目录、索引、文摘类型之划分是相对的。使用不同的划分方法,同一种目录、索引或文摘可以隶属于不同的类型。

从目录到索引,从索引到文摘的繁衍过程,反映出了人类科学文化发展的递进性,但绝不能就此认为后者可以取代前者,实际上,目录、索引、文摘这三者有相互依存、相互补充、功能各异、相得益彰的关系。无论是在编制过程中还是在检索过程中,都需要相互参照、交替使用。

2. 参考工具书

参考工具书是指汇集某一方面的知识与资料,并按一定方式加以编排,可直接为读者提供所需的答案的工具书。参考工具书对具体知识作精要的说明,属三次文献范畴。下面介绍几种常用的社会科学参考工具书：

①字典、词典　"字典"和"词典"，在不少语种中都是同一个词，但在汉语中却是两个不同的概念。字典是汇集、解释字的形、音、义及其用法的工具书；词典是汇集、解释词语的概念、意义及其用法的工具书。但两者又是不可截然分开的。许多字典常常兼收词语，而词典则基本上都以单字为词目，都是在释字之后再释词。编纂者通常是根据其侧重点的不同，即以释字为主还是以释词为主，分别将它们命名为"字典"、"词典"。所以说，两者既相互区别，又密切联系，现多合称为"辞书"，古时则统称为"字书"。我国辞书的分类方法因其划分的标准不同而有多种。在此根据其收录的内容划分为语文类辞书和知识性辞书两大类。

语文类辞书通过提供有关字与词各方面的信息，可以帮助人们解决字、词方面的疑难问题；也可以帮助人们学会正确使用语言，从而促进语言的规范化；还可以帮助人们熟练掌握语言的表达方式，增强语言交际能力。知识性的辞典可以帮助人们理解和掌握有关学科的知识，对专有名词词义有所了解，从而拓宽自己的知识面，或为从事进一步的科研准备一些必要的资料。

②百科全书　百科全书是概要记述人类一切知识或某一学科全部知识的完备的工具书。它收集各个学科或某一学科范围内的各种名词、术语等，具有知识总汇性质。

百科全书的类型按收录内容进行划分，分为综合性百科全书和专业性百科全书。

百科全书具有收录学科门类广泛齐全，内容丰富，叙述全面、客观，检索系统（包括编排方式、参见系统、索引系统等）完备，编纂科学、权威等特点，这使得它在工具书中具有独特的性质和作用，具备很高的阅读和检索价值。一部综合性的百科全书可以替代许多参考工具书，因此被称为"工具书之王"。百科全书不仅总结、概括了人类科学、文化方面的一切成就，而且对当代各种新的文化思想和科学技术也都及时反映、兼收并蓄，因此具有很高的学术性和强烈的时代感。但是，百科全书的规模大、卷帙多，编辑、改版颇为费事，因此，为了解决及时补充新资料这一难题，目前世界上出版大型百科全书的国家，一般都采取出版补充本或百科全书年鉴的办法，不断补充新材料，反映最新动态。这种补充本和年鉴是百科全书的重要组成部分，查阅时应当同时参阅，注意利用，以了解学科发展的最新水平和动态。

③年鉴　年鉴是系统汇集一年内重要时事文献、学科进展及各项统计资料，以供人们查阅的工具书。它逐年编纂、连续出版。年鉴从收录的内容看一般分为综合性和专科性两类。

年鉴是一种重要的参考工具书，它所具有的资料性、时效性、连续性等特点，在科学研究中具有重要作用。它内容丰富、涉及面广、信息密集，读者利用它可以全面而充分地了解一年来国内外的重大事件，各种事物发生、发展的过程及趋势，学科研究的最新动态等。年鉴内容所具有的时效性,能使读者及时、迅速地获得各种最新知识信息,这是其他工具都无法与之相比的。年鉴按年度编纂出版的连续性,不仅使得检索者可以不断地积累资料,而且使其内容具有纵向可比性。此外,年鉴采用栏目、条目形式编排内容,并附有多种辅助性索引,为检索提供了方便。

④手册 手册又称便览、必备、大全等等。它是根据一定的需要,汇编某方面的基本知识、重要公式或数据,以备随时查检的工具书。手册种类繁多,通常可以分为综合性和专门性两类。

手册一般使用简练、科学的语言,概述某一学科、某一专业、某一领域最基本、最实用的知识和资料,包括各种重要的公式、数据、图表、符号、专业术语、规章条例、操作方法等。手册所收录的内容十分全面,但它所反映的不是学科研究的最新动态,也不是定义、概念以及历史发展之类的理论叙述,而是向人们提供精确、可靠、有一定深度的、成熟的知识经验,可以说是某一专门领域内专业知识和技术的总结性资料。手册具有很强的应用性和实践性,参考价值很大。

⑤类书、政书

a. 类书。类书辑录古书中的史实典故、俪词骈语、诗赋文章、名物制度等原始资料,按类(少数按韵)加以编纂,以便人们查检和征引。类书的特点主要是:辑录原始资料,一般不予改动;收录资料较全,卷帙浩繁;按类罗列资料,便于查阅。正因为有这些特点,古代流传下来的一些类书,成为人们查找原始资料,开展校勘、考据、辑佚等工作的取之不尽的文献渊薮。类书可分为综合性和专门性两大类。综合性类书内容广泛,覆盖面宽,九流杂家,无所不包。专门性类书则收录某一方面的资料,就某一范围来说,其资料更为全面丰富。多种综合性类书和专门性类书配合使用,其检索效果将更好。

b. 政书。政书是专门记载古代典章制度的工具书。政书收集历代或一代政治、经济、文化、军事等方面有关制度的史料,分门别类地加以纂集、论述。政书和类书的最显著的区别是,类书只是辑录原始资料,不加改动,按类堆砌;而政书却要将采撷来的原始资料加以组织熔炼,使之成为一个整体。

总之,类书、政书是我们系统、全面地查检古代史实典故、诗赋文章、名物实事以及典章制度等的主要工具,也是我们索取古代社会科学文献的重要来源。

⑥表谱 表谱是以简练的文字和准确的数字为内容,以编年或表格的形式记载事物的发展、提示时间概念和历史事实的工具书,一般说来,这些出版物所能提供的是关于某一方面的系统而有条理的知识。常见的表谱有历表、年表、大事记表、人物年谱、职官表、地理沿革表等。

⑦图录 图录,又称图谱,是通过直观的图形、图像描绘地理知识,表现事物、文物或人物形象的工具书。图录包括地图、历史图谱、文物图谱、人物图谱及其他

图谱等。

⑧名录　名录是专门汇集和简要介绍机构名、人名、地名等的基本情况和资料的工具书。名录将有关个人和组织机构的概况,按字顺或类别加以排列,系统地编制成简洁明了的一览表,供读者查考。名录根据内容,主要可以分为三种类型:机构名录、人名录、地名录。

⑨综述　综述是通过对原始文献的综合、评价、压缩处理的文献。综述具有最新情报的报道功能、指导功能和目录功能。综述一般由各个专业的著名专家、学者撰写,并附有大量参考文献。综述的类型根据不同的标准有不同的划分方法,根据综述描述方式的不同,分为评论性综述和叙述性综述两大类型。评论性综述的撰写一般包括对特定领域的所有重要出版物进行详细公正的审查分析,同时结合该领域的进展进行批判性的评价,指示研究的文献和发展趋势的预测。叙述性综述主要是对现有资料的综合性叙述而不是评价。在现代文献中综述性文献越来越多,作用也越来越大,它不仅提供学术动态和文献线索,而且对于把握和确定研究方向具有积极的指导意义,被认为是一种新型的工具书。

⑩文献指南和书目之书目　文献指南主要是介绍某一学科的主要期刊和其他类型的一次性文献,介绍有关这些文献的各种检索工具和重要参考书,介绍文献查检的方法,以及利用图书馆的一般方法等等。

书目之书目也可以叫做检索工具的检索工具。它将书目、索引、文摘等检索工具,按照其类型或按照其取材的学科范围,或者按照文种排列起来,并附以简介,指出所收录检索工具的内容、特点和使用方法。

3. 机读型检索工具

机读型检索工具就是在计算机存贮设备上按一定方式存贮相互关联的数据集合,它包括联机、光盘和网络检索数据库等各种形式,可以随时按不同的目的提供各种组合信息,以满足检索者的需求。按照数据库所含信息的内容可以划分为以下类型:

(1)文献书目数据库

文献书目数据库是存贮某个领域原始文献的书目,即二次文献数据库,记录内容包括文献的题名、著者、原文出处、文摘、主题词等,大多数是印刷本检索工具的机读版。

(2)信息指南数据库

信息指南数据库主要是记录一些机构、人物、产品、项目简述等事实数据,通过该类数据库可以查到公司、机构的地址、电话、产品目录、研究项目或名人简历等信息。这类数据库也称为事实数据库。

(3)数值型数据库

数值型数据库是专门提供以数据形式表示的一种源数据库。记录中存放的是各种调查数据或统计数据,如人口统计资料、科学技术实验数据和市场调研数据等。

(4) 全文数据库

全文数据库是存贮文献内容全文或其中主要部分的数据库,简称全文库。它是将期刊论文、学位论文、会议文献、法律法规、新闻报道,以及百科全书、手册、年鉴等的全部文字和非文字内容转换成计算机可读形式。全文数据库可以解决用户获取一次文献所遇到的困难,能向用户提供一步到位的查找原始文献的信息服务。

(5) 多媒体数据库

多媒体数据库是近年来出现的新型数据库,它将图形、图像、文字、动画、声音等多媒体数据结构结合为一体,并统一进行存取、管理和应用,检索时可以获得图文并茂的效果。

第三节 社会科学文献检索途径、方法、技术和步骤

一、社会科学文献检索途径

检索途径是指利用一定的检索工具和一定的方式进行文献检索,它是由检索工具自身的特点所决定的。不同的检索工具揭示文献的角度不同,也就形成了不同的检索途径。检索途径主要有:

1. 题名途径

题名途径就是根据文献的名称(如图书书名、报刊刊名、文章标题等)查找文献的途径。在已知文献题名的情况下,通过这一途径进行检索,可以较迅速准确地获得所需文献。利用题名途径检索,常见的手工检索工具有各种书名目录、刊名目录和篇名索引等。

2. 著者途径

著者途径是以文献著者、译者、编者的姓名或机关团体名称作为检索标识,利用著者索引或机构名称索引查找文献的途径。通过这一途径,可将著者分散在不同学科、不同主题范围的著述全部检索出来,这是其他检索途径难以取代的独特功能。这一途径所提供的文献有利于系统研究某一方面的问题或某一作家的作品、某一学者的学术思想。

3. 序号途径

序号途径是指按已知的文献资料特有的号码特征(如图书的国际标准书号,期刊的国际标准刊号,专利说明书的专利号,书目数据库中的文献记录登录号等)来查找文献信息的途径。序号途径使用的检索工具主要是号码索引,号码索引具有明确、简短、唯一性的特点,但是必须以事先知道文献的序号为前提。

4. 分类途径

分类途径是指按学科分类体系和事物性质编排和检索文献的途径,这是较常用的检索途径之一。它能够把学科内容、性质相同的文献集中于同一类目下,体现出学科的系统性和事物的关联性,满足人们从文献的族性角度进行检索的要求。常见的手工检索工具有分类目录和以分类法编排的书刊检索出版物等。

5. 主题途径

主题途径是指以代表文献内容实质的主题词作为检索标识。它同分类途径一样,都是以文献内容特征为检索线索,从而打破了传统的以学科分类的框架,它能把不同学科中的有关课题的文献集中到一起,无论主题多么专深,都能直接表达,直接检索。主题途径易于查找新兴学科和交叉学科文献,便于突破学科限制从中选取所需,利于满足特性检索需要。

除上述检索途径外,还有引文途径、时序途径、地序途径及利用非检索工具查找文献的途径等。在实际检索中,究竟利用哪种途径为好,需要根据特定课题的实际情况、对检索要求的分析以及所选用的检索工具的特点来确定。

二、社会科学文献检索方法

在检索途径确定之后,需针对课题的具体内容和要求,选择正确的检索方法进行检索。所谓检索方法,就是利用检索工具,依照一定的顺序,从不同的方面入手查找课题所需文献资料的方法。选择科学的检索方法,有助于快速、准确、全面地获取满足课题需要的文献资料,社会科学文献检索的方法通常有以下几种。

1. 直接检索法

直接检索法又称为直查法,是指不利用检索工具或检索系统,通过直接浏览或查阅原始文献,来获取所需信息的一种检索方法。

2. 间接检索法

间接检索法又称常用法,就是利用检索工具进行查找文献的方法,这是文献检索中最常用的一种检索方法。常用法又可以分为顺查法、倒查法和抽查法3种。

3. 追溯法

追溯法又称扩展法,是一种与直接法相对应的检索方法。它是以现在的文献及其涉及的参考资料为线索逐一追踪,不断扩展,从而发现所需要的文献资料的检索方法。

4. 综合法

综合法又称分段法、交替法或循环法,即将直接法与间接法结合起来使用的一种综合性检索方法。具体做法是:在查找文献信息时,既利用检索工具进行顺查或倒查,又利用文献附录的参考文献目录进行追溯查检,两种方法分段进行,交替循环使用,互相补充,直到满足检索要求为止。

文献检索的方法是灵活多样的,同时亦各有不足。在检索过程中无须拘泥于单一的方法而应依据当时的检索条件和实际文献需求而定。

三、社会科学文献的检索技术

检索技术是指利用计算机检索系统,检索有关信息而采用的相关技术,主要有布尔逻辑运算符、位置运算符、截词运算符、字段限定检索和加权检索。

1. 布尔逻辑运算符

在计算机检索过程中,检索要求涉及的概念往往不止一个,而同一个概念往往又涉及多个同义词或相关词。为了准确地表达检索提问,必须利用逻辑运算符将不同的检索词组配起来。常用的逻辑运算符有以下3种。

(1)逻辑"与"

这种组配关系用"AND"或"*"表示,用于检索概念之间的相交关系运算,一般用于组配不同的检索概念。例如要查同时含有概念"A"和概念"B"的文献,可表示为"A AND B"或"A * B",其检索结果为集合 A 与集合 B 的相交部分(交集)。如图 2-4 中阴影部分所示。逻辑"与"在检索中只是限制记录中同时包含概念 A 和概念 B,并不规定两词的先后顺序。

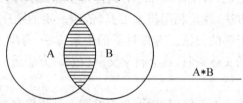

图 2-4 逻辑"与"

(2)逻辑"或"

这种组配关系用"OR"或"+"表示,它用于检索概念之间的并列关系,可用其组配表达相同概念的检索词,如同义词、相关词等。例如要查含有概念 A 或概念 B 的文献,可表示为"A OR B"或"A + B",其检索结果为集合 A 与集合 B 合并相加部分(并集)。如图 2-5 中阴影部分所示。

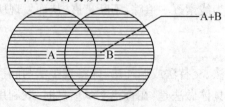

图 2-5 逻辑"或"

(3) 逻辑"非"

这种组配关系用"NOT"或"－"表示,它用于在某一记录集合中排除含有某一概念的记录,例如要在含有概念 A 的集合中排除含有概念 B 的文献,可表示为"A NOT B"或"A－B",其检索结果如图 2－6 中阴影部分所示。在使用逻辑"非"的过程中须十分小心,因为它有可能将相关文献排除掉。

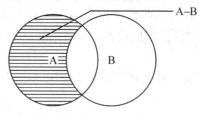

图 2－6　逻辑"非"

在以上布尔逻辑运算符中,其运算优先级顺序为 NOT,AND,OR,不过可以用括号改变它们之间的运算顺序,还要注意对于同一个布尔逻辑提问式来说,不同的运算顺序会有不同的运算结果。在组配中我们必须注意,逻辑"与"和逻辑"非"可能缩小检索范围,提高查准率;逻辑"或"可以扩大检索范围,提高查全率。

2. 位置运算符

位置运算符用于规定检索词相互之间的邻近关系,包括在记录中的顺序和相对位置。位置运算符亦属于逻辑运算符,它能避免布尔逻辑运算符不考虑检索词位置关系而引起的某些检索误差。例如,检索"钢结构"的文献,如果用逻辑"与"组配"钢"与"结构",那么很可能把"结构钢"的文献也检索出来。

常用的位置运算符如下:

(1) With 运算符

用(W)或( )表示。用该运算符连接的两个词必须保持原有次序,且彼此邻接,中间不能插入任何词。

(2) n Words 运算符

用(nW)表示。用该运算符连接的两个词前后次序不能变,但在它们之间可插入至多 n 个词。

(3) Near 运算符

用(N)表示。用该运算符连接的检索词无须保持原有次序,但必须相邻。

(4) nNear 运算符

用(nN)表示。用(nN)所连接的检索词在记录中的前后次序可改变,而且两个检索项之间可至多插入 n 个词。

(5) Field 运算符

用(F)表示。用(F)连接的检索项必须出现在记录的同一字段中,而不限定它们在此字段中的相对位置或次序。

(6) Subfield 运算符

用(S)表示。用(S)连接的检索词必须同时出现在同一字段中,但不限定次序(一般数据库规定在同一句子中)。

(7) Link 运算符

用(L)表示。用(L)表示其两侧的检索词之间有主从关系,前者为主,后者为副。(L)可用来连接主副标题,它们被列在记录的规范词字段。

(8) Citation 运算符

用(C)表示。用(C)表示算符两侧的检索词可以不分字段、不按顺序,只要检索词出现在一篇文献记录即算命中。

在位置运算符和逻辑运算符混合组配时的运算次序为:先算括号内的,然后是位置运算符,最后是逻辑运算符。

3. 截词运算符

截词检索就是把检索词加上某种符号截断,在检索的过程中检出包含该词的记录。截词检索可采用右截断(前方一致)、左截断(后方一致)、左右同时截断(中间一致)、完全一致和指定位数一致 5 种方式。其中,前 3 种方式用得较多。截词运算符用"+"、"*"或者"?"表示。在不同的检索系统中截词运算符所代表字母的个数有着不同的具体含义,要具体问题具体对待。截词运算可以提高查全率。

4. 字段限定检索

字段限定检索是指限定检索词在数据库记录中的一个或几个字段范围内查找的一种检索方法。检索时,机器只在限定字段内进行搜索,这是提高检索效率的又一个措施,字段检索可为两类:后缀式(Suffi)和前缀式(Prefi)。前者对于基本索引,反映文献的主题内容,后者对于辅助索引,反映文献的外部特征。例如,在 DIALOG 检索系统中前缀限制符为:AU=(限查特定作者)、JL=(限查特定刊名)、LA=(限查特定语种)、PN=(限查特定专利号)、PY=(限查特定年代)。后缀限制符为:/DE(限在叙词标引词中查)、/ID(限在自由标引词中查)、/TI(限在题目中查)、/AB(限在文摘中查)。在多数检索系统中,如果用户不对检索式注明字段限定范围,系统会默认在四个基本字段(篇名、文摘、叙词、自由标引词)中检索。

5. 加权检索

加权检索就是对每个检索词加"权",即赋予一定的数值,以表示它们的重要程度。系统相应地确定一个阈值,阈值是满足检索条件权值总和的最低值。如果一篇文献所含有检索词的权值和大于等于阈值,该文献即被检索命中。例如检索词计算机(5)、软件(8)、应用(4),阈值是 9,则:

计算机、软件、应用	权值和=17,大于9,命中。
计算机、软件	权值和=13,大于9,命中。
软件、应用	权值和=12,大于9,命中。
计算机、应用	权值和=9,等于9,命中。
软件	权值和=8,小于9,不命中。

在加权检索中,计算机将文献按权值大小排列。凡在用户指定的阈值之上的作为检索命中结果输出。根据命中文献量的多少,可灵活地调整阈值,阈值愈高,命中的文献就愈少,但查准率愈高。

四、社会科学文献的检索步骤

文献检索步骤,简单地说就是文献检索过程所要遵循的先后顺序,文献检索全过程一般可分为以下几个步骤。

1. 分析检索课题

文献检索首先要对所检课题进行分析,全面了解课题内容和用户对检索的各种要求,从而有助于正确选择工具,制定合理的检索策略。分析检索课题应从以下几方面进行。

(1)弄清检索该课题的目的和意图。
(2)分析课题涉及的学科范围、主题要求。
(3)确定所需文献的范围(包括时间、地区和文献类型等)。
(4)明确课题对查新、查准、查全的指标要求。

2. 制定检索策略

所谓制定检索策略,是为完成检索课题,实现检索目的,对检索的全过程进行谋划之后所制定的全盘检索方案。具体内容包括以下几方面。

(1)选择检索工具

根据检索课题的多方面要求,在了解相关检索工具(检索系统及其数据库)的性质、内容和特点后,选择一种或多种检索工具进行检索。选择时,应注意选择专业对口、收录完备、索引系统完善的检索工具(检索系统及数据库)。

(2)选择检索手段

检索手段有手工检索、计算机检索。各种检索手段各有优缺点,应根据检索手段的可能性以及课题的经费条件和时间等因素综合考虑,选择合适的检索手段。

(3)选择检索方法

根据检索条件、检索要求和检索课题的特点选择合适的检索方法,比如追溯法、顺查法等等。如前所述,各种检索方法各具特色,使用时应视具体检索条件和检索课题而定。如果检索课题要求进行全面系统地普查,以查全为主,应选用顺查法;如检索课题是要了解现状、趋势等动态性信息,或者是新兴的科研课题,应选用倒查法;如已掌握课题的发展过程,为节省时间,提高检索效率,可用抽查法;若检索课题涉及的范围较小,主题概念专指度较高,用分段法就可以既较全面系统地检得所需文献,又可提高检索效率。

(4)选择检索途径和检索标识

采用何种检索途径,应根据检索工具所提供的检索途径、检索课题的要求以及已掌握的检索线索来确定。

检索途径的选择取决于两方面的条件,一是课题的已知条件和课题的范围及检索效率要求;二是所使用的检索工具所能提供的检索途径。如果只提出内容上的要求,就要根据课题的大小、检全或检准的偏重、检索工具的条件等决定从分类、主题、或其他内容特征途径进行检索。如果从分类、主题、代码等途径检索,需要进一步准确、完整地选择检索语言的标识来表达检索课题。这往往是检索能否成功或高效的关键。每一个检索途径对应一种检索标识。因此,选择检索途径后,确定检索标识是否恰当,将直接影响检索效果。确定检索标识,应注意以下两点:

采用关键词作检索词时,对自然语言中的同义词、近义词、多义词等要有认识和掌握,尽可能把有关的词考虑周全,以免漏检。

了解上位、下位、同位概念之间的关系,并根据检索课题的要求,选取恰当的检索标识。如把检索概念"放大"(即使用上位类或上位概念检索词),以扩大检索范围、增加检索的广度而使精度分散;如把检索概念"缩小"(即使用下位类或下位概念检索词),则增加检索精度、提高准确性而使检索范围变窄。

(5)构造检索式

在计算机检索系统中,需要将检索课题的标识用逻辑运算符进行组配,并选择检索字段和检索提问的先后次序。

3. 实施检索

以上工作做完后,就可以实施检索了。检索时,应及时分析检索结果是否与检索要求一致,根据检索结果对检索策略(如检索式)作相应的修改和调整,直至得到比较满意的结果。

4. 获取原文

检索结果有两种可能性,一种是文献线索,另一种是全文;如果是文献线索,要对文献线索进行整理,分析其相关程度,根据需要,可利用文献线索通过馆藏途径或者其他途径获取原文。

思考题

1. 文献检索的类型有哪些？
2. 简述文献检索原理。
3. 检索语言分哪几类？常用的文献检索语言有哪些？它们的主要特点是什么？
4. 社会科学文献检索工具有哪些？
5. 逻辑运算符中的逻辑"与"、逻辑"或"、逻辑"非"分别用于何种情况下的概念组配？
6. 常用的检索途径有哪几种？它们的主要特征是什么？
7. 社会科学文献检索有哪几种方法？

第三章 社会科学文献检索工具编排方法

社会科学文献检索工具的编排法是将揭示文献外部特征或内部特征的标识,按照一定的规则编排成一个有序的系统,以供人们迅速准确地检索出所需文献信息的方法。

社会科学文献检索工具的编排法包括工具书的编排方法和检索方法,前者是从工具书编纂角度使工具书内容有序化的方法,后者是从工具书使用角度查考工具书内容的方法。从总体上来说,有多少种工具书编排方法就有多少种工具书检索方法。但具体到一种工具书,一般是以一种编排和检索方法为主,辅以其他排检方法,并增加检索途径。如《现代汉语词典》,它用音序编排,但音序排列对不认识的字和语音不准确的人是不容易查到的,所以又附了部首和四角号码两种辅助索引。工具书能否为读者迅速提供有关资料或文献,除了取决于工具书的内容外,还有赖于所采用的编排方法和检索方法,以及读者对它的熟悉程度。因此,为了有效地利用工具书,必须掌握几种常用的工具书排检方法,提高查准率、查全率和检索效率。

社会科学文献检索工具的排检方法大体可分为两大类。一类为字顺法,通常称为检字法或查字法,包括形序法、音序法和号码法。另一类为类序法,包括分类法、主题法、时序法、地序法等。

第一节 字顺编排法

字顺编排法是根据汉字的形体结构和声韵规律排检单字或复词的方法,是工具书中最主要的一种编排检索方法。除了用于字典、词典、百科全书、某些类书、索引、手册等多种工具书的编排外,还广泛用于字顺目录、索引等检索工具以及文书、档案中各种名称的排序。同时,字顺编排法在印刷排版、汉字信息处理技术等方面也具有重要的作用。字顺编排法又可分为音序法、形序法和号码法。

一、音序法

音序法是按字的读音来编排、检索的一种方法。它大致又可分为汉语拼音字母音序法、声部排列法、韵部排列法三种。

1. 汉语拼音字母音序法

《汉语拼音方案》自1958年2月11日由第一届全国人民代表大会第五次会议批准推行后,《新华字典》率先用它来编排字典,这个方案被广泛应用于工具书的编排,《现代汉语词典》、《简明不列颠百科全书》、《列宁全集索引》、《韩非子索引》等,均按汉语拼音字母顺序编排。这是现在最通行的编排法之一。它以汉语拼音所用a、b、c、d、e、f、g、h、i、j、k、l、m、n、o、p、q、r、s、t、u、v、w、x、y、z 26个字母的顺序排列。1982年国际标准化组织承认汉语拼音为拼写汉字的国际标准,汉语拼音开始走向了世界。汉语的每一个字,都是由这二十六个字母按声、韵拼起来的,所以就用它来排列顺序。若第一个字母相同,就比第二个字母的次序;第一、二两个字母相同,再比第三个字母的次序,以此类推。若音节全同,则再按声调阴平(-)、阳平(/)、上声(∨)、去声(\)、轻声(不标号)次序排列。这种编排方法比较方便、科学,也是国际上通用的方法。

汉语拼音字母法的基本形式是:

(1)汉字按汉语拼音字母顺序排列,从a到z(其中v只用于拼写外来语、少数民族语言和方言,i、u不用于音节开头)。

(2)每一个字母下按音节顺序排列,如字母a下,按a、ai、an、ang、ao的顺序排列。

(3)同一音节下再按阴平、阳平、上声、去声、轻声5种声调排列,如a音节下的排列顺序是āáǎà。

(4)音节相同者(即声母、韵母、声调均相同的同音字),再按起笔笔形并照顾到偏旁的同一性排列,如《现代汉语词典》;或按笔画多少并兼顾偏旁的同一性排列,如《新华字典》;或按笔画笔形排列,如《语言大典》。

(5)复音词的排列,有的严格按照复音词中每字的音节次序排列,如《汉语拼音词汇(增订稿)》;有的先按第一字分别排在领头单字之下,再按第二字以后各字的音节次序排列,如《现代汉语词典》、《语言大典》、《中国大百科全书》、《简明不列颠百科全书》;有的先按第一字分别排在领头单字以下,再按复音词的字数多少及笔画笔形排列,如《汉语小词典》。

汉语拼音字母法的优点是:符合国际上工具书按音序检索的习惯;对于会说普通话的人来说,易于掌握,检索速度快,准确率高;不受繁简字体的影响。它的局限性:由于汉字不是拼音文字,如果不会汉语拼音法,遇上不认识的字,就读不出音来；加上方言差异，读音不统一，所以它必须配合其他查检法才便于读者使用。用它来编排以常用字词为主的工具书较为合适，目前各种中小型字、词典往往就用它来编排。

2. 声部排列法

声部是指古代声母，大体上代表唐、宋间汉语语音。它创始于唐末僧人守温，根据唇牙齿舌喉发声部位的不同发声方法，定出30个字母，宋人又增至36个字母，这就是音韵学上传统的36字母。按照字词的不同声部编排的工具书较少，如《经传释词》、《古书虚字集释》等。这种编排法使用不便，也不通行。

3. 韵部排列法

韵部排列法是我国古代一种音序编排法。它将所收词按所属韵部汇集在一起，再依上平声、下平声、上声、去声、入声分部，以便排检。韵部法主要用于古代的字书、韵书等，如《字汇》、《佩文韵府》、《经籍纂诂》等都是采用韵部这种排列方法。中国古代较大的韵目系统有《广韵》、《集韵》的206韵目系统，还有宋、金"平水韵"的106韵系统，明清以来"平水韵"流行极广，许多分韵编排的重要工具书都采用这一韵目系统。现代编纂出版的一些与古代读音关系密切的工具书，也有采用韵部编排法的，但一般是与其他现代人熟悉的检字法配合使用。

韵部法大体有3种形式：

（1）先按声调分为上平声、下平声、上声、去声、入声五类，再在每一声调下分韵部，然后在每一韵部按同音字或字的难易分组排列，如《广韵》、《集韵》和《佩文韵府》；

（2）先分韵部，每一韵部内再按声调阴平、阳平、上声、去声分开，然后在每一声调内按同音字分组排列，如《中原音韵》；

（3）先分韵部，每一韵部内再按声类划分，然后每一声类的字再按等第或声调平声、上声、去声、入声分开排列，如《五音集韵》和《韵略易通》。

二、形序法

形序编排法是根据汉字的形体结构，按照字形的某一共同性将汉字序列化的排检方法。形序法包括部首法、笔画法和笔形法。

1. 部首法

部首法是根据汉字的形体结构，按照偏旁、部属归类的一种排检方法。就字形而言，汉字有单体字和合体字之分。单体字（也叫独体）是纯表意字，在汉字中居少数；合体字占多数，其形体由若干"偏旁"构成。"偏旁"原指汉字代表其字义的部分，但形声字是由形旁（义符）和声旁（音符）所构成的。因此，多数部首是偏旁，偏旁不一定都是部首，作部首的偏旁有形旁也有声旁。

部首法历史悠久，应用甚广。东汉许慎著《说文解字》，将9353个汉字（小篆），按字和字义归纳为540部，创立了部首法。此后，晋吕忱《字林》、南朝顾野王《玉篇》、宋司马光《类编》等字书沿用了这种方法。其中《玉篇》颇有增删。到了明代，梅膺祚的《字汇》对《说文解字》的540部进行了革新。它按楷书形体将原部首增删并合为214部，并按笔画多少排列部首字及部内统属字。不过，"从义归部"的原则并没有多大改变。后出的明张自烈《正字通》、清代《康熙字典》及现代《中华大字典》、旧版《辞源》、《辞海》、《大汉和辞典》、《中文大辞典》、新版《辞源》等，均采用214部编排。

新中国成立后新编的字典、词典，对沿用已久的214部进行了改革。1954年，《新华字典》部首本率先将部首简化为189个。并突破"从义归部"的原则，对一些有几个偏旁的字实行"多开门"的办法，同时收在几个相应的部首内。1956年起实行简化字以后，新编的字典、词典对部首作了调整。《现代汉语词典》、《四角号码新词典》的"部首检字表"，改并为188部。同笔画的部首字及部内统属字，再按起笔丶一丨丿的顺序排列。1979年版《辞海》，采用比较完整的部首改革方案。在214部的基础上，删、并、分、改、增为250部。并破除了"从义归部"的传统，依据字形定部，部首一般在左、上、右、下、外围、中坐、左上角及起笔等位置（参看《辞海·部首查字法查字说明》）。同笔画的部首字再按一丨丿、笔形顺序排列。1982年，中国文字改革委员会和上海辞书出版社在214部的基础上进一步作了调整，拟定了200个部首。《汉语大字典》、《汉语大词典》等即采用200部首编排。

新、旧部首检字法，主要有两点不同：

①归部原则不同。旧部首法归部"从义"，即按字形和字义归部；新部首法归部"从形"即基本上按字形结构归部。字形与字义有时一致，有时不一致。如"草"部字，多数与花、草等植物有关；"鱼"部字，多数与鱼类有关。但"腾"字，明显的部首是"月"，新部首归"月"部，而旧部首入"马"部，前者"从形"，后者"从义"。因"腾"为奔跑、跳跃的意思，马善奔跑，"腾"的字义与马有关，故旧部首法归入"马"部，而新部首法从易检出发归入"月"部。

②部首形状与偏旁的实际写法，新部首完全一致，旧部首有时不一致，如"心"旁，新部首为"忄"部，旧部首入"心"部；"艹"头，新部首是"艹"部。旧部首为"艸"部，等等。

部首法使用很广，其优点是：

①较能适应汉字的结构特点，并能反映多数汉字同部首在意义上的联系；

②符合人们从形求音求义的查字习惯和要求，便于查检不会读、不会解的生字，并适合用来编排收字较多的字典、词典。但部首法也有不少缺点，如部首的位置不固定，有些字难以确定部首。尤其是旧部首法，归部或象形或会意，更难掌握。

而且同笔画的部首字及部内统属字,排列无次序,不易查检。

2. 笔画法

笔画法就是按汉字笔画多少为排列顺序的编排法。不少工具书用它来编排或作辅助索引。这种编排法原理简单,容易学会,但它也有很大的缺点。其一是有的字不易数对画数,这是因为汉字的笔画结构多种多样,而各人的书写习惯又往往不同的缘故。如"长"是四笔,"豆"为七笔。前者易错,后者不易数对。其二是同一画数的字太多,查找也比较费时。

用笔画编排工具书时,往往与别的查检法结合起来,或按部首,或按笔顺等。如《中国人名大辞典》、《中国古今地名大辞典》、《十三经索引》等,同一画数的字再按部首排列。新《辞海》有"笔画查字表"同一画数的字按第一笔或第一、二笔的笔形一丨丿、次序排列。使用笔画排检时应注意:第一,繁体字与简化字的区别,新字形与旧字形的区别,印刷体与手写体的区别,简化字与异体字的区别。第二,确定起笔笔形须注意起笔顺序。

笔画编排法的优点是原理简单,限制条件少,容易学会。一般检索工具,正文虽不按笔画顺序编排,但附有笔画排检索引,便于用户使用。笔画编排法的缺点是:同一汉字,笔画数目、起笔笔形等因人们书写习惯不同和汉字笔画搭配复杂而产生差异,常不能迅速准确地排检检索工具。

3. 笔形法

笔形法,也称笔顺法,是根据汉字的形体结构,按笔形为序的一种排检方法。这种方法要求每笔都要看,第一、二、三笔……第一笔相同看第二笔,第二笔相同看第三笔,余类推。这种方法不论笔画多少,只看笔形和笔顺。

笔形法起源于清代吏目档案所用的排检方法。有的用"元亨利贞"的起笔(一、丿丨)为序,有的用"江山千古"的起笔(丶丨丿一)为序,有的用"寒来暑往"的起笔(丶一丨丿)为序。一般认为第三种方法较为合理。后来,陈德芸的《古今人物别名索引》、《德芸字典》、陈立夫的《五笔检字法学生字典》等少数工具书,采用笔形法编排。文化部和文字改革委员会1964年12月联合颁发的《印刷通用汉字字形表》(当时未公开发行,文字改革出版社1986年出版),规定了6196个字的字形和笔顺,应该作为确定字形笔顺的依据。笔形法虽然容易掌握,但使用起来比较繁琐。而且遇到异体字和下笔的顺序习惯不同时,往往难以判断,给查检带来困难。因此,这种方法在检索工具中一般不作为主要编排法,常常作为辅助手段与笔画法结合使用。

三、号码法

号码编排法是根据汉字的形体结构,用数码代表一定部位的笔形并按数码大小为序的排检方法。号码法实际是形序法的一种变形。这种编排法将作为标识的汉字的各种笔形用数码表示,再规定各个数码的排列先后,用一组数码表示一个汉字的号码,然后按号码大小顺序排列汉字。常用的号码编排法有四角号码法、中国字庋撷法、起笔笔形代码法等,近年来又出现了三角号码法、五码检字法等。其中以四角号码法用处最大,除字典外,查考古籍的工具书多采用此法编排。

1. 四角号码法

四角号码法是根据汉字方块形式的特点,以字的四角笔形取代号,并按四角号码大小为序的一种排检方法。

四角号码法于1925年由商务印书馆王云五等发明,1926年3月载于《东方杂志》28卷3号。东方图书馆最早用此法编排书名目录和著者目录。商务印书馆1928年8月出版的《四角号码学生字典》首先采用"第二次改订四角号码检字法",1930年出版的《王云五大辞典》也用此法。此后,《辞源》、《辞通》、《康熙字典》、《中国人名大辞典》、《中国古今地名大辞典》、《佩文韵府》(万有文库本)及《十通索引》、《二十五史人名索引》等,有的用该法编辅助索引,有的用来编排正文,应用弥广。

20世纪60年代以来,为适应简化字及字形规范需要,对四角号码作了一些修改,改称"四角号码查字法"即通常说的新四角号码法。《四角号码新词典》、《二十四史纪传人名索引》、《新华字典》、《现代汉语词典》、新版《辞海》、《辞源》、《中国丛书综录》、《四库全书总目》、《历代职官表》等广为采用,或者用来编排正文,或者用作编制辅助索引。

四角号码法的基本规则主要是汉字笔形规则和取角规则,具体讲有以下几点:

(1)将每个汉字四个角上的笔形概括成十大类,用0~9 10个阿拉伯数字表示。这十种笔形的号码记忆较为困难,故可用口诀"横1垂23点捺,叉4插5方框6,7角8八9是小,点下有横变0头"帮助记忆,既形象生动,又朗朗上口。

(2)由1、2、3这3个号码代表的笔形称为"单笔",由0、4、5、6、7、8、9这7个号码代表的笔形称为"复笔"。决定汉字笔形号码时,凡能构成复笔的笔形不取单笔笔形的号码。如"文"字,应取复笔"亠"0,而不取单笔"、"3;"羊"字左上角应取复笔"丷"8,不能取单笔"、"3;"尖"字左上角取复笔"小"9,不应取单笔"、"3。

(3)每个汉字取四个角上笔形号码的顺序依次为左上角、右上角、左下角、右下角。

(4)一个字的上部或下部如果只有一单笔或一复笔时,无论在什么位置都算左角号码,右角为"0",如"定"3080、"亏"1020;某一汉字的一个笔形,若在前角已经用过,后角也作0,如"十"4000、"王"1010。

(5)同一笔连接两角或两角以上的,可以分角取号,如"乙"1771,"几"7721。

(6)一笔的上下两段与别笔构成两种笔形的,分两角取号,如"米"9090,

"半"9050。

(7)下角笔形偏在一角的，按实际位置取号，缺角作0，如"户"3020、"弓"1702；但"弓"、"亏"等字作偏旁时，取2作整个字的左下角号码，如"张"1223、"鄂"6722。

在使用四角号码排检文献检索工具时，为处理四角号码相同字的排列顺序，采用了附号规则，规定在取四角以后，在该字右下角的上方取一笔形号码，作为四角号码的附号，以小数码的形式附在其后，如"芒"44710、"公"80732。

四角号码编排法的优点是：取号简便，见字知码，排检迅速。因此，与其他几种编排法相比，它既不需要猜部首，也不需要数笔画，只要熟悉汉字四角的笔形以及表示这些笔形的号码，就能确定某一汉字的四角号码，迅速进行排检。缺点是：具体规则较多，笔形易混淆，不易掌握。

2. 皮撷法

皮撷法全称中国字皮撷法，"皮撷"(guixie)二字意为放入、取出，借用为排检的意思。它是根据汉字的形体结构，把字形和笔形变成数码的一种编排法。

皮撷法最初发表于1931年，作者为燕京大学哈佛燕京学社引得编纂处洪业（煨莲）。引得编纂处从1931至1950年编纂出版的64种引得。(其中正刊41种，特刊23种)均采用皮撷法。

皮撷法，首先把汉字按字形分为五种体："中"(单体)、"国"(包托体)、"字"(上下体)"皮"(左壳体)、"撷"(左右体)，分别用1～5表示。其次，把汉字的笔形分为十种，即将"皮撷"二字的笔形拆为、"、一丨十又扌系丁目八"，用0～9表示。

最后，同体同号的字再以附号为序，附号数以该字的方格数计之。如田为2/8830。

皮撷法的取号规则很繁琐，不易掌握，故未被其他工具书所采用。查找引得编纂处编的引得，可利用笔画检字。近年的影印本增编了四角号码检字和汉语拼音检字，使用较为方便。

3. 其他号码法

其他号码法有"起笔笔形号码法"(《全国总书目》)、"母笔笔形号码法"(万国鼎《新桥字典》)、"六位笔形号码法"(蒋争《快速检字法中文字典》)、"三角号码法"(陈以强《三角号码字典》)、"五码查字法"(罗先安《五码查字法简明字典》)及"唯物汉字编码法"(黄金富《唯物中文字典》)等。这些号码法尚未推广，只有少数几种工具书使用。

随着电子计算机检索的推广使用，供信息处理用的汉字编码法有很大发展。各种编码方案纷纷问世，仅仅笔形编码方案就有三百多种，目前，以采用字根拼形输入的汉字编码法"五笔字型法"较为通用，此外，以汉字汉语拼音声母等和序号编码的"声数码输入法"，以汉字首尾偏旁笔形编码的"首尾码输入法"，以汉字汉语拼音声母、韵母编码的"汉语拼音码输入法",以汉字的汉语拼音字母和偏旁笔画顺序编码的"区位码输入法"等,也较为常用。汉字编码法的应用和普及,必将进一步促进工具书字顺编排法的改革和完善。

第二节 分类编排法

分类编排法是把词目、条目或文献按知识内容、学科体系或事物性质分门别类加以归并集中组织,按逻辑原则排列顺序的一种排检方法。基本形式是:按知识系统、学科体系层层分类,每一类目下集中同类子目或文献;按类目、子目或文献的内在联系排列顺序。其类型较多,主要有按学科体系分类、按事物性质分类、按事物的功能和应用分类等分类法。

一、学科体系分类编排法

学科体系分类法是把文献或知识内容,按照学科属性和知识系统性分类的一种排检方法。一部完整的学科体系分类法大致包括基本部类、基本大类、简表和详表四个层次和部分。图书馆分类目录及书目、索引、文摘等工具书,多按此方法排检。

恩格斯指出:"科学分类,每一门科学都是分析某一个别的运动形式或一系列相互联系的和互相转化的运动形式的,因此,科学分类就是这些运动形式本身依据其内部所固有的次序的分类和排列,而它的重要性也正在这里。"毛泽东根据这一正确的思想,将科学分为三大类:哲学、社会科学、自然科学,认为哲学是对社会科学和自然科学的总结和概括。

历史上图书资料的分类正是根据历史上科学分类的发展而发展的。我国从汉代的《七略》到魏晋南北朝时期《七志》、《七录》、《中经新簿》到《隋书·经籍志》,到清朝《四库全书总目》这些图书分类方法的发展,都反映了当时知识分类的情况。封建社会图书分类的基本部类是经、史、子、集四部,部下有类,类下有子目。

20世纪以来先后出现的以现代科学分类为基础的图书分类法,就是一种学科体系分类法。最初曾采用杜威《十进分类法》(DC),以后出现了三十多种"仿杜"、"改杜"、"补杜"的图书分类法。其中刘国钧的《中国图书分类法》影响较大。它的基本类目是000总部;100哲学部;200宗教部;300自然科学部;400应用科学部;500社会科学部;600史地部;800语文部;900美术部。这些图书分类法,多半用于编制图书馆分类目录。但其他书目的类目也大同小异,如《(生活)全国总书目》采用自编的分类法,基本类目是:A总类;B哲学;C社会科学;D宗教;E自然,社会科学;F自然科学;G文艺;H语文学;I史地;J技术知识。

新中国成立后,陆续编制出多部新型图书分类法,如《中国人民大学图书馆图书分类法》、《中小型图书馆图书分类表草案》、《中国科学院图书馆图书分类法》、《中国图书馆图书分类法》等。其中以《中国图书馆图书分类法》(简称《中图法》)影响最大。它的基本类目是:A 马克思主义、列宁主义、毛泽东思想;B 哲学;C-K 社会科学(C 社会科学总论,D 政治、法律,E 军事,F 经济,G 文化、科学、教育、体育,H 语言文字,I 文学,J 艺术,K 历史、地理);N-X 自然科学(N 自然科学总论,O 数理科学和化学,P 天文学、地球科学,Q 生物科学,R 医药卫生,S 农业科学,T 工业技术,U 交通运输,V 航空、航天,X 环境科学、劳动保护科学);z 综合性图书。

目前,《中图法》被广泛应用于编制图书馆分类目录和各种书目、索引、文摘、年鉴等工具书;如《全国总书目》、《全国报刊索引》、《复印报刊资料》、《中国百科年鉴》等的类目体系,基本参照《中图法》。

学科体系分类法体现了知识的学科属性和逻辑次序,其优点是便于按类查考某种知识或文献。而且能较全面地得到同类相关的资料;其局限是分类方法、类目设置、词目归并往往因书而异,极不固定,查考时需先熟悉分类情况,并注意使用辅助索引。

二、事物性质分类编排法

事物性质分类法是把知识内容按事物属性分类的一种排检方法。类书、政书、年鉴、手册等类工具书,多采用这种排检方法。

古代类书、政书的分类是以伦理为原则,事物形态为依据,把众多的知识材料归纳在"天、地、人、事、物"等类目体系中,大类下再区分为若干小类。如《艺文类聚》分 46 部 727 小类,《太平御览》分 55 部 5426 小类,《古今图书集成》分 6 汇编 32 典 6117 部。其中《古今图书集成》分类最为严密,三级类目另加复分。历象汇编、方舆汇编、明伦汇编、博物汇编、理学汇编、经济汇编为一级类目。每个汇编分为若干典,如历象汇编统摄乾象、岁功、历法、庶征 4 典,典为二级类目。典又细分为部,如乾象典分为天地总部、天部、阴阳部。五行部、七政部、日月部、日部、月部、星辰部、天河部、风部、云霞部、雾部、虹霓部、雷电部、雨部、露部、霜部、雪部、火部、烟部等 21 部,部为三级类目。部下再按内容多少复分为汇考、总论、图、表、列传、艺文、选句、纪事、杂录、外编,无者缺之。

政书的类目,按典章制度内容归纳为一定的门类,再细分为若干小类和子目。如《通典》分为 8 典(包括食货、选举、职官、礼、乐、兵刑、州郡、边防),《文献通考》分为 24 考,大类之下分别再细分。年鉴、手册等类工具书,皆根据其性质特点及内容材料的具体情况进行分类。

按事物性质分类编排检索工具,能把事物性质相同或相近的文献集中在一起,便于以类相聚,按类查检。但由于事物的繁多、编者认识事物的差异以及自编分类体系的随意性,每种检索工具都是按各自的分类标准进行分类的,检索者在检索时应仔细阅读其编制说明或凡例,要弄清分类体系及类目含义,并注意使用辅助索引,以便准确地迅速地查检有关文献。

三、功能、应用分类编排法

按照事物或技术的功能和应用分类,形成分类体系的分类法,目前使用较多的是《国际专利分类表》(简称 IPC)。IPC 主要应用于专利文献的分类编排。具体内容参见本书第十章。

第三节 主题编排法

主题编排法,是根据所要查的某一方面的图书和篇名资料的内容是属什么主题概念来进行检索的一种排检的方法。

所谓主题概念,是指图书和篇章的内容实质。例如,此书是谈"辩证法"的,那篇文章是讨论"消费经济",那么这里的"辩证法"、"消费经济"就是主题概念。用语言表达主题概念就是主题词。能表达、描述事物或概念的名词术语可分为两种,一种是未经规范的自然语言,一种是规范化的自然语言。例如"土豆"与"马铃薯"是一回事,是一个主题概念。同样"出口"和"输出"也是如此。但主题词规范以后,"土豆"要改用"马铃薯","出口"要改用"输出"才能迅速查到资料。否则会降低检索速度。古代类书、现代书目、索引及图书馆主题目录,采用了主题法。某些百科全书和年鉴编制辅助索引,也采用了主题法。

主题编排法有标题词法、单元词法、关键词法、叙词法之分。它们在选词、组配方式等方面均有所不同,但基本原理却是一致的,均直接采用名词术语作为检索标识去查找文献。

一、标题词法

标题词法是用规范化的自然语言,即经过标准化处理的名词术语作为标识,直接表达文献所论及或涉及的事物主题。标题词法中表示事物概念的词称为"主标题",而表示事物各方面的词称为"副标题"。主标题与副标题在编制标题词表时预先固定组配好,按字顺排列。因此它属于先组式情报语言类型,具有直接性、专指性、通用性等优点。

二、单元词法

单元词法是指从文献中抽出最基本的、在字面上不能再细分的具有独立概念的名词术语作为文献内容标识和查找文献依据的一种方法。由于单元词法采用的是纯字面组配,因此时常会出现因组配不当而产生的误检。目前,单元词法已进一步向叙词法演变,原来意义上的单元词已基本上被淘汰。

三、关键词法

所谓关键词法,就是将文献原来所用的,能描绘其主题概念的那些具有关键性的词抽出,不加规范或只作极少量规范化处理,按字顺排列,以提供检索途径的方法。

由于关键词法直接采用文献中的原词作关键词,对自然语言不加规范统一,因此,漏检和误检的可能性较大,对检索质量有所影响。

四、叙词法

用叙词处理文献、编制目录或索引的方法,叫叙词法。

叙词是从文献内容中概括出来的,表达文献主题的最小概念单元。它是经过规范化处理,用来描述主题、标引和检索文献的一种检索词汇。

叙词法是在分类法、标题词法、关键词法、单元词法基础上产生和发展起来的一种后组式主题法。即索引词在检索前只是以简单概念因子的形式出现,并未预先组配好,直到检索时才将索引词组配起来,用于表达复杂概念,体现了情报检索语言的发展方向。

主题编排法是通过主题表中的范畴索引和词族索引来实现排检的,也可以作为检索工具的辅助编排法。范畴索引的用途主要体现在两个方面:一是在标引和查找文献时便于检索者从分类的角度查与某一概念相关的主题词,起查词表的作用;二是在编制检索工具时,可把范畴大纲作为编制文摘和题录的依据,起检索工具目次表的作用。词族索引也称族系索引或词族表,它是以族首词为排检款目,将词表中与该词有属种关系的所有正式主题词按概念等级序列展开并全部加以显示的一种辅助查词索引。词族索引按主题的类序展开,其作用是便于扩大或缩小文献资料的检索范围,提高查全率或查准率。

主题编排法具有专指性、直观性和灵活性强等特点。它能把属于不同学科、不同知识体系中论述同一主题的资料集中在一起,分别从不同的角度来揭示文献的内容,揭示资料比较深入和广泛,检索资料比较方便。但主题法的系统性较差,同一学科的文献被分散在不同的标题之下,不便于从学科门类进行族性检索,在检索时还需要正确的选择主题词,否则,难以准确地查到。

第四节 其他编排法

一、时序法

时序编排法又叫年代编排法,是按事物、事件发生、发展的时间顺序排检各种知识材料的方法。这里所指的资料包括文献资料的发表时间和具体的历史事件、时事、个人生平活动,以及各种历法所纪的年、月、日等等。其中,以史事、个人活动和各种历法的年、月、日为主。它包括史事、年代、历日、人物、文献等的排检。年表、历表、年谱、历史图谱等表谱、图录类工具书主要使用这种方法,书目、索引、类书、政书等类工具书也附带使用此法。

时序法起源很早,周代的《牒记》、《谱牒》及"古六历"已采用这种方法记载帝王大事及时日。《史记》的"十表",创造性地运用了这种方法。唐宋年谱又运用此法排检人物生平事迹。目前,时序法的使用范围主要有《中外历史年表》、《中国历史纪年表》、《中西回史日历》、《历代人物年里碑传综表》、《鲁迅年谱》、《中国近代史参考图录》、《中国历代名人图鉴》等表谱、图录类工具书。此外,部分书目、索引也偶尔采用时序法排检,如《中国历代年谱总录》、《红楼梦研究论文资料索引(1974~1982)》等。另外,类书、政书、书目、索引在分类编排的前提下,也常常采用时序法排列。

时序法一般以历史时期、朝代及年月日为线索,编排比较简单,检索也比较方便。但也有按年号纪年编排检索工具的,年号纪年是中国古代使用时间最长的一种纪年方法,因此历史类的检索工具常用年号纪年编排。

按时序编排检索工具顺应事物发生发展的规律,反映文献形成、发展的历史线索,联系社会和时代背景,有利于用户了解文献的价值。学科文献书目索引等时间性较强的文献,多采用时序编排法。按时序编排的检索工具一般都附有主题索引、分类索引等,便于用户从学科或主题途径进行族性检索和特性检索。

二、地序法

地序编排法是按照地区顺序排检地理性资料的方法,地理或地方资料性工具书,如地图集、方志目录、地方文献书目、地名手册、地名录、名胜词典、地理沿革表、行政区划简表等,多采用地序法。这种方法的好处是,只要得知所查找资料的所在地区,即可很快查到需要的文献。查找时,一般是这样的顺序:国名—省、市、自治区名—地区名—县名—乡镇名等。

地序法导源于先秦古地图及区域地理书的编排方法。后代随着地图、地方志、地理沿革表、旅游指南、名胜词典、地名录等的大量编制,地序法应用日广。目前,如《中华人民共和国地图集》、《世界地图集》、《中国地方志联合目录》《中国边疆旧籍录》、《中华人民共和国乡镇地名手册》、《中国名胜词典》、《世界名胜词典》、《历代地理沿革表》、《中华人民共和国行政区划简册》、《中国近现代政区沿革表》、《中华人民共和国行政区划手册》、《中国县市政区资料手册》等各类工具书,都采用了地序法。

这种排列顺序的先后有的并无特殊的含义,有的则自有其指导思想如《四库全书总目提要》"史部地理类叙"说:"其编类,首宫殿疏,尊宸居也;次总志,大一统也;次都会郡县,辨方域也;次河防、次边防,崇实用也;次山川、次古迹、次杂纪、次游记,备考核也;次外纪,广见闻也。"很显然,其编类是以封建王朝正统思想作指导的。

1982年,国务院批准了国家标准总局等单位关于全国省、市、自治区排列顺序的请示,这有利于省一级地序的标准化。又自1978年以来,我国进行了全国范围的地名普查工作,在此基础上,各省、市、县陆续编纂了反映本地区地名情况的标准地名录(或称"地名志")。同时,中国地名委员会、国家教育委员会、国家出版局领导编纂我国第一部大型地名词典《中华人民共和国地名词典》,力求全面反映我国各省、自治区、直辖市的地名结构及地名分布的概貌和特征,每一地名均按规范化、标准化处理。按地序编制检索工具的标准有国家标准局1984年3月1日发布、1985年1月1日实施的《中华人民共和国行政区划代码》,该标准列出了各省(自治区、直辖市)的代码排列顺序,有利于电子计算机较长时间地存贮数据,适用于按行政区划分类的信息处理的交换。在此标准实施之前还有国家标准总局发布、1982年1月1日实施的《世界各国地区名称代码》。该标准主要依据ISO 3166《国家名称代码》的原则制定,其代码表按国家及地区的中文名称的汉语拼音注音顺序排列,附有拉丁字符代码和数字代码索引。这进一步为地序法的标准化创造了条件。

三、汉字编码编排法

汉字编码编排法是以汉字编码作为文献的标识排检检索工具的方法,这种编排法一般都由计算机来完成。汉字编码是指按一定的规则,对指定的汉字集内的元素编制相应的代码。因此,必须用不同的代码来代表不同的汉字字符。汉字代码是汉字字符的代码化表示,它们在计算机系统中以二进制形式存在,人们书写时常用英文字母或数字的不同组合来表征。根据用途的不同,汉字编码所产生的汉字代码有汉字内部码、汉字交换码、汉字字型码、汉字地址码和汉字控制功能码等六大类,这些汉字代码分布于计算机系统的外部输入层、内部处理层和外部输出层上。

用汉字编码来排检文献信息检索工具,其依据是汉字编码方案。自电子计算机问世以来,汉字编码方案如雨后春笋,层出不穷,人们根据汉字的各种属性进行编码工作,现已提出700多种汉字输入编码方案,常用的也有几十种。目前,汉字编码的概念已从单字编码发展到词语编码,出现了不少字词组合和具有初步智能的优秀编码方案。汉字信息处理已逐步转移到汉语信息处理。无论是汉字编码还是汉语编码,都要将汉字或词语按某种规律有序排列,这对人工检索和计算机检索都十分重要。另外,在查频统计工作的基础上还出现了频度排序法。所谓频度排序法,是将每个汉字字符按一定时期内相对稳定的使用频度的大小顺序排列得到的汉字序列,这种方法也称字频排序法。

由于汉字存在数量多,形体结构复杂,同音字多,使用频度随时代有一定变化等问题,所以汉字排序的统一化和标准化是一项复杂的系统工程,仍处在不断的发展中。

思考题

1. 工具书有哪些编排方法?
2. 工具书的拼音法、笔画法、部首法三种查检方法各有什么优缺点?
3. 工具书分类编排法有哪几种类型?
4. 工具书主题编排法具体包括哪几种?

第四章 字、词和文句的查考和检索

语言文字历来是人们交流思想、传递信息、记录各种社会活动和科学研究活动的重要工具。有关统计资料表明：目前全球被广泛使用的语言为英语、法语、德语、西班牙语、俄语和汉语等。近年来，随着我国综合实力的迅速增强，在世界不同国家和地区掀起了一股学习汉语的热潮。中国的语言文字源远流长，语言使用灵活多变，怎样在实际工作中准确地使用语言，理解疑难的字、词、句，是从事社会科学研究工作者所遇到的普遍问题，而此方面专业工具书能够较为方便、准确地帮助读者解疑释惑。本章主要介绍一批相关工具书的使用方法，并结合实例阐述查考字、词和文句检索的技能。

第一节 常用字、词的查检

一、常用中文字典

字典的功能是解释汉语单字的形、音、义，并适当提供标准的单词使用例句。此类工具书大多比较权威、规范、严谨，在正音、释义方面已经历过较长时间的考验，并为人们广泛认同和使用。

1.《新华字典》

新华辞书出版社 1953 年版，商务印书馆 1957 年出版。该字典由著名语言学家魏建功主持编撰，注音规范，释义准确，至今已印刷 4 亿多册，有新中国第一辞书的美誉。它共收单字（含繁体和异体字）约 11000 个，词组 3500 个，使用汉语拼音字母排序法，检字方法使用部首法。2003 年，《新华字典》第十版问世，按 201 部重新编制了《部首检字表》；增补一批新词新义，其双色版增加了按字母顺序编排的梯标，而大字版本则增收四角号码检字表。《新华字典》第十一版已于 2011 年 7 月出版发行。在最新版本的《新华字典》中，新增了 800 多个正字头，另外，还增加了 1500 多个繁体字和 500 多个异体字。

2.《现代汉语通用字典》

中国人民大学语言文学研究所编写组编，外语教学与研究出版社1987年版。该书共收9400个现代通行汉字，另有50000多个复音词和成语作为例证，按义项分系于各个字头之下。除一般内容外还提供每字的常用程度、构词能力、同韵词语等。正文前附有新旧字形对照表、汉字偏旁类推简化表、汉语拼音音节索引。

3.《汉语大字典》

徐中舒主编，湖北辞书出版社、四川辞书出版社1986～1990年出版，共8卷，1992年出版1卷缩印本。它是一部以解释汉字的形、音、义为主要任务的大型语文字典，是汉字楷书单字集大成之作，共收单字56000个左右。字形方面，每个单字条目下收列了能反映字形演变关系的、有代表性的甲骨文、金文、小篆和隶书的字形，并简要说明其结构的演变。注音方面，尽可能地注出现代读音，并收列了中古的反切，标注了上古的韵部。字义方面，既注重常用字、常用义，也注意考释常用字的僻义和僻字的僻义。第8卷是各种附录和全书检字表、补遗。缩印本对某些疏漏作了必要的订正。1995年，又出版了3卷本的《汉语大字典》。3卷本《汉语大字典》除对原8卷本的附录进行了适当的删节外，并对个别字头在形、音、义方面的讹误再次做了必要的订正。

第2版《汉语大字典》(共9册)由汉语大字典编辑委员会编纂，四川出版集团、湖北长江出版集团、四川辞书出版社、崇文书局于2010年04月出版，现收楷书单字60370个，总字数超过1500万，是《康熙字典》的4倍。本次修订不仅对首版中注音、释义、文例等方面存在的讹误进行更正，还对缺漏意义、例句等进行必要的增补。与此同时，为适应现代阅读方式，新版大字典增加了《难检字表》和《音序检字表》，并重新编制了《笔画检字表》。

4.《新部首大字典》

王竹溪编纂，上海翻译出版公司、电子工业出版社1988年出版。由著名物理学家王竹溪教授积40年心血编纂的这部字典，获文化部优秀图书奖和金钥匙奖。该字典按56个新部首检字法编成，收单字51100多个。该字典改革了部首，使部首字母化且检字无重码，可以一步检字，适应了汉字自动化检索要求。字典注音采用汉语拼音，字形录有甲骨文和篆文等。

5.《倒序现代汉语字典》

梁兴哲编纂，商务印书馆国际有限公司2002年5月版。本字典以汉字的音韵为检索途径，对常用的7000多个汉字，按音序进行排列与组合，对汉语中的易混字、多音字的阐释精辟。列有倒序汉语拼音检字音节索引和倒序汉语拼音音节索引。

6.《现代汉语字典》

现代汉语字典编委会编，商务印书馆国际有限公司2004年1月版。本字典共收常用字2500个,次常用字1000个,其他通用字3500个,繁体、异体字3000余个。

7.《汉字标准字典》

许嘉璐主编,辽宁大学出版社2001年版。本书收录国际标准化组织ISO/IEC 10646.1即国家标准GB-13000所含全部汉字字符,按201汉字部首归类编排,标明国家标准7000个常用汉字,标准异体字,标准繁简字,汉字国际码,即GBK内码。有音序检字表、笔画检字表。附录含日本常用汉字表、韩国常用汉字表、汉语拼音正词法基本规则等重要资料。

8.《四角号码新词典》

1950年初版,1982年南开大学中文系等单位第9次修订,商务印书馆出版。该书收单字、词9000多个,复音词语10000多条。音字按四角号码排列,单字下面列词语。注音用汉语拼音字母和注音字母两种,另外还附注同音汉字。

2008年第10次修订,增添了80年代以来的新词新义,同时根据新资料对原有的一些注释内容做了补充修改,并删减了少数过时、冷僻和与附录内容重复的复词条目;根据1982年以后国家有关语言文字规范文字,修订了字形、字音和字义,整理了部分异形词;新增"西文字母开头的词语",附录都根据新资料进行了修订甚至改写,同时新添了《中国少数民族简表》、《中国行政区划简表》。经过修订,第10版共收单字11900多个,复词23700多条。

此外还有一些常用字典,如:《中华大字典》,徐元诰、欧阳溥存等,上海中华书局1915年初版,1978年据1935年版影印。《大众字典》,王贻泰编,上海大众书局1934年初版。《中华国音新检字》,陆衣言等编,上海中华书局1922年初版,1925年第4版。《第一批异体字整理表》,文化部和中国文字改革委员会1955年12月发布,人民教育出版社1956年出版。《普通话异读词审音表》,普通话审音委员会编,文字改革出版社1986年印行。《普通话正音字表》,普通话语言研究班编,新知识出版社1958年出版,上海教育出版社1961年出版改编版。《难字表》,文字改革出版社编,人民日报出版社1964年出版。《现代汉字形声字字汇》,倪海曙编,语文出版社1982年出版等。

二、常用中文词典

1.《现代汉语词典》

中国社会科学院语言研究所词典编辑室编,1978年商务印书馆出版,1993年第2版、1996年第3版、2002年第4版、2005年第5版、2012年第6版;该词典曾先后获得国家图书奖、国家辞书奖等,在海内外享有盛誉。2012年7月15日,《现代汉语词典(第6版)》正式发行。该词典以记录普通话词汇为主,在字形、词形、注音、释义等方面都力求规范化,除一般词汇之外,还收录了一些常见的方言词语、旧词语,常见的文言词语、专门术语,以及一些用于地名、人名、姓氏等的字和少数现代不常用的字。该书收单字13000多个,繁、异体字1200个,连同复词、词组、熟语、成语等,约有69000多条。第6版按照语言文字规范,调整了注音和多字条目的分连写,按类别对注释进行全面的检查修订,对释义提示词也做了统一修订,配合注释增加了近百幅古代器物方面的插图;收录了网络词汇。

2.《新华词典》

本书编纂组编,商务印书馆1980年版。商务印书馆2001年修订版。该书以一般语文词语为主,兼收常见的社会科学、自然科学的专门术语,共收单字12000个,词语约26000条,其中一般性词语约占60%,专科词语约占40%。所收单字中约9000个为通用汉字,收入正文;约3000个为生僻字,收在附录中。正文单字按汉语拼音字母顺序排列,生僻字按部首排列。释义着重现代汉语意义,也选收一些常用古义与方言;专科词语中,不仅收各科的基本名词术语,还收入了古今中外的人名。释文除简要地介绍词义外,有时还举简短的词组为例,也援引一些古籍中的例证。

3.《现代汉语小词典》

《现代汉语小词典》是商务印书馆出版、中国社科院语言所编纂的"现汉"词典族系中销量最大的词典之一,自1980年推出后已经作了5次修订。最新面市的2007年第5版《现代汉语小词典》,是在第4版基础上,参照《现代汉语词典》第5版进行修订增补的。1978年,著名语言学家、中国科学院哲学社会科学部委员吕叔湘先生提议编写,著名语言学家、《现代汉语词典》后期主编丁声树先生主持编写,1980年6月正式出版,1988年10月出版第2版,1999年12月出版第3版,2004年7月出版第4版,2009年1月出版第5版。

新版《现代汉语小词典》根据国家最新语言文字规范标准确定字形字音,共收条目约40000条,其中单字约12000个,词语约28000条,增补新词新义1500余条。第5版《现代汉语小词典》的最大看点在于词典及时收录了近年来各学科最新科研成果。另一亮点在于对语料库的运用。语料库的原理是在对语料进行切词标注的基础上提取词语,形成一个带有频率和分布的词表,是语言学研究中一项开拓性技术革新,并在近年来得到广泛应用。《现代汉语小词典》在修订时注意吸收新词,将这些词语以立条或其他形式放进来。

4.《现代汉语分类词典》

《现代汉语分类词典》(A Thesaurus of Modern Chinese,简称TMC)由苏新春主编,商务印书馆2013年1月出版。该书是按词的意义来分类编排的词典。共收词条8.3万多个,主要是以科学的现代化的语料库为基础选择的通用程度较高的语文性词语。8.3 万多个词条按五级语义层的分类体系编排,共有一级类 9 个,二级类 62 个,三级类 508 个,四级类 2057 个,五级类 12659 个,上层分类反映了整个社会生活与汉语词汇的宏阔概貌,底层分类将同义、近义、反义词语汇聚在一起,细致地反映出词语的同义、近义、反义关系,可以帮助您联想、类推、比较、筛选词语。

5.《汉语大辞典》

罗竹风主编,汉语大词典编辑委员会编,共计 12 卷,外附索引 1 卷,上海辞书出版社 1988~1993 年陆续出齐。这是一部注重从语词的历史演变过程加以全面阐述的大型汉语语文辞书。该书共收词语 37.5 万条,约 5000 万字。对汉语的一般语词,古今兼收,源流并重。辞典采用部首检索法,即按 200 个部首排列。单字下注现代音和古音(以中古音为主)。卷首有"部首总表"、"《广韵》韵目表"等附录。

6.《现代汉语词表》

刘源主编,中国标准出版社 1984 年版,该书是对 1984 年以前的国内公开发行的各类汉语词典所收录的词汇,根据国家有关文字规范、标准和科学原则进行综合处理后,按词典的形式编辑的。共收各类术语和一般性汉语词汇约 10 万条,并附有单音节词表、同音同调词表等资料。收词面广、量多、编排合理,除可供计算机中文信息处理等方面的科研人员使用外,对汉语教学,推广普通话和促进汉语规范化亦有裨益。也可供汉语教学和研究工作者参考。

7.《辞海》

舒新城等主编,中华书局初刊于 1936 年,1981 年重印,是一部大型综合性词典。1958 年"辞海编辑委员会"成立,对旧《辞海》进行修条。中华书局上海编辑所 1961 年出版了共 16 分册的《辞海》试行本;上海辞书出版社、上海人民出版社 1978 年出版了共 20 分册的《辞海·修订稿》。此后,《辞海》经多次修纂,上海辞书出版社于 1999 年再次修订出版发行。1999 年版《辞海》收词约 12 万条,近 2000 万字,单字按 250 个部首排序。该版有彩图本、普及本、缩印本等版本。

2009 年《辞海》出版第 6 版,由夏征农、陈至立担任主编。其篇幅较第 5 版略增,总字数约 2200 万字,比 1999 年第 5 版增加约 10%;总条目近 12.7 万条,比第 5 版增 8%;其中新增 1 万多条,词条改动幅度超过全书的三分之一;删去条目约 7000 条。除了新增条目,在原有条目中,也大量援引新的提法,作出新的解释,反映新的情况,执行新的规范,运用新的数据。在增补以前遗漏的词目、音项、义项和释文内容,改正解释、资料、文字、符号等差错,精简不必要的词目和不合适的释文等方面亦着力甚多。新版《辞海》是对时代发展的定格,充分反映了新中国成立六十年,特别是改革开放三十年的新事物、新成果。

《辞海》第 6 版(2009 年版)彩图本(5 卷本)为国际标准大 16 开五卷本(正文四大卷、附录索引一卷)。封面上十分醒目的"辞海"两个大字,是江泽民同志亲笔所书。全书总字数约 2200 万字,总条目近 12.7 万余条,按拼音编排而成。书中有彩图近 18000 余幅(比 1999 年版调整图片量近 2000 幅,实际新增 500 多幅),其中绝大多数是彩色图照,图文并茂,五彩缤纷。全书配上名师精心设计、具有浓郁传统文化气息的精美装帧,彰显出品位和价值。记述我国政治、经济改革的新发展 新版《辞海》全面地反映了中国特色社会主义和改革开放 30 年来的成果。首先,在改革的指导思想和根本方针上增加了一系列重大条目,增收了"三个代表"重要思想、科学发展观及其系列条目,从而使中国特色社会主义理论体系条目形成系列,同时,使马克思主义发展史的条目形成系列。

8.《新华词典》

《新华词典》主编韩作黎,商务印书馆 1980 年 8 月第 1 版,1989 年 9 月第 2 版,2001 年 1 月第 3 版。这是一本以语文为主,兼收百科的词典,另外酌情收录一些常用古汉语和方言。第 3 版《新华词典》百科条目比重陡增至 50%,删去了 2000 多条过时词条,同时增加新词上万条。新版《新华词典》,百科条目增加到 25000 多条,字数达到 150 万字之多,首次占到整个词典 50%,这一比例是前所未有的。百科条目的修订分两个层面操作,一是基础学科,包括语文、政治、历史、地理、数学、物理、化学、生物、体育、音乐、美术等学科方面的内容,要求系统性地释义。二是应用学科,包括社会科学和自然科学,不求过于专业,而是突出实用性。

9.《倒序现代汉语词典》

中国社会科学院语言研究所词典编辑室编,商务印书馆 1987 年版。该书据《现代汉语词典》(1983 年版)改排而成。收字、词、词组、成语、熟语等共约 56000 条。

10.《同义词词林》

梅家驹、竺一鸣、高蕴琦、殷鸿翔编,上海辞书出版社 1983 年版,1996 年 5 月第二版。这是一部汉语同义词词典,收词约 70000 条,以现代汉语为主,包括词、词组、成语及少量俗语,还收录了一些词素和方言词、古语词、专科词。全书把词语分为大、中、小 3 级,12 个大类,94 个中类,1428 个小类,小类下按同义原则分词群,每一词群以一标题词立目,共 3925 个标题。该词典虽没有释义,但词典对每一个词群都进行严格细致的辨析。

11.《反义词词林》

张志毅、张庆云编,上海辞书出版社 2001 年版。共收词 80000 条,组配成 20000 多组相对的反义词。在同一组之内排列首词及其对应的所有反义词,一般不释义。有音节表和词目首字笔画索引。

12.《现代汉语缩略语词典》

王魁京、那须雅之编,商务印书馆 1996 年版。共收汉语缩略语 8000 多条,词目以现代汉语为主,酌收古代和外来语中的缩略语。附有词目首字音序索引。

13.《现代汉语规范词典》

李行健主编,外语教学与研究出版社 2004 年第 1 版,2010 年 5 月出第 2 版。本词典严格按国家语言文字规范标准编写,72000 条词目、80000 余条例基本反映现代汉语词汇面貌,5500 条提示囊括中高考易错、易混的形、音、义、用法,800 多组辨析助你掌握常见近义词、多音字的细微差别。增补 2600 余条新词语、新用法体现时代特色,如"和谐社会""软实力""低碳经济""减排""微博"等。

此外还有较多的常用词典,如:《辞源》,上海商务印书馆 1915 年初版;1935 年第 25 版,1979 年至 1983 年,商务印书馆对《辞源》进行再次修订,出版了《辞源》全 4 册本。《国语词典》,周盘编,上海商务印书馆 1922 初版。《王云五大辞典》,王云五著,上海商务印书馆 1930 年初版。《中华国语大辞典》,陆衣言编,上海中华书局 1940 年初版,1947 年第 3 版。《实用汉语图解词典》,梁德润等编,外语教学与研究出版社 1982 年版。《现代汉语词汇》,罗世洪编,甘肃人民出版社 1984 年版。《汉语倒排词典》,郝迟等主编,黑龙江人民出版社 1987 年版。《现代汉语常用词用法词典》,李忆民主编,北京语言学院出版社 1995 年出版。《语言文字词典》,骈宇骞、王铁柱主编,学苑出版社 1999 年出版等。

第二节 古文字、词的查检

文字发展的历史与人类社会文明的进程互相依存。任何一种语言文字其古代和当今的面貌均有很大的差异。我国是一个有着悠久历史的文明古国,遗存至今的各类文献典籍非常丰富。在从事社会科学研究活动时,人们少不了要与古代文献典籍打交道,如何准确地对古汉语的字、词进行辨形释义,就离不开专门解释古汉语字、词的工具书。此类工具书的编撰一般有三种类型:一是以分析字形结构为主的辨形类字、词典;二是以解词释义为主的辨义类字、词典;三是以正音注韵为主的辨音类字、词典。运用古汉语字、词典时,要注意有选择性地使用相应的工具书,以便提高查找字、词的效率。

一、古文字查找

1.《字源》

约斋著,上海东方书店 1953 年版,共收汉字 1096 个,按人体、自然、器用分类,对每个字的来源与变化逐一加以分析,可供了解这些字的字形特点,为语言文字研究者提供参考。

2.《说文解字》

东汉许慎编,成书于公元 100 年,即东汉和帝永元十二年。中华书局 1963 年出版刻本的影印本，以楷书笔画为次序，收录了汉代以前的古文字9353个，重文1163个，并附检字表。按文字形体和偏旁结构分列540部，开拓了部首编排法的先河。字体以小篆为主，兼收籀文等异体字，单字先列小篆字形，再解义释形。用"读若"或"读与某同"注音。全书以"六书"作为说文解字依据，是一部系统的字典。

3.《古代汉语词典》

《古代汉语词典》编写组编，商务印书馆2004年8月版。本词典收单字10000余个，收复音词24000余条，兼收少量的百科性条目，释义简练。附有汉语拼音音节索引、部首检字表。

4.《古今汉语词典》

商务印书馆辞书研究中心编，商务印书馆2000年1月版。这是一部展现汉语古今意义的联系、区别及变化的中型词典。全书收条目45000余条，其中单字15000余个，列举例证近200000条，内容丰富多样。字形、字音主要依据现代规范，兼顾历史现状。书后备有征引书目表及相关的附录，查阅方便。

5.《康熙字典》

清代张玉书、陈廷敬等奉敕编，依据《字汇》、《正字通》两书加以增订，成书于康熙五十五年。1933年商务印书馆发行铜版本，上海书局1985年影印。全书按子、丑、寅、卯等分为12集，另外发行1卷《补遗》收录比较生僻的单字，1卷《备考》收录不通用字。单字按楷书分214个部首，先注音后释字。注音以《唐韵》、《集韵》、《正韵》的反切为主；释义时，在大多数单字下列举了始古书的例子。书中在正音释义时错误较多，可参见王引之的《字典考证》、王力的《康熙字典音读订误》等书。1987年，台北启业书局出版了高树藩的《新修康熙字典》，对《康熙字典》进行了改编。

6.《古汉语常用字字典》

商务印书馆1979年版。全书收录了古汉语常用字37000多个（不包括异体字），双音词2000多个，附录难字表收录2000多个字。首字按汉语拼音字母顺序表排序。该字典用汉语拼音字母和注音字母注音。释义先本义，再引申义、假借义等。为了便于理解，还引用了典型例句，正文前有汉语拼音音节索引和部首检字表。

7.《同源字典》

王力著，商务印书馆1982年版。该书为研究古代汉语同源字的语源字典，共收古汉语同源字3000多个。本书每一条所收最多的不过20多个字，少的只有两三个字，宁缺毋滥。释文时大量引用古人训诂，书尾附有音序和部首两个检字表。

8.《中华大字典》

欧阳溥存等编，中华书局1915年初版，1978年初版影印。它以《康熙字典》为编纂的主要依据，收字48000多个，其中增收了口语字、科技字1000多个。字典效仿《康熙字典》按214个部首编排；注音据《集韵》、《广韵》等反切；字义分条列举，先本义，后引申义、假义；例证简明扼要。但因成书较早，释义观点比较陈旧。

9.《异体字字典》

李圃主编，学林出版社1997年出版。该字典汇集历代汉字异体字，依据的古字书上自商代甲骨文字注录，下迄当今各家字典共计151种。立字头近万个，共收异体字50000个，全书分为14卷。卷尾有附录3种及字头检索表。

10.《通假字手册》

周盈科编，江西教育出版社1988年版。该书是一部查阅通假字的工具书，也是一部形、音、义综合训释的训诂书。共收录古汉语通假字1600余例，分为172部，按部首笔画次序编排。所收通假字多为古汉语常用字。各字的释义先根据其形体结构，注明本义，然后简介其引申义。

11.《明清官话音系》

叶宝奎著，厦门大学出版社2001年版。

本书全面考察研究近代汉语明清官话语音，把明音和清音分别叙述，揭示了明清官话音的基本面貌。

除以上所列，还有一些常见的字典，如：《常用汉字详解字典》，孙云鹤编，福建人民出版社1986年出版；《简明古汉语字典》，张永言等编，四川人民出版社1986年出版；《殷周文字释丛》，朱芳圃著，中华书局1962年版；《通假字例释》，曹先擢编著，河南人民出版社1985年版；《古音大字典》，杜学知编著，台湾商务印书馆出版。

二、古汉语词典的查检

1.《辞源》（修订稿）

全4册，商务印书馆1979年（第1册）、1980年（第2册）、1981年（第3册）、1984年（第4册）陆续编辑出版。该书共收字10000多个，词目100000多条，是一部内容充实的古汉语词典，多用于解决阅读古籍时关于语词典故和有关文物典章制度等疑难问题。收词以常见为主，强调实用；结合书证，重在溯源。

2.《尔雅》

是秦汉之际一些经学家为解说儒家经典，汇集了各种解释义、方言而成的词典，无确切成书时代和作者，中华书局1936年出版。《尔雅》全书按照所释词语的内容分为19篇，前3篇"释诂"、"释言"、"释训"解释一般字和普遍词义。书中多处将同义词或意义相近的词集中在一起用一个常用词来统一解释。后16篇是对百科名词的解释。

3.《古汉语常用词解释》

周绪全、王澄愚编著，1988年重庆出版社出版。该字典对近2000个古汉语单音节常用词的本义、引申义和假借义进行释义，并揭示了词义的内在联系。词目按音序排列。为了方便，前列汉语拼音索引检字表，后附部首简释及部首检字表。

4.《春秋左传词典》

杨伯峻、任徐提编，中华书局1985年版。收集《春秋》、《左传》经、传中的词和词组，一一注释并举出例句。

5.《宋元语言词典》

龙潜庵编著，上海辞书出版社1985年版，该词典共收宋元时代的词语（包括当时流行的旧词新义的词语）11000多条。上起五代、宋初，下迄元末、明初，范围以戏曲、小说为主，旁及诗、词、笔记、语录、杂著。举凡俗语、方言、市语、习语、外来词等，均予收录。

6.《辞通》

朱起凤著，开明书店1934年出版，上海古籍出版社1982年重印。该书收录了异形同义的双音词，是一部以同音通假、声近义通的训诂原则来编著的古汉语通假字典。全书收词约40000条，按词尾字的韵部，依"平水韵"韵部编排，另附四角号码索引和词头笔画索引。吴文祺主编的《辞通续编》，1991年由上海古籍出版社出版。

除此之外，还有一些常见字词典，如：《简明古汉语词典》，史东编，云南人民出版社1985年版；《上古汉语词典》，钟旭元、许伟建编著，海天出版社1987年版；《联绵字典》，符定一编，商务印书馆1943年版；《孟子词典》，兰州大学中文系孟子译注小组编写，中华书局1960年版等。在汉语的研究中，还会用到以下几部中文词典，如：《词诠》（虚词词典），杨树达著，商务印书馆1928年初版，中华书局1965年第2版；《文言虚词大词典》，台湾高树藩著，湖北教育出版社1991年版；《虚词典》，顾佛影著，上海大众书店1934年初版等。

第三节 成语典故与古文句查检

在阅读文史资料、撰写论文、论著的过程中，人们常常要使用成语典故和古文句。所谓成语是指语言中最精练、最富活力的固定词组或短语，一般由4个单字、5个单字、8个单字等构成，如："旗开得胜"、"风马牛不相及"、"此地无银三百两"等。而典故一般来自古籍中十分精彩的故事或入木三分的词句，典故皆有源可寻，且字数不固定。如："杯酒释兵权"、"鸿门宴"等。文句的来源则较为广泛，它可能来自古诗词，也可能来自诸子百家的经典，历代前贤著作中的佳章妙句也是古文句的一个重要组成部分。如："何处望神州，满眼风光北固楼"、"长风破浪会有时，直挂云帆济沧海"。时光流转，成语典故和古文句依然散发着它特有的几字胜千言的魅力。如何提高自己灵活、准确地运用成语典故和古文句的能力,是本节着重探讨的问题。

一、成语典故的查检

1.《新华成语词典》(缩印本)

商务印书馆辞书研究中心编,商务印书馆 2002 年版。本词典正文按音序排列,备笔画索引。条目分正条、副条,正条立目解释,副条用"也作"方式诠释。共收词 8000 余条,以收成语为主,生僻成语也有涉及,释义精准,易误写、误读、误解之处均加以标明。

2.《中国成语大辞典》

王涛等 20 人编写,上海辞书出版社 1987 年出版。依据历代文献,收录严格意义上的成语、谚语、俗语及熟语转化的准成语 18000 多条,词条按汉语拼音字母顺序排列,附词目首字拼音索引和词目笔画索引。

3.《佩文韵府》

清代张玉书等奉敕编,共 444 卷。上海古籍书店 1983 年影印,随书附《索引》。全书收单字 10000 个,收 2~4 字的词语 48 万多条,单字按"平水韵"的 106 韵排列,字下注反切音和解释。《佩文韵府》原是供科举时代作诗文词赋时查找辞藻之用,现可作为查找词语和典故用,是对《辞海》、《辞源》的有效补充。它的缺点是引文只注书名不注篇名,引诗文只注作者未标注题目,核对原文较为困难。

4.《中华成语大辞典》

向光忠等主编,吉林文史出版社 1986 年版。共注释成语 12000 多条,按汉语拼音字母顺序编目,辞典还收录了现今不常用的成语,以及少量的与成语相近的熟语和正转化的短语。

5.《历代典故辞典》

陆尊梧、李志江编著,作家出版社 1989 年版。全书收录典故 1500 余条,及其变化形式 10500 余条。所收典故由典名、典源、今译、释义、典形、示例等六部分组成。目录按典故首字母汉语拼音声母音序排列,条目索引按首字的声母和韵母的顺序排列。

6.《现代成语词典》

毛学河、倪文杰主编,大连出版社 1993 年版。全书收录常用的现代成语、俗语、惯用语等 18000 多条,引证出处一般以近、现代作品为主,大多不考订最早出处。词典按音序排列,首字音同形异者,依笔画排列,书前附有词目首字拼音索引。

7.《汉语成语典故考释词典》

刘吉修编著,商务印书馆 1989 年版。词典以四字成语为主,兼收部分常用熟语、有据可依或有例可引俗语、谚语，还有少量的有典故的常用两字成语。全书共收录20000多个词条，含成语7600多条，条目按汉语拼音字母排序，并附笔画和四角号码索引。

8.《成语辞海》

胡汝章主编，台湾三和出版社1987年版，中国卓越出版社1990年再版。全书收录30000多个词条。

9.《成语大全》(http://chengyu.itlearner.com/)

共收13000个成语，标拼音、出处、用法举例。按笔画或字检索。

除上述工具书外，有关成语典故的辞典还有许多，如：《古书典故辞典》，杭州大学中文系编写，江西人民出版社1984年版；《全唐诗典故辞典》，范之麟主编，湖北辞书出版社1985年版；《古今成语词典》，郑宣沐编，中华书局1988年版；《中国成语分类大词典》，韩省之主编，新世界出版社1989年版；《五用成语词典》，周宏溟编著，学林出版社1986年版；《成语辨析》，倪宝元著，中国科学出版社1979年版等。

二、古文句查检

1.《十三经索引》

叶绍钧编，中华书局1983年版。此书供查检儒家的十三经书《周易》、《尚书》、《毛诗》、《周礼》、《仪礼》、《礼记》、《春秋左传》、《春秋公羊传》、《春秋谷梁传》、《论语》、《孝经》、《尔雅》、《孟子》中的古文句。

2.《万首唐人绝句索引》

武秀珍等编，书目文献出版社1984年版。全书共收绝句10500多首，诗句42000多条，为研究人员查找诗句出处提供了方便。

3.《韩非子索引》

周钟灵等主编，中华书局1982年版。此书专供《韩非子》一书文句查检使用，查检方便只需以文句中的某一词、词组或短语为线索，可按照汉语拼音、笔画或四角号码任何一种方法查检。

4.《中国旧诗佳句韵编》

王芸孙编，岳麓书社1984年版。此书是专门用来查检古诗佳句的工具书，收录古诗佳句近万条，按句尾字韵脚集中排列，并附《韵脚字笔画索引》。

5.《太平御览》

宋代李白方等奉敕编，总计1000卷，含目录45卷，中华书局1960年影印，1985年重印。全书分55部，每部再分若干门，合计4558门，500余万字，引用古书文献1690种。有"类书之冠"的美称。

6.《艺文类聚》

唐代欧阳询等奉敕编，共100卷。中华书局上海编辑所1965年出版汪绍楹校本,上海古籍出版社 1982 重印汪绍楹校本并附索引。全书征引古籍分类编次,所引古籍大部分为文学作品,是我国现存早期的重要类书,分为天、岁、时、地等 48 部,各部再分为若干个子目,共计 727 个子目,每目下先列事实,后列诗文。

7.《历史文书用语词典》(明、清、民国部分)

刘文杰著,四川人民出版社 1988 年版。本书以我国各类档案馆收藏的明清至民国时期的历史文书中所见词汇为主,共收词目 1028 条。历史文书有专门的用语,本书是这方面的一部重要的工具书。书后附有"历史文书抬头制度表"、"历史文书标识符号和标点符号表"、"韵目代日表"、"支目代月表"等四个附录。

除此之外,常用的辞典还有《诗经索引》,陈宏天等编,书目文献出版社 1984 年版;《史记及注释综合引得》,哈佛燕京学社引得编纂处编,上海古籍出版社 1986 年版;《尚书通检》,顾颉刚主编,书目文献出版社 1982 年版;《汉书及补注综合引得》,洪业等编,上海古籍出版社 1986 年版;《后汉书及补注综合引得》,燕京大学引得编纂处编,上海古籍出版社 1986 年版。适用古文句查检的常用的类书还有《古今图书集成》,清代陈梦雷编,中华书局 1934 年影印;《佩文韵府》,清代张玉书等奉敕编,上海古籍书店 1983 年影印。

思考题

1. 常用字典、词典有哪几种排序方法?
2. 《辞源》和《辞海》各有什么功能?
3. 考证古汉字字形的变化,宜用哪种工具书?
4. 查找古文句时,最适合的工具书类型是什么?

第五章 人名、地名及机构检索

第一节 人物资料检索

"江山代有才人出,各领风骚数百年"。在人类文明发展的进程中,各类杰出人物不胜枚举。他们或是某一学科的泰斗、巨匠,或是伟大的历史事件的策划人和亲历者,更有的是以自己的言行深刻地影响或改变着昨天和今天世界的风云人物。了解他们的生平作为、学术思想和非凡业绩,对于我们察古今之变,继往开来,创造出新的文明成果,具有不可或缺的作用。汇集人物资料的工具书体裁众多,形式各不相同。概略地讲有:百科全书、年鉴、词典、各类史料典籍、人名录、家谱、宗谱、地方志、类书、政书、传记、日记、书目、人物图谱、档案以及各类介绍人物的因特网网站中,均可以查寻到相关的人物文献资料。现仅对常用的人物资料类工具书作一介绍,以便于读者的选择使用。

一、人物类工具书

1.《中国人名大辞典》 臧励龢等编,上海商务印书馆1921年出版,上海书店1980年影印。该辞典共收入40000多个人名资料,时间跨度上起远古、下至清朝末年。内容包括帝王、官吏、学者、著作家、能工巧匠、方术之士、书画家、著名将帅、神仙和社会下层人士。每个词条注明人物的活动年代、字号、籍贯、生平和著述等,但不考证人物的生卒处。辞典还附有"人名索引"、"姓氏考略"、"补遗"和"异名表"。

2.《国际名人录》(International who's who) 该名录原是《欧罗巴年鉴》的一部分,从1935年起单独出版年刊。这是一本享誉世界的人物工具书,所收人物大都是政治、军事、外交、宗教、教育、文艺、科技界的著名人士。该书由欧罗巴出版公司出版,词条以姓名字顺排列。

3.《世界名人录》(Who's who in the world) 该书主要收录了当今国际社会各界的重要人物资料,由美国Marquis公司隔年出版。它为了解国际上各类著名人士,提供了较为可靠的资料线索。

4.《古今科技名人辞典》(美国) 阿西摩夫著,潘幼博等译,科学出版社1998年出版。本辞典是著名的科普作家阿西摩夫的得意之作,上至古埃及,下连宇航时代,行文明快,考证准确。自1964年初版以来,深受世界各国读者的喜爱。阿西摩夫曾于1972年和1982年对此书进行了两次增补修订,进一步提升了这本书独特的文献价值。本辞典所列人物按出生先后排列。辞典正文前设两个词表:中文译文词目表按年代先后排序,每个人物各有一个顺序号;西文词目表按英文字母顺序列出科学家的姓名,其后编有传记顺序号。

5.《外国人名大词典》 上海辞书出版社1988年编辑出版。本辞典共收人物10500位,含帝王、政要、学术名家、能工巧匠和各代英才等。词目以首字笔画排列,附有世界重要王朝世系表,诺贝尔奖获得者一览表,该辞典所用资料一般截止1985年6月。

6.《中国人名大词典》 上海辞书出版社、外文出版社1989至1992年出版。本词典分为"历史人物卷"、"当代人物卷"和"现任党政军领导人物卷"3本,共收入古今各种人物30000余人,以人物的姓氏笔画排序,同姓名的人物按出生年代排序。词典资料准确,并配有大量插图。

7.《古今同姓名大辞典》 彭作桢编,初版于1936年,1983年上海书店影印出版。本书以历代同姓名录的资料为基础,吸收经史百家、清人传记30余种、22省通志及各类报刊所记载的同姓名资料,以此进行增补和修订,汇聚成典。该辞典收入上古时代至1936年的同姓名人物共5.6万余人,所用资料均注出处。词条按姓氏笔画排序,并有附录多种。

8.《中国人名异称大辞典》 尚恒元、孙安邦主编,山西人民出版社2002年版。上卷为综合卷,下卷为检索卷。这部工具书收录古今人物约50000人,各类异称近100000条。对于历史研究、整理古籍、书画鉴赏等,都有重要的参考价值。

9.《清代科举人物家传资料汇编》(101册) 来新夏主编,学苑出版社2006年版。这是一部收录清代科举人物及其家族主要成员传记资料的工具书,共收录清代科举人物近10000人,其家族重要成员近100000人。本书按中举人物姓名的汉语拼音音序进行排列,其家族重要成员附其名下。书后附汉语拼音人名索引。

10.《近现代外国哲学社会科学人名资料汇编》 商务印书馆1965年第3版,1980年重印。该书共收入国外哲学、社会科学、政界、社会活动界方面的著名人物7500余人,一些与中国近现代史有关的外交人员、传教士、军人的资料在书中也有反映。所以人物的卒年上限为1870年。书后附有人物汉译名音序索引。

11.《中国近现代人物名号大辞典》 陈玉堂编著,上海古籍出版社1993年出版。本书以1840年为时间上限,共收入各类人物10112位。它对列入词条的人物的别号、别名、室名、本名、小名、化名、笔名、表字、爵里、谥号、世称、外号等均有记述。每位人物下列有生平小传。本书编有"名号索引"。

12.《中华军事人物大辞典》 吴如嵩、陈秉柱编,新华出版社1989年版。本书收载了古今军事人物5500人,包括将帅、军事理论家、古代兵家、重要谋臣策士等,其中国民党人物限于1946年以前被授衔者;中国人民解放军军事人物仅限1965年以前被授予少将军衔者,在授衔前牺牲的将领和1966年以前授予英雄模范称号的人物也包括在其中。正文以音序排列,同姓名者合并成一个词条,下分两个或几个义项,别名使用有互见法。

13.《外国著名军事人物》《苏联军事百科全书》 中译本编辑组编,知识出版社1980年出上册,1981年出下册。本书主要介绍了一批在军事历史上有重要影响的统帅、将军和军事战略家,行文简明,对每位人物生平业绩有概要叙述。

14.《当代国际人物词典》 苏仲湘主编,上海辞书出版社1980年初版,1989年第2版。本词典共收当代国际政治、军事、外交、经济、社会、科技、文化、艺术和体育等各界人物7000余人。词条内容主要记述人物的经历和主要成就,并有人物照片300余幅。本词典所用资料的下限一般截止1987年初,词目以姓氏笔画序列排,书后附英汉人名索引和俄汉人名索引。

15.《中国美术家人名辞典》 俞剑华编著,上海人民美术出版社1981年版。本书共收画家、书法家、篆刻家、建筑家、雕塑家、工艺美术家等约30000人。所用传略数据注明出处,并列有人名索引和字号异名索引。

16.《近代来华外国人名辞典》 中国社会科学院近代史研究所翻译室编,中国社会科学家出版社1981年版。本书共收入近代以来外国来华人名2000余个,包括1840~1949年间来华的外交官员、高级职员、传教士、政府顾问、军人、新闻记者、汉学家、科学家、商人和探险家等。记述人物的主要内容为:姓名、汉字名、生卒年、国别、来华年代、在华经历与重大历史事件的联系和所编著有关中国的著作。词目以人物姓氏拉丁字母顺序排列。

17.《中共党史人物传》 中共党史人物研究会编,陕西人民出版社1980年第1卷出版、1981年第2卷出版、1982年第3~6卷出版、1983年第7~12卷出版、1984年第13~18卷与第20卷出版、1985年第19卷与第21~26卷出版。

18.《民国人物大辞典》 徐有春主编,河北人民出版社1991年版。本辞典共收1912~1949年民国时期各界人物12000余人。

19.《中国当代名人录》 中外名人研究中心编,上海人民出版社1991年出版。本书共收当代中国各界知名人物7564人(不包括香港、台湾地区),词目排列以姓名笔画为序。

20.《中国文学家大辞典》 中华书局1992年起出版,全书共7卷,上起先秦、下至近代,对人物的生平、主要作品、文学活动等均有记述,并注明资料出处。书后附有考辨资料。

21.《世界人物大辞典》《世界人物大辞典》编委会编著,国际文化出版公司1990年12月版。书中收入世界各国名人近14000人,除介绍每个人的简历和基本情况外,还对重点人物的思想观点、主要业绩、爱好和家庭情况作了介绍。全书词目以人物中文名第一字笔画数编排,附有"英汉人名索引""各国国名、首都、独立日、国庆日、与中国建交日一览表""外国姓名简介"等。本书所用材料一般截止1990年3月底。

22.《世界当代文化名人辞典》 丁守和、马连儒、陈有进主编,北京燕山出版社1992年版。本书收入1945~1990年底从事学术活动的各学科中外名人2361人。学科包括:自然科学、哲学、经济学、政治学、法学、社会学、伦理学、逻辑学、美学、历史学、考古学、教育学、心理学、民族学、语言学、文学艺术等。词目以中国人物姓名的第一字笔画数和外国人物中文译名第一字的笔画顺序排列,外国人物在括号内标出姓名全称。内容主要介绍其生平、学术生涯和学术贡献。

23.《中国革命史人名大辞典》 李侃、刘宏煊、周卉主编,海南出版社、三环出版社1992年版。书中收入1840~1956年在中国革命舞台上的历史名人和在某一历史事件中起过特殊作用的人物2785人,其中外国人物近300人。条目内容详略适度。书末附有"清朝帝系表"、"北洋军阀政府更迭情况简表"、"中国共产党第一至第八届中央领导成员"、"国民党政府更迭情况简表"、"中国人民解放军序列"、"中国人民志愿军序列"、"1955年授衔的元帅、将军名录"、"中华人民共和国中央人民政府"等10余个重要附录。

24.《二十五史人名辞典》 黄惠贤主编,中州古籍出版社1997年版,上下两册。本辞典以二十五史人物资料为主要基础,介绍了中国上古至清朝各类人物近3万人。行文简明,内容严谨有据,资料均注明出处。该辞典以二十五史分书编排,每史又以纪、传顺序区分先后。书后附有"笔画、笔顺索引"。

25.《中国科学家辞典》(现代第1、2、3分册) 本书编委会编,山东科学技术出版社1982~1984年出版。本书共介绍了460位有影响的我国科学家的科研著述活动,并概略介绍了其学术成就和代表性著作。本辞典以姓氏笔画为序编排。

26.《中国医学人名志》 陈邦贤、严菱舟编,人民卫生出版社1983年出版。本书收入历代医学人物2600多位,对人物的姓氏、籍贯、履历、师承均有介绍,对医学人物的著作有精当的评述。

27.《华夏妇女名人辞典》 本书编委会编,华夏出版社1988年出版。本书介绍了从古至今我国各民族有影响的妇女名人3300多位,对已入外国国籍的华裔妇女名人、已入中国国籍的外国妇女名人也作了适当的介绍,书后附有中共中央历届女委员、全国人大和全国政协历届女常委、历年全国女劳动模范名单。辞目以人名姓氏笔画顺序排列。

28.《世界文学家大辞典》 本书编写组编,四川人民出版社 1988 年出版。本书收入世界各国各地区 7283 位文学家的基本资料,以薄古厚今为原则,着重介绍当代有着广泛影响的文学家,条目以汉语拼音顺序排列。

29.《最新不列颠 1000 年世界名人传记百科全书》(英国) 克莱夫·吉福德、朱立安·霍兰、安·克雷默、简·拉弗著,明天出版社 2004 年 4 月版。该书以精练的资料介绍了过去 1000 年中叱咤风云的世界领袖(国王与女王、政治家、军事家)、科学家、探险家、工程师与发明家、作家与改革家、舞台与银幕之星、美术家与建筑师、音乐家与舞蹈家、体育明星、风云人物的生平经历,行文畅达,视角独特。书后有人名索引。

30.《军事人物百科全书》 军事科学院军事百科研究部编,中共中央党校出版社 1999 年 5 月版。该书共收录了古今中外 2176 个著名军事人物的简要传记。条目以汉语拼音检索,正文后附有汉字笔画索引。本书附:1955～1965 年中华人民共和国元帅和中国人民解放军将官名单。

二、人物资料类相关电子资源

1. 新华网——领导人资料库(http://www.xinhuanet.com/rwk)

在该网页上设有中国共产党、党和国家领导人、地方领导等专栏,分别可以查寻到中央政治局常务委员会委员、中央政治局委员、中央政治局候补委员、中央书记处书记、中央委员、中央候补委员、中央军事委员会委员、中央纪律检查委员会常务委员会委员、中央纪律检查委员会委员、各省(直辖市、自治区)主要领导人、各省(直辖市、自治区)党委书记、中央政府驻港澳机构主要负责人的有关资料。

2. 中国人大网——全国人大常委会门户网站(http://www.npc.gov.cn)

在该网站主页的左下方设有中国全国人大代表信息,点击此处,可以查寻到第十二届全国人民代表大会代表名单、照片、籍贯、出生年月、党派、参加工作年月、毕业院校等信息。另在相关链接部分有地方人大的条目,点击此处,展开查询,可以得到各省级人大代表的有关资料。

3. 中国人民政治协商会议全国委员会——全国政协门户网站(http://www.cppcc.gov.cn/)

在该网站主页的左上方标有人员组成条目,点击此处,可以查寻到第十二届全国政协主席、副主席、秘书长、全国政协常委和委员们的图文资料。

4. 中国社会科学院网——社科人物频道(www.cass.net.cn/skrw)

在该网页学人栏目上有中国社会科学院学部委员、国内外学者等社会科学的简历资料。

5. 最高人民检察院(http://www.spp.gov.cn/site2006/index.html)

在该主页设有大检察官的条目,点击此处,可以查寻到首席大检察官、一级大检察官、二级大检察官的图文资料。

6. 法律学人(http://www.law-lib.com/fxj/fxjml.asp)

该网站可查找1800多个法律学人的简介、著作、论文等资料。

第二节 地名检索

在读书治学时,人们时常要查找有关地名方面的文献资料;而一地多名或者一名数地的现象,在古今的历史上广泛存在着。此外,某地的准确地理位置在哪里,某地的行政区划曾经发生过哪些变化,都可能是解决具体问题时,必须加以考证的重要内容。因此,熟悉有关地名文献方面的常用工具书,并掌握其正确使用方法,对于人们完成求知、研究活动和具体工作都颇有益处。常用地名工具书概述如下:

1.《中国古今地名大词典》(全三册) 戴均良主编,上海辞书出版社2005年7月版。本书是新中国建国后编纂的第一部规模最大、最具权威的地名词典,共收词68000条,分地名、旧地名和现今地名三大部分,是查考古今地名演变的必备之工具。

2.《中国地名辞源》 贾文毓、李引主编,华夏出版社2005年版。本辞典共收录了中国地名11477条,列有地名首字笔画索引和地名笔画索引;另有两个附录:(1)中国地名雅称集释;(2)中国地名通名集解。

3.《春秋地名考》(全八册) 顾颉刚编著,王煦华整理,北京图书馆出版社2006年版。本书系整理历代考证商周至秦汉古地名的相关史料而成,涉及地名近1000个,是阐述华夏古代历史地理的最重要著作之一。书末有地名条目笔画索引。

4.《中国历史地名避讳考》 李德清著,华东师范大学出版社2002年10月版。本书汇辑了有关地名避讳的珍贵资料,列出条目约800余条。

5.《历代郡县地名考》(江影楼初稿) 韩湘亭编辑,北京图书馆出版社2002年版。全书21卷,按首字笔画排序。重点考证上古至清代的地理沿革及区划的变化,清代郡县总名及民国省道特区辖县名称也有记载。

6.《圣经地名词典》 白云晓编译,中央编译出版社2002年版。本书共收地名约400个,为研读圣经提供了有益的参考。

7.《最新汉英·英汉世界地名录》 梁良兴主编,北京外文出版社1999年出版。这部名录的汉英部分按汉语拼音排序,英汉部分以拉丁字母排序,共收外国地名20000余个(各国首都和一级行政区划名、城镇、建筑物、名胜、山、河、湖、海、岛屿、道路均有收录)。该名录另有 4 个实用性的附录：1.香港主要地名、游览点、建筑物；2.澳门主要地名、街名、名胜古迹等；3.台湾省地名在当地及西方英文书刊中的拼写法；4.我国部分地名在旧西方英文书刊中的常见拼写法。

8.**《世界地名手册》** 《世界地名手册》编辑组编，中国地图出版社 1999 年 10 月版。本手册共收录世界各国和各地区的地名近 10 万条。利用手册的地名首字汉语拼音音节检索表、地名首字笔画检索表，读者可以很快查看到相应的地名资料。每一条目都包括地名的坐标，附有外文索引。

9.**《世界地名手册》(中外文对照)** 张祖光编，安徽科学技术出版社 2002 年 5 月版。本手册收入的 43000 个地名均为国际通行的标准地名，信息内容鲜活；手册另附国家和地区名称的代称、地名中所见地理通名表、世界各国(地区)的面积、人口、首都(首府)、语言、货币和时差、世界各国民用航空公司、世界各国民用机场、世界各国主要港口、世界各国主要大学、世界各国主要名胜、古迹和旅游景点等专题资料。

10.**《世界地名常用词翻译手册》** 白文祥，王淑萍编，测绘出版社 2005 年版。共收录了 115 种语言的 17000 多条地名常用词汇，每个词汇标明意译汉字、音译汉字。以罗马字母为通用文字的词汇采用该国官方语言书写形式，而以非罗马字母为文字的词汇采用该国官方批准或国际上通用的罗马字母转写系统。

11.**《日本地名读音词典》** 西藤洋一，慧子编著，学林出版社 2005 年版。本词典收录了 31523 个日本地名的读音，基本反映出日本国地名的情况。

12.**《世界地名录》** 萧德荣主编，中国大百科全书出版社 1984 年版。该书所收录的 30 万个地名按字母顺序排列，释义简明、准确，具有较高的权威性。每个词条包括字母拼写、中文译名、所在地域和地理坐标等四项内容。

13.**《21 世纪世界地名录》(上、中、下册)** 萧德荣，周定国主编，现代出版社 2001 年 1 月版。本书在《世界地名录》的基础上编纂而成，共分三册。在原有资料的基础上增加美、英、德、俄罗斯等国的相关地名条目，增补了伊朗、阿富汗、苏丹、埃塞俄比亚和南极洲的一批地名，较全面地收录了当代全球的地名信息。

14.**《史记地名考(上下册)》** 钱穆著，商务印书馆 2001 年版。本书主要考证《史记》中所涉及的地名，立论严谨，是国学大师钱穆先生的代表作之一。

15.**《中国地名演变手册》(1912 年以来省市县新老地名)** 张志强等编，中国大百科全书出版社 2001 年 5 月版。这是一部查证民国时期地名资料的必备工具书。

16.**《中华人民共和国地名大词典》** 由中国地名委员会、原国家教委、国家新闻出版署组织编辑，商务印书馆 1987 年出版。该书是一部国家级地名词典，资料数据准确，共收中国地名约 10 万个，按省级行政区划分卷出版。该词典还出版"总述",主要收录跨省和有全国性重要意义的地名。

17.《世界名胜词典》 苏中湘、沈丙杰主编,新华出版社1986年出版。该书以中外现存的名胜古迹为词条分列阐述,共收辞条约3000个,除山川、园林、古典建筑、寺庙等外,还介绍了一些著名的大学及游览场所和博物馆。该词典以名胜首字笔画数排序,另附有分洲词目表和外文索引表。

18.《中国古今地名大辞典》 臧励龢等编,上海商务印书馆1931年第一版,1933年第二版,1982年重印。该书共收入我国地名40000余条,范围涉及各级行政区划、山川名胜、港口、铁路和各类古迹,行文简明扼要,着重介绍各地地理位置、演变情况以及物产等。所收地名按笔画顺序排列,另附用四角号码编排的索引。

19.《外国地名语源词典》 邵献图等编著,上海辞书出版社1983年版。以地名的语源为主要阐述对象,考察某地名的含义及其演变过程是该词典的一大特色。全书共设4200余词目,着重介绍世界名城、山川、湖岛、名胜街道;值得向读者推荐的是:该词典还用相当篇幅介绍了重大历史变革、民族迁徙和经济生活方面的情况。

20.《外国地名译名手册》 中国地名委员会主编,商务印书馆1983年版,该手册共收地名18000余个。

21.《世界地名雅称选编》 贾文毓编,中国旅游出版社1987年版。该书共收地名雅称1024条,列有地名与其雅称对照,使用方便。

22.《美国全国地名录》(National Gazetteer of the U.S) 美国地名局1982年起出版,以州、市分卷收录。

23.《日本地名词典》 陈达夫编,商务印书馆1983年12月版。该词典共收地名26000余个,含日本村庄以上的行政区划单位。

24.《中国名胜词典》 国家文物事业管理局主编,上海辞书出版社1981年版。全书所收的4500余个的词目涵盖了各地古迹名胜、山水湖泉和历代宫殿寺庙及其他一些有价值的古代建筑物。词目按省市区划排列,其中附图片、照片400余幅。另附有词目笔画索引。

25.《世界地名词典》 中国科学院地理研究所等编,上海辞书出版社1981年版。该辞典共收世界各地地名10000余个(不含中国),对古国名、古地名、重大事件的发生地和著名建筑进行权威性阐述是该书的一大突出优点,书末还附有全部词目的外文索引。

26.《中国历史地名辞典》 复旦大学地理研究所组织人员编写,江西教育出版社1986年版。本辞典所收的地名以我国古代典籍的记述为准。在总计20000余条词目中,有相当的篇幅介绍了古代城镇、堡寨、关津驿站、道路桥梁、工程建筑设施和矿冶遗址等方面的情况,为读者查找此类资料提供了参考途径。词典内容中涉及同地异名的,则分别列目。所有词目按笔画编排。

27.《外国名胜大观》 焦震衡、杜福祥编著,科学普及出版社1985年出版。本书共介绍了650多个世界各国的著名古迹、风景名胜的基本情况,并对其历史和文化渊源作了较准确的叙述。

28.《日汉世界地名译名词典》 钱端义、李守贞编著,新华出版社1984年出版。该书共收录世界各地地名30000余条,并指明所属国和地理位置,词目以日文假名五十音表编排,各地名后注原文和中文译名。

29.《世界邮票地名译名手册》 陈印白编著,人民邮电出版社1984出版。本书全面介绍了1840~1982年世界各国各地区所发行的邮票上的外文地名,并标明邮票发行年代和地理位置。

30.《中国历史文化名城词典》 文化部文物局主编,上海辞书出版社1985年出版。本书共设3100个词条,全面介绍国务院公布的第一批24个中国历史文化名城的情况,对园林、古迹、特产、历史沿革均有详细介绍,并附有彩色照片30多张。

31.《外国名城》 陈协川、胡善美编,科学出版社1984年出版。本书概述了88座外国著名城市风貌,对每地的风土人情、经济文化、城市由来做了扼要介绍。

32.《中国地名纵谈》 丁文安、唐建章著,首都师范大学出版社2001年9月第1版。本书介绍了2300多个县市名的历史和人文等有关情况。

33.《中国名胜古迹概览》2册 程裕贞等编著,中国旅游出版社1982年出版上册,1983年出版下册。本书共收入中国各地名胜古迹近2000处,行文简明,资料准确。

第三节 组织机构检索

各类组织及机构的存在和发展,是人类社会走向文明进步的一大标志。在工具书家族中,有一类是专门介绍各种组织机构情况,概述其宗旨、使命、职能及构成对象的书籍。此外,在各种百科全书、年鉴中,也可以查到有关组织机构的资料,它们一般称为:组织机构名录(或组织机构指南、手册等)。以下对此类书籍及相关检索工具进行概要的介绍。

1.《2014中国政府机构系列名录》 是中国最大名录研究开发组织——伊梅资源有限公司出版的电子数据。通过百度搜索"中国政府机构名录"即可进入,采取在线支付购买。

(1)《2014中国政府机关单位名录》2014年3月新版,收录了国家各级机关单位、各政党团体以及各级政府办事机构、办事处等事业性单位通讯联络信息,以及基层群众自治组织的行业名录。企业单位公司名录信息包括：单位名称、详细地址、邮政编码、联系电话、企业负责人、产品名称（或经营范围、职能范围）、所属行业、职工人数等。

(2)《2014中国县级以上国家机关单位名录》2014年3月新版，收录了县级以上国家机关单位、政党团体以及政府办事机构等事业性单位通讯联络信息。企业单位公司名录信息包括：单位名称、详细地址、邮政编码、联系电话、企业负责人、产品名称（或经营范围、职能范围）、所属行业、职工人数等。

(3)《2014中国社会团体名录》2014年3月新版，收录了全国社会团体名录信息。企业单位公司名录信息包括：单位名称、详细地址、邮政编码、联系电话、企业负责人、产品名称（或经营范围、职能范围）、所属行业、职工人数等。

(4)《2014中国居委会名录》2014年3月新版，收录了全国居委会名录信息。企业单位公司名录信息包括：单位名称、详细地址、邮政编码、联系电话、企业负责人、产品名称（或经营范围、职能范围）、所属行业、职工人数等。

(5)《2014中国村委会名录》2014年3月新版，收录了全国村委会名录信息。企业单位公司名录信息包括：单位名称、详细地址、邮政编码、联系电话、企业负责人、产品名称（或经营范围、职能范围）、所属行业、职工人数等。

2.《全国职业介绍机构名录》《全国职业介绍机构名录》编委会、劳动和社会保障部《职业》杂志社编辑，中国劳动社会保障出版社2005年版。共收录了经国家劳动保障部门批准成立的全国上万个职介机构的名称、办公地址、联系方法、负责人姓名、主管单位名称、主要业务范围等信息，是用人单位和大中专院校进行求职招聘、帮助学生就业的重要工具书。

3.《世界工商企业译名大全》 新华通讯社译名室编译，中国科学技术出版社1990年出版。共收约50000个世界各国主要企业（含已消失、但历史上曾有重要经济活动的一些公司），还附有"中国国内部分公司汉英对照"、"部分商品译名"等实用资料。

4.《中国企事业名录全书》 本书编委会编，开明出版社1993年出版。全书分3册，收录了中国大陆及香港地区约16万个企事业单位的概况资料。

5.《世界著名企业名录》 郝洪才主编，北京外文出版社1993年出版。共收录了著名企业12000余家，范围包括138个国家和地区。

6.《世界各国高校名录》 原国家教委外事局编译，北京语言学院出版社1990年出版。全书分2册，共收入各国6900所高校的基本情况资料。

7.《中共中央机关历史演变考实》 王健英著，中共党史出版社2005年版。本书以中共党史分期为基本依据，全面、准确地反映从1921年7月建党开始至1949年10月1日中华人民共和国成立时的中央机关组织演变的情况。

8.《近代中国华洋机构译名大全》 孙修福主编,中国海关出版社2003年1版。本《大全》收录了近代外国在华机构及中国机构23000余个,涉及党政军、经济、外交、文化、教育、宗教,以及洋行、厂矿、社团、教会、银行、医院、学校、报刊等方面;词条均按英文字母顺序编排,对已查明的外国机构所属国别、所在地名及创设年代,均予标明。《大全》附有汉译名索引,索引按汉语笔画顺序编排。本《大全》资料主要来源于历史档案,是研究近代历史、从事翻译工作的一部重要工具书。

9.《中国企业名录》(国家工商行政管理总局注册卷) 国家工商行政管理总局企业注册局编,中国工商出版社2002年10月版。本书编有行业索引和字母顺序索引。收入了在国家工商行政管理总局注册的大型企业及带中国字头的企业的相关信息、内容含名称、法人、注册资金、注册号、电话、地址、经营范围等。

10.《汉英世界著名公司名录》 杨采良主编,科学出版社2002年3月版。共收入了54个国家和地区的5000多个大公司的基础信息。

由于近年来社会发展变化的加快,各类型机构的变化很大,传统的印刷型工具书的出版速度已不能及时反映机构的变化情况,而因特网上的专业网站在此方面却独具优势。一般情况下,查找各机构的新资料还可以搜索以下网站:

1. 中华人民共和国中央人民政府门户网站(http://www.gov.cn)

在该网站下方链接栏中,列有国务院部门网站、地方政府网站、驻港澳机构、驻外使领馆网站、中央企业网站、新闻媒体网站、有关单位等,读者可方便地查询到相关各机构的职能、电话号码、电子邮箱、负责人介绍等信息资料。

2. 新华网资料频道——国际组织(http://news.xinhuanet.com/ziliao/2003—01/27/content_733578.htm)

在该网页标有国际政治类组织,经济类组织,科技、文化、体育等专业类组织,国际会议等组织的详尽专题资料,这一部分文献权威、准确,信息量大,使用方便。

3. 中华人民共和国文化部网——社团名录频道(http://www.ccnt.gov.cn/whst/stml)

在该网页下方文化部社会组织网上在线栏目上列有学会类、研究会类、协会类、促进会类、基金会类等全国性文化社团的基本资料。(含成立时间、登记证号、宗旨、业务范围、领导成员、地址、联系方法、重大活动等事项)。

4. 中华人民共和国国家航天局(http://www.cnsa.gov.cn)

在该网站的相关链接部分可链接到一些重要航空航天机构的网站,可查寻相关资料。

5. 教育部教育涉外监管信息网(http://www.jsj.edu.cn/)

为帮助出国留学人员正确选择学校,该网站已公布44个国家10000多所办学正规、资质比较可靠的学校名单。运用时先确定目的地国,然后按字母顺序查寻。

6. 中华人民共和国外交部（http://www.fmprc.gov.cn）

该网站有外交部领导成员介绍、主要组织机构职能及负责人名单、中国各驻外使领馆地址、电传、电话号码、外国各驻华使团地址及电话号码、中国驻外使团网址、中国历任驻外大使、外交部历任部级领导、中国历任驻外总领事等实用文献资料。

7. 中国国际贸易委员会、中国国际商会（http://www.ccpit.org）

该网站列有组织机构及业务介绍、主要附设机构、驻海外代表处、地方分会、行业分会和该会主要投资和合资企业情况概要等。

8. 中国社会科学院（http://www.cass.net.cn）

中国社会科学院是中国哲学社会科学研究的最高学术机构和综合研究中心。在该网站的主页中部列有中国社会科学院 36 个研究机构的链接,读者可选择使用。

9. 上海证券交易所（http://www.sse.com.cn/）

在该网站首页左侧的"快速导航"专栏中,点击上市公司资料检索、基金资料检索、会员资料检索等条目,就能够查到上市公司、证券有限责任公司的相关信息资料。

10. 中国民间组织网（http://www.chinanpo.gov.cn/）

在该主页可以查询全国性民间组织的名称、登记证号和业务主管单位等有关情况。

11. 中国教育和科研计算机网（http://www.edu.cn/）

在该网站主页左上方有中国大学的条目,点击此处,可以查到国家教育部直属高校和 34 个省、市、自治区高校的相关链接。

以上介绍的网站仅为读者在使用电子资源时指示出一个概略的途径,实际应用过程中,可以在"google(谷歌)"、"baidu(百度)"等网络搜索引擎上,输入所查机构的关键词进行检索。

思考题

1. 查找人名文献时,工具书应该怎样与报刊资料配合使用?
2. 当工具书中的地名文献资料陈旧时,如何使用网站资源进行更新补充?
3. 查考组织机构的更迭变化时,有哪些可供利用的电子资源?

第六章　历史年代、历史事件检索

我们在平常的学习研究中,在阅读一些历史文献、查考一些历史事件时,经常会遇到其中所记载的时间背景不清的问题,需要把不同的纪年、纪月、纪日方法加以对照和换算。这就不仅有必要了解我国历史上常用的纪年、纪月、纪日方法,而且必须学会利用年表、历表这类工具书进行年月日的对照检索。

第一节　历史年代检索及其换算

一、不同纪年年代对照的检索

1. 年表的概念与类型

年表是一种用以查考不同历法年代对照和编年史事的工具书。主要有两种类型:一种是单纯纪年的,一般是以表格形式把不同纪年方法记载的年代对照列举,专供查考不同纪年之间的年代对照;另一种是既纪年又纪事的,一般是以年代为序记录历史大事,专供查考编年史事。

2. 我国历史上几种常用的纪年方法

(1) 王位纪年法

王位纪年法,又称帝号纪年法,是我国古代最早的确切历史纪年,是以王公在位的年次为序纪年,至该王公退位或死亡为止。这种纪年方法在先秦文献如《左传》、《国语》中用得最为普遍。如《左传》开头"隐公元年",是指鲁隐公元年,接下去是二年、三年,直至十一年。

(2) 星岁纪年法

战国时期,我国出现了根据天象纪年的方法——星岁纪年法。星岁纪年法又分岁星纪年法和太岁纪年法两种。

① 岁星纪年法　最初的星岁纪年法,是根据木星在天体中运行的规律来纪年的方法。木星在天体中运行一周约需十二年,天文学家就把它运行的轨道分为十二等分,叫十二星次(或称次),由西向东命名为星纪、玄枵、诹訾等,用这十二星次周而复

始地纪年。木星运行到某一星次时，便以该星次的名称来命名这一年。如《国语·晋语》中有"岁在大火"句，就是指这一年木星（岁星）运行到了大火这一星次。

②太岁纪年法　木星运行的轨道方向是由西向东，十二星次的排列也是由西向东，这与人们常用并熟悉的十二辰由东向西的方向正好相反，在实际生活中应用不方便。为此，古代天文学家便设想出一个假岁星，叫太岁《汉书·天文志》中叫太岁；《淮南子·天文训》中叫太阴；《史记·天官书》中叫岁阴，让它与真岁星"背道而驰"，这样就和十二辰的方向相一致，用它来纪年，这就叫太岁纪年法。为了与岁星名称区别开来，太岁纪年先用对应的十二地支名称来命名，如"太岁在寅"，实际上是运行到了析木这个星次。后又为它取了摄提格、单阏、执徐等十二个别名，与十二地支相对应，作为太岁纪年的年名，称为岁阴名称。

岁阴名称与十二地支及太岁与岁星的对应关系如下：

太岁年名	摄提格	单阏	执徐	大荒落	敦牂	协洽	涒滩	作噩	阉茂	大渊献	困敦	赤奋若
太岁所在	寅（析木）	卯（大火）	辰（寿星）	巳（鹑尾）	午（鹑火）	未（鹑首）	申（实沈）	酉（大梁）	戌（降娄）	亥（诹訾）	子（玄枵）	丑（星纪）
岁星所在	星纪（丑）	玄枵（子）	诹訾（亥）	降娄（戌）	大梁（酉）	实沈（申）	鹑首（未）	鹑火（午）	鹑尾（巳）	寿星（辰）	大火（卯）	析木（寅）

大约到了西汉，人们不再单独用岁阴名称纪年，又取了阏逢、端蒙、柔兆等十个岁阳名称，与十天干配应，然后依次与十二个岁阴名称组成六十组年名，以之纪年，如"阏逢摄提格"，这实际上是干支纪年的雏形。

岁阳名称与十天干的对应如下：

天干	甲	乙	丙	丁	戊	己	庚	辛	壬	癸
岁阳名	阏逢	旃蒙	柔兆	强圉	著雍	屠维	上章	重光	玄黓	昭阳

③年号纪年法　年号纪年法起源于西汉武帝建元元年（前140）。年号，是指帝王在位时用以纪年的一种名号。汉武帝是第一个拥有年号"建元"的皇帝。自此以后，历代帝王登基都要首先确立自己的年号，这被认为是政权的象征。年号纪年法，是以朝代名称、年号配以年次或干支，用来纪年的一种方法，如清康熙十年、清乾隆甲子等。须注意的是，明代以前，一个皇帝用多个年号，不同皇帝的年号还往往重复，为了避免混淆，应在朝代名称后、年号前加上帝王的名号用以纪年，如"唐太宗贞观二十三年"等。帝王的名号，主要有庙号和谥号两种。庙号是帝王死后，

在太庙立室奉祀时特意追加的一种封号,如高祖、太宗等。谥号是帝王死后由礼官根据其生平事迹议定的一种带有褒贬色彩的称号,如文、景、武、哀等。

④干支纪年法　西汉末年,出现了干支纪年法。干支是天干与地支的统称。天干有十个,地支有十二个,分别如下:

甲乙丙丁戊己庚辛壬癸

子丑寅卯辰巳午未申酉戌亥

干支纪年法,就是把十天干与十二地支依次搭配用以纪年的一种方法。每一个天干与每一个地支依次搭配一次,轮回一周,共计六十年,一般称为"六十花甲"。六十甲子周而复始,永不间断,所以每隔六十年,干支的顺序、名称就完全相同。因此,只要知道了某一年的干支名称,就一定能推算出其前后年份的纪年干支。如已知1911年为辛亥年,那么1910年为庚戌年,1912年为壬子年,1973年为癸丑年,1984年为甲子年等。下面是一个周期的干支(甲子)排列顺序表:

表6-1　六十甲子排列顺序表

1	2	3	4	5	6	7	8	9	10	11	12	13	14	15
甲子	乙丑	丙寅	丁卯	戊辰	己巳	庚午	辛未	壬申	癸酉	甲戌	乙亥	丙子	丁丑	戊寅
16	17	18	19	20	21	22	23	24	25	26	27	28	29	30
己卯	庚辰	辛巳	壬午	癸未	甲申	乙酉	丙戌	丁亥	戊子	己丑	庚寅	辛卯	壬辰	癸巳
31	32	33	34	35	36	37	38	39	40	41	42	43	44	45
甲午	乙未	丙申	丁酉	戊戌	己亥	庚子	辛丑	壬寅	癸卯	甲辰	乙巳	丙午	丁未	戊申
46	47	48	49	50	51	52	53	54	55	56	57	58	59	60
己酉	庚戌	辛亥	壬子	癸丑	甲寅	乙卯	丙辰	丁巳	戊午	己未	庚申	辛酉	壬戌	癸亥

天干:甲　乙　丙　丁　戊　己　庚　辛　壬　癸

地支:子　丑　寅　卯　辰　巳　午　未　申　酉　戌　亥

历史上干支名称唯一的特殊变动是在太平天国时期所制定的"太平天国历"中,把传统的地支名称改换了三个字:改丑为好;改卯为荣;改亥为开,其中十二地支名称是:

子好寅荣辰巳午未申酉戌开

干支纪年法是我国历史上使用时间较长的一种纪年方法,自西汉末年以来,至今一直没有中断过。而且后人还逐年推算补记了西汉以前的年代干支名称。

⑤生肖纪年法　生肖纪年法是我国民间广泛流传的一种与干支纪年密切相关的纪年方法。它以十二肖兽名称来对应十二地支,用肖兽的名称作为年名,如虎年、兔年等。十二肖兽与十二地支的对应关系如下:

子丑寅卯辰巳午未申酉戌亥

鼠牛虎兔龙蛇马羊猴鸡狗猪

由于它们是一一对应的关系,因此,如果知道干支纪年,就可从其地支名称中推算生肖纪年年名。如1984年甲子年,生肖纪年是鼠年。

以上是我国古代几种重要的纪年方法,也是我国历史上纪年方法的演进情况。

3. 常用的年表

查考不同纪年年代的对照,主要应该利用的工具书,就是那些单纯纪年年表。这类年表数量很多且分散。这里主要介绍几种比较常用的、重要的专门性年表。

(1)《中国历史纪年表》,方诗铭编,上海辞书出版社1980年出版。本表原为《辞海》附录,包括15个按朝代区分的纪年表。时间起于公元前841年,止于1949年。编制结构如下:

表6-2 《中国历史纪年表》(方诗铭编)片段

公元	干支		清		公元
1836	丙申	㊁㊃	道光 16		1836
1837	丁酉	㊁㊄	宣宗(爱新觉罗·旻宁)17		1837
1838	戊戌	㊁㊅	18		1838
1839	己亥	㊁㊆	19		1839
1840	庚子	㊁㊇	*20		1840
1841	辛丑	㊁㊈	21		1841
1842	壬寅	㊁㊉	22		1842
1843	癸卯	㊂㊀	23		1843
1844	甲辰	㊂㊁	24		1844
1845	乙巳	㊂㊂	25		1845
1846	丙午	㊂㊃	26		1846
1847	丁未	㊂㊄	27		1847
1848	戊申	㊂㊅	28		1848
1849	己酉	㊂㊆	29	〔太平天国〕	1849
1850	庚戌	㊂㊇	30(文宗㊀)		1850
1851	辛亥(开)	㊂㊈	文宗(爱新觉罗·奕詝)咸丰1	洪秀全***1	1851
1852	壬子	㊂㊉	2	2	1852
1853	癸丑(好)	㊃㊀	3	3	1853
1854	甲寅	㊃㊁	4	4 〔大成〕	1854
1855	乙卯(荣)	㊃㊂	5	5 陈开㊇〔洪德〕㊀1	1855
1856	丙辰	㊃㊃	6	6 2	1856
1857	丁巳	㊃㊄	7	7 3	1857
1858	戊午	㊃㊅	8	8 4	1858
1859	己未	㊃㊆	9	9 5	1859
1860	庚申	㊃㊇	10	10 6	1860

表中第一栏和最后一栏为公元纪年,第二栏为干支纪年,第三栏为统治王朝的年号纪年,之后罗列重要的并建有年号的封建割据、少数民族政权和农民革命政权。

与同类年表相比,该年表有下列两大优点:

①从秦代开始,注明帝王即位、建年号、改年号以及覆灭的中历月份。

②从公元元年开始,注明每年公历12月31日相当于中历纪年的月、日。如上表1836年栏,"㋕㋔"表示公元1836年12月31日相当于中历清道光十六年十一月二十四日。

(2)《中国历史纪年表》,万国鼎编,商务印书馆1956年出版。本年表分上下编,上编包括《历史年代总表》和《公元甲子纪年表》,下编包括十几个不同时代、不同纪年方法的年表和对照表。其中用来查考公元纪年、年号纪年和干支纪年的对照互换的,主要是上编中的《公元甲子纪年表》,该表记载的时限为公元前841年~1949年。其功能是既可从公元纪年入手查到相应的年号和干支纪年,又可从年号和干支纪年入手查到相应的公元纪年。其编制格式如表6-3:

表6-3 《公元甲子纪年表》片段

		文宗奕詝	穆宗载淳	德宗载湉		
		185	186	187	188	189
0	庚	30 【太平天国】戌 天王	10 甲午	9 午	6 辰	16 寅
1	辛	文宗咸丰1 亥	11 酉	10 未	7 巳	17 卯
2	壬	2 子	穆宗同治1 戌	11 申	8 午	18 辰
3	癸	3 丑	2 亥	12 酉	9 未	19 巳
4	甲	4 寅	3 【太平天国】亡 子	13 戌	10 申	20 午
5	乙	5 卯	4 丑	德宗光绪1 亥	11 酉	21 未
6	丙	6 辰	5 寅	2 子	12 戌	22 申
7	丁	7 巳	6 卯	3 丑	13 亥	23 酉
8	戊	8 午	7 辰	4 寅	14 子	24 戌
9	己	9 未	8 巳	5 卯	15 丑	25 亥

表顶端数字"185"、"186"等为公元纪年的千、百、十位数,左侧"0～9"为公元纪年的个位数,左侧"庚、辛、壬……"等字为干支纪年的天干名称;栏内每格中,列出年号(中历)纪年的年次、干支纪年的地支名称、帝王名号年号和建元、改元的第一年。如从公元纪年入手查年号及干支纪年,将公元纪年的千百十位与个位数相配,相交栏内即是。

例如,欲查公元1865年相当的年号与干支纪年名称。从"186"往下,表左侧"5"往右,两者相交点即是。结果为:公元1865年相当于清穆宗同治四年,纪年干支为乙丑。

(3)《公元推算干支表》,汤有恩编,文物出版社1961年出版。这是检索公元纪年、干支纪年和年号纪年之间对照的简洁、方便的一部年表,包括《公元推算干支表》和《干支推算公元表》两部分。

①《公元推算干支表》的全部内容如表6-4。

利用它,可迅速、准确地从公元纪年入手推算出公元前3200年～后3200年间逐年的纪年干支。

上表中,中央方框内为干支名称;左侧长方框内为公元前纪年的千、百位数;右侧长方框内为公元后纪年的千、百位数;干支名称下的三行数字为公元前、后纪年的十位数,每两竖行数字对应上方一个竖行的干支名称,靠左一竖行数字为公元前纪年的十位数,靠右一行为公元后纪年的十位数;干支名称左侧"9～0"为公元前纪年的个位数,右侧的"0～9"为公元后纪年的个位数。检索公元前、后的纪年,其公元前、后的千、百位数一定要依箭头所指分别与表格中下方三横行数字中的左右组数字和干支名称左右侧的个位数相配,不可混淆。

例如,要查公元前841年的纪年干支名称,在表左侧的长方框最下一组内找到百位数"8",依箭头所指,到相应的十位数组中的最下一行靠左边一组数字中找到"4",由此向上;然后在表左侧的个位数栏内找到"1",由此往右,这两者相交点为庚申,即公元前841年的纪年干支是庚申。用同法可查任何一年的干支纪年,如公元后1995年为乙亥、公元前2000年为辛丑、公元后2000年为庚辰等。

②《干支推算公元表》,这是从干支纪年入手推算公元纪年的。该表以干支纪年年名为纲编排,逐年列出相应的公元纪年和年号纪年。记载时间为公元前1978年～后1911年,其编制格式如表6-5。

表6-4 公元推算干支表(汤有恩编)

公元前   公元推算干支表   公元后

公元前:
0, 3, 6, 9, 12, 15, 18, 21, 24, 27, 30
1, 4, 7, 10, 13, 16, 19, 22, 25, 28, 31
2, 5, 8, 11, 14, 17, 20, 23, 26, 29, 32

公元后:
0, 3, 6, 9, 12, 15, 18, 21, 24, 27, 30
1, 4, 7, 10, 13, 16, 19, 22, 25, 28, 31
2, 5, 8, 11, 14, 17, 20, 23, 26, 29, 32

	庚戌	庚子	庚寅	庚辰	庚午	庚申	0
	辛亥	辛丑	辛卯	辛巳	辛未	辛酉	1
9	壬子	壬寅	壬辰	壬午	壬申	壬戌	2
8	癸丑	癸卯	癸巳	癸未	癸酉	癸亥	3
7	甲寅	甲辰	甲午	甲申	甲戌	甲子	4
6	乙卯	乙巳	乙未	乙酉	乙亥	乙丑	5
5	丙辰	丙午	丙申	丙戌	丙子	丙寅	6
4	丁巳	丁未	丁酉	丁亥	丁丑	丁卯	7
3	戊午	戊申	戊戌	戊子	戊寅	戊辰	8
2	己未	己酉	己亥	己丑	己卯	己巳	9
1	庚申	庚戌	庚子	庚寅	庚辰	庚午	×
0	辛酉	辛亥	辛丑	辛卯	辛巳	辛未	

底部列号:
06	15/7	24/8	33/9	42/8	15/7	06
28	17	30/6	44/55/4	30/6	19/17	28
4/39	35/28	20/17	11/6	02/8	35/39	4

表 6-5 《干支推算公元表》

干支	庚寅	辛卯	壬辰	癸巳	甲午	乙未	丙申	丁酉	戊戌	己亥
公元	0	1	2	3	4	5	6	7	8	9
105	宋皇祐2	3	4	5	6	宋至和2	3	宋嘉祐2	3	4
111	宋大观4	宋政和	2	3	4	5	6	7	8	宋重和2
117	宋乾道6	7	8	9	宋淳熙1	2	3	4	5	5
123	宋绍定3	4	5	6	宋端平1	2	3	宋嘉熙1	2	3
129	元至元27	28	29	30	31	元元贞1	2	3	元大德2	3
135	元至正10	11	12	13	14	15	16	17	18	19
141	明永乐8	9	10	11	12	13	14	15	16	17
147	明成化6	7	8	9	10	11	12	13	14	15
153	明嘉靖9	10	11	12	13	14	15	16	17	18
159	明万历18	19	20	21	11	23	24	25	26	27
165	清顺治7	8	9	10	11	12	13	14	15	16
171	清康熙49	50	51	52	53	54	55	56	57	58
177	清乾隆35	36	37	38	39	40	41	42	43	44
183	清道光10	11	12	13	14	15	16	17	18	19
189	清光绪16	17	18	19	20	21	22	23	24	25

该表最上"干支"行列出干支纪年年名,第二行"公元"的"0~9"为公元纪年的个位数,左侧第一栏为公元纪年的千百十位数。正表中详列年号纪年的年次和改换帝王、年号的情况。

例如,欲查清末甲午战争是公元哪一年。即从干支年名"甲午"往下,有个位数"4";到年号纪年中找到清光绪(即清末),其左有千百十位数字"189",由此往右,与"甲午"往下的两个交叉点即是:光绪二十年,公元1894年。

二、不同历法年、月、日对照的检索

1. 历表、历法的概念

不同的历法,不仅纪年方法不同,而且纪月、纪日的方法也不相同。年表只能大体上解决不同纪年年代对照查考的问题,而要解决不同历法年月日对照查考的问题,则必须利用历表。

历表,或称历书,是一种按一定历法排列年、月、日,解决不同历法年、月、日对照查考的工具书。

历法,是依据一定的法则将年、月、日组合起来,以便人们推定岁时节候的方法。按其本质,大体可分为三种:阳历、阴历、阴阳历。

(1)阳历,是以地球绕太阳公转一周的回归年时间长度(合 365.2422 天)为依据而制定的历法。最早的阳历是 7000 多年前古埃及的太阳历,其初定历年为 360 天,后改为 365 天。至公元前 46 年,罗马主师儒略·恺撒决定的"儒略历"将历年的平均长度定为 365.25 天,一年分为 12 个月,单月 31 天,双月 30 天,2 月份如平年为 29 天,如闰年为 30 天。自公元前 45 年 1 月 1 日实行。隔三年置闰年,闰年比平年多一天,为 366 天。

儒略历的平均历年长度(365.25 天)比实际长度(365.2422 天)长 0.0078 天,这样积累到 16 世纪末时,历年时间已比实际时间提前了 10 天。为了满足各方面对精确历法的要求,公元 1582 年 10 月 4 日,罗马教皇格里高利十三世下令修改儒略历,将 1582 年 10 月 4 日的第二天定为 15 日,以勾销原来积累的 10 天误差。并改变闰年的方法,规定凡一般的公元年数能被 4 整除的为闰年,但世纪年(如 1600 年、1700 年等)须能被 400 整除的才是闰年。凡闰年 2 月份比平年增加一天。这样,每 400 年中有 303 个平年,97 个闰年,历年的平均长度为:

$(365 \times 400 + 97) \div 400 = 365.2425$(天)

这比回归年长 0.0003 天,约 3323 年才长 1 天,误差很小。历史上称此历法为"格里历"或"新历";后在全世界通用,称为公历;首创于西方,故又称"西历"。

我国自 1912 年 1 月 1 日起使用公历。

(2)阴历,是以月球绕地球运转一周的朔望月时间长度(合 29.5306 天)为依据而制定的历法。历史最长,最具代表性的阴历是伊斯兰教历,我国称"回历"。公元 622 年 7 月 16 日(望日)便是回历的元年 1 月 1 日,其历月按整数设 12 个朔望月的实际长度(29.5306×12=354.3672)少 0.3672 天,十年就差 3.672 天,误差较大。于是采用闰年的方法每 30 年设 11 个闰年,凡闰年则在 12 月月末加一天。这样,历年的平均长度为:

$(354 \times 30 + 11) \div 30 = 354.3667$ 天

比实际长度(354.3672)天长 0.0005 天,约 2500 年才差一天,误差很小。

(3)阴阳历,是把阴历和阳历加以调和的一种历法。其历年以回归年时间长度为依据,历月以朔望月时间长度为依据。我国传统的中历,就是典型的阴阳历。

现行中历,又称夏历或农历,过去习惯上也叫阴历。它的历年为 365.2422 天,历月为 29.5306 天,一年设 12 个月。这样,12 个历月的时间长度(354.3672 天)与历年的时间长度(365.2422 天)相差约 11 天左右。于是也采用闰年的方法,每 19 年设 7 个闰年,闰年则增加一个朔望月。这样 19 年中共有 235(12×12+13×7)个朔望月,总的时间长度为 6939.6910(29.5306×235)天,而 19 个回归年的时间长度为 6939.6018(365.2422×19)天,相差仅 0.0892 天,误差也很小。

2. 我国历史上一些特殊的纪月、纪日法

(1)特殊的纪月方法

①干支纪月　有两种类型,一是把十二地支与十二月份相配,称为"月建"。如

夏历以冬至所在的十一月配"子",则十二月为"丑"、正月为"寅"等,而分别称"建子之月"、"建丑之月"等,余类推。二是把天干、地支搭配起来纪月,原理同干支纪年。

②别称纪月 在古文献或民间,常以花卉草木、四季次序、古十二音律等名称纪月,形成了许多纪月的别称,详见表6-6。

表6-6 月的别名表

月次	《尔雅·释天》	民间流传的花卉草木、节气等名称	四季次序名称	古代音乐十二律名称
一	陬	正月(月正),春王,青阳	孟春	太簇
二	如	中和,杏月	仲春	夹钟
三		桃月	季春(暮春)	姑洗
四	余	清和,槐月	孟夏	中吕
五	皋	榴月,蒲月,端月	仲夏	蕤宾
六	且	荷月,伏月,天贶	季夏(暮夏)	林钟
七	相	桐月,巧月,霜月	孟秋	夷则
八	壮	桂月,获月	仲秋	南吕
十	阳	小阳春,梅月,良月	孟冬	应钟
十一	辜	葭月	仲冬	黄钟
十二	涂	腊月,嘉平月	季冬(暮冬)	大吕

(2)特殊的纪日方法

①干支纪日 原理同于干支纪年、纪月。在我国起源很早,甲骨文中就已使用。

②特定别称纪日 只用于某些天。如每月初一称"朔日",每月初三称"日",大月十六、小月十五称"望日",紧挨望日后的一天称"既望",每月最末日称"晦日"。

③韵目代日 以韵书中韵部的标目字代替日期。如"马日事变"中的"马日"即是。

3. 常用的历表

(1)《两千年中西历对照表》,薛仲三、欧阳颐编,三联书店1957年增订重印出版。这是目前比较精密简明的一种历表。该历表将公元元年至公元2000年间中历、西历逐年、逐月、逐日加以对照。其编制格式如表6-7。

表 6-7 《两千年中西历对照表》片段

年序 Year	阴历月序 Moon	1	2	3	4	5	6	7	8	9	10	11	12	13	14	15	16	17	18	19	20	21	22	23	24	25	26	27	28	29	30	星期 Week	干支 Cycle
咸丰3癸丑 1853—1854	50 1	8	9	10	11	12	13	14	15	16	17	18	19	20	21	22	23	24	25	26	27	28	**31**	2	3	4	5	6	7	8	9	1	42
	2	10	11	12	13	14	15	16	17	18	19	20	21	22	23	24	25	26	27	28	29	30	31	**41**	2	3	4	5	6	7	—	3	12
	3	8	9	10	11	12	13	14	15	16	17	18	19	20	21	22	23	24	25	26	27	28	29	30	**51**	2	3	4	5	6	7	4	41
	4	6	7	8	9	10	11	12	13	14	15	16	17	18	19	20	21	22	23	24	25	26	27	28	29	30	31	**61**	2	3	4	5	6	11
	5	7	8	9	10	11	12	13	14	15	16	17	18	19	20	21	22	23	24	25	26	27	28	29	30	**71**	2	3	4	5		1	41
	6	6	7	8	9	10	11	12	13	14	15	16	17	18	19	20	21	22	23	24	25	26	27	28	29	30	31	**81**	2	3	4	2	10
	7	5	6	7	8	9	10	11	12	13	14	15	16	17	18	19	20	21	22	23	24	25	26	27	28	29	30	31	**91**	2	—	4	40
	8	3	4	5	6	7	8	9	10	11	12	13	14	15	16	17	18	19	20	21	22	23	24	25	26	27	28	29	30	**O1**	2	5	9
	9	3	4	5	6	7	8	9	10	11	12	13	14	15	16	17	18	19	20	21	22	23	24	25	26	27	28	29	30	31		0	39
	10	**N1**	2	3	4	5	6	7	8	9	10	11	12	13	14	15	16	17	18	19	20	21	22	23	24	25	26	27	28	29	30	1	8
	11	**D1**	2	3	2	5	6	7	8	9	10	11	12	13	14	15	16	17	18	19	20	21	22	23	24	25	26	28	28	29		3	38
	12	30	31	11	2	3	4	5	6	7	8	9	10	11	12	13	14	15	16	17	18	19	20	21	22	23	24	25	26	27	28	4	7

表中"年序"栏列出中历的年号纪年、干支纪年及公元纪年;"阴历月序"栏右竖排"1~12"为中历月数,左上角"50"、"20"等为纪月干支数,凡计算该年的任何一月的纪月干支,皆用列在该年栏内的纪月干支数;"阴历日序"栏,顶上一行"1~30"为中历日序,表正中列出的是公历的月数和日期,其中公历月数列于该月第一日前,用黑体字写出,公历的 10、11、12 三个月,分别用其英文名的首字母 O、N、D 表示;"星期"栏列出中历每月的一个星期数,供计算中历每月的星期数用,计算中历该月的任何一天的星期,皆用此星期数;"干支"栏列出中历每月的纪日干支数,供计算中历每月的纪日干支数用,凡计算中历该月内任何一天的干支,皆用此纪日干支数。遇公历则须先换算成中历。

此历表的主要功用是:

①可查考中西历年月日的对照。例如,欲知中历清咸丰三年二月初五日相当于公历的何年何月何日。先在年序栏内找到"清咸丰 3",在该年的月序栏内找到"2",并由此往右;在阴历日序栏内找到"5",并由此往下,二者相交即为公历日数,即 3 月 14 日,而咸丰三年对应的公历年份是 1853—1854,此当为 1853 年。因此,清咸丰三年二月初五日相当于公历 1853 年 3 月 14 日。由公历查对中历,道理相同。

②可查考中西历任何一天的星期。可用公式:(中历日数+星期数)/7,计算结果有三种:有余数,则余数是几为星期几;除尽,这一天为星期天;二者之和小于 7,则和是几为星期几。例如:查中历 1853 年 3 月 11 日为星期几。查表知 1853 年 3

月的星期数为4,套用上公式为(11+4)/7=2余1,则1853年3月11日为星期一。

③可查考干支纪日与数字纪日的相互对照。查考某日的纪日干支可用公式:中历日期+纪日干支数=纪日干支序数,结果小于60,则和便是序数;大于60,则减去60后的差便是序数。如欲知清咸丰中历三年六月十五日的纪日干支,则查表知咸丰三年六月的纪日干支数为10,套用公式:15+10=25,查干支序表,知是戊子,那么清咸丰三年六月十五日的纪日干支是戊子。查考中历数字纪日,可用公式:纪日干支序数—纪日干支数=中历日期数。方法与上述过程相反,但原理一样。

④可查考某月的纪月干支。可用公式:纪月干支数+中历月数=纪月干支序数,这个问题的查考方法及说明、注意事项与纪日干支的查考完全相同,均在介绍年表编制格式时详细介绍过了。

(2)《中西回史日历》,陈垣编,中华书局1962年修订重印。这是一部将中历、西历、回历三种历法年月日逐一加以对照编排的历表。全书20卷,时间从公元元年~2000年。全书结构主要分为三部分:"日序表"记录中西回三种历法年月日的对照,每页4年,以公元月日顺序为主,并列出中历与回历的月序;"日曜表"与日序表配合,用以查找每日的星期,共7张表;"甲子表"与日序表配合,用来查考干支纪日与数字纪日的对照,共60周。每页日序表末,均注明这4年适用第几张日曜表和第几周甲子表,查检时须对应使用。

(3)《二十史朔闰表》,陈垣编,中华书局1962年修订出版。此书相当于《中西回史日历》的"简编本",时间限于公元前206年~公元2000年,包括中、西、回三种历法的对照查考。但不是逐日对照,而是将中历每月的第一天与公历对照,把回历每年的元旦和中历加以对照。

另外较常见的历表还有:《近世中西史日对照表》,郑鹤声编,商务印书馆1936年初版,中华书局1981年影印。《中国近代史历表》,荣孟源编,三联书店1953年初版,中华书局1977年重印。《中西回俄历表》,纪大椿编,新疆人民出版社1978年出版。

三、阴阳历换算的网上检索

1. 万年历查询

网址:http://qq.ip138.com/day/

可查询公历1900~2049年每一年的生肖、干支名称及每一天的农历对照、传统及公众节假日、节气日等内容。

2. 中国历史年代简表

网址:http://www.artron.net/powerword/index.php?type=history

该年代简表是以世界通用的公元纪年和中国历史纪年逐年对照,按照历史各朝代的顺序(元代至今),列出帝王称号、帝名以及所使用的年号和逐年干支,可按公元号、干支、皇帝名、帝号、年号五种任选一种,输入相应数据进行查询,可查到相应数据的公元、干支、皇帝名、帝号、年号的全部内容。

3. 历代帝王纪年表

网址:http://www.guoxue.com/history/histable.htm

该表收录年代为先秦至清,内容包括各朝代每一年的公元号、干支、皇帝名、帝号、年号等,点击所列朝代名称即可。

第二节 历史及当代事件的检索

历史事件,是指历史上曾经发生过并有记载的较有影响的重大事件。任何一件历史事件,总有它发生的时间、地点及过程等。为了便于检索,人们通常以时间为序进行记载,并编制专门工具书,其中最主要的就是一种既纪年又纪事的年表——史事年表,又称大事记。它是指把在时间上并行发生或相继发生的头绪纷繁的史事,按年代顺序提纲挈领地编排起来,供人们查阅的一种工具。它不仅可以帮助人们按时间检索历史事件,而且有助于人们系统了解事件发展演进的过程及与此相关的资料线索。

我国编制史事年表有悠久的历史。汉代司马迁的《史记》中就有《十二诸侯年表》、《六国年表》等,这是现存最早的年表。其后历代史书多承其例,宋代司马光主编的《资治通鉴》就是一部较有代表性的我国封建时代系统的编年史书。随之更有许多学者编制了大量的专门年表,如清王之枢所编《历代纪事年表》等等。近现代以来,此类工具书数量更多,主要分综合性和专题性两类出版,前者兼纪各学科、各专题的大事,后者专纪某学科、某专题或某一方面的史事。

一、综合性大事记与年表

1.《中外历史年表》 翦伯赞主编,中华书局1961、1963年出版。这是供查考中外历史大事的综合性史事年表,共分两册,分别记载公元前4500年~公元1918年;公元1919年~1957年间中外所发生的重大历史事件。按公元纪年顺序编排,下列各朝帝王年号,先列中国史事,次录外国史事。

此年表内容广泛,材料详细,并且特别注重记述有关生产工具和生产技术的改进;经济制度、政治制度的改革和重要法令的颁行;阶级斗争及统治阶级内部的矛盾;重要科学技术的发明与发现;国际间、民族间的相互关系;著名历史人物的生卒年等诸方面的情况。在编排上采用了中外对照的形式,既便于按年查事,又便于把中外历史文明放在同一时间背景下考察,是现有史事年表中质量较高的一部。

2.《中国历史大事年表》 沈起炜编,上海辞书出版社1983年出版。本年表分古代、近代、现代三卷，纪事兼顾政治、军事、经济、文化等方面。本表以年为单位，在一年中，纪事有其特色，即采用编年体与纪事本末体相结合，每年纪事一般纪年不纪月，每事自为起讫。但在史事发展迅速、动荡激烈，并立王朝或集团争战频繁的年代，则又采用分月纪事法。对重要的历史人物加注生卒年，古地名酌注今地名。这是一本新的纪事年表，既可用来检索史事，又可当做一册史事要略来浏览。

3.《中国近代史事记》 吉林师范大学中国近代史教研室编，上海人民出版社1959年出版。以记载中国近代史上政治事件为主，旁及经济、文化等方面。本书主体是记录自1839年至1919年5月4日这80年发生的重大历史事件，另对1814年～1838年中与近代史关系较大的事件也简记于书前。所记史事按阳历年月日排列，并注明旧历与干支。

4.《中国近现代史大事记（1840～1980）》 马洪林、郭绪印编，知识出版社1982年出版。本书吸取1980年、1981年《中国百科年鉴》中有关大事年表以及建国以来出版的有关年表、大事记的成果编成。按年月日记录了1840年至1980年我国近现代史上的重要历史事件，包括了政治、军事、经济、文化和外交等各个领域。

5.《中国现代史大事记》 梁寒冰、魏宏运主编，黑龙江人民出版社1984年出版。本书纪事始于1919年"五四"运动，止于1949年中华人民共和国成立。全书按时间分五编出版，凡这一历史时期的有关政治、军事、经济、文化、外交等方面的大事都按日期编入，著录内容较详。

6.《中华人民共和国大事记》 新华通讯社国内资料组编，新华出版社1982年、1985年出版。这是一部集中反映新中国成立后国内政治、经济、军事、文化、对外关系等各方面重大事件的综合性史事年表。目前共出版两册，第一册时间是1949年～1980年，第二册是1981年～1984年，还将继续出分册。全书按内容性质分五大类编排，每类之中再按事件发生的时间先后顺序排列。

7.《国内外大事记》 斯夫编，新华出版社1981年出版1980年度本，以后每年出版一册。本书汇编国内外重大事件，每册分国内、对外关系和国际三个部分。

8.《外国历史大事年表》 王治邦等编，辽宁人民出版社1985年版。本书记载公元前4500年～公元1945年重大历史事件，对近现代记叙尤详。

9.《世界现代史大事记》 吴成平编著，知识出版社1984年版。本书纪事，着重于政治、军事、国际关系和经济等方面。有关我国的历史事件，因已有该社出版的《中国近现代史大事记》一书收载，故除特别重大者以外，一般从略。

二、专题性大事记与年表

近年来，专题性大事记与年表的品种增长很快。现择要介绍如下。

1.《中华人民共和国教育大事记》（1949～1982） 中央教育科学研究所编，教育科学出版社 1984 年出版。附索引。

2.《中国近代文学史事编年》 郑方泽编，吉林人民出版社 1983 年版。

3.《中国美术年表》 傅抱石著，商务印书馆 1935 年版。纪事自上古至清末。

4.《中华人民共和国经济大事记》（1949 年 10 月～1084 年 9 月） 北京出版社 1985 年版。本书按时间顺序分为 5 个部分，每一部分冠以"本时期大事提要"。全书记述了建国 35 年来重大的和典型的经济大事上千件。

5.《中共党史大事年表》（1921 年 7 月～1981 年 7 月） 中共中央党史研究室编，人民出版社 1981 年版。

近年来编纂的许多字典、词典、年鉴、手册、百科全书等类型的工具书中，往往也附编有关的大事记，这些在检索历史事件时，均应注意参考利用。

三、年鉴的利用

查当代大事，有一部分可以通过大事记查找。但已经出版的大事记，总来不及反映不断涌现的大事，这就要求助于年鉴。

要查找当代某一大事，而大体知其发生的时间，便可"按年索事"，从相应的综合性年鉴或专业性年鉴中查找。

现将新中国成立以来编辑、出版的综合性年鉴和哲学社会科学类年鉴选择若干种，略加分类，间附注语，著录于下。

1. 综合性

（1）《中国百科年鉴》 中国大百科全书出版社于 1980 年起出版。本书逐年反映中国和世界的重大事件和各学科的新情况、新成果、新知识、新资料。全书主要分三大部分：①概况，综述国内外基本情况；②百科，这是全书的重点，分门别类地介绍我国政治、经济、科学、文化等方面的进展情况，兼及国外动态；③附录，有表格、名录等各种参考资料。书末有关键词索引。

（2）《中国年鉴》 新华出版社等单位 1981 年起联合出版。这是分别以中、英两种文字同时出版的大型综合性年鉴，逐年反映中国各方面的新情况，发行对象以海外为主。

（3）《世界知识年鉴》 世界知识出版社出版，原名《世界知识手册》，1953 年开始出版，1958 年改今名。1966 年停刊，1982 年复刊。

2. 哲学、政治、法律

（1）《中国哲学年鉴》 中国社会科学院哲学研究所编，中国大百科全书出版社 1982 年起出版。栏目有：特载、专文、研究状况和进展、新书选介、论文选介、哲学界概况、哲学界动态、国外哲学见闻等。

（2）《国际形势年鉴》 上海国际问题研究所编，中国大百科全书出版社 1982 年起出版。

(3)《中国法律年鉴》 法律出版社1987年起出版。

(4)《中国国际法年刊》 中国国际法学会编,中国对外翻译公司1982年起出版。栏目有论文、述评、国际事件、学术组织与学术活动、书评、文献资料等。

3. 经济

(1)《世界经济年鉴》 中国社会科学院世界经济与政治研究所年鉴编辑部编,中国社会科学出版社1980年起出版。

(2)《中国经济年鉴》 薛暮桥主编,经济管理杂志社1981年起出版。

(3)《中国对外经济贸易年鉴》 中国对外经济贸易出版社1984年起出版。

(4)《中国城市经济社会年鉴》 中国城市经济社会出版社1985年起出版。主要刊载全国各城市经济、社会等方面的新资料、新情况。

(5)《中国经济特区年鉴》 香港《中国经济特区年鉴》出版社1983年起出版。1983年创刊号以介绍粤闽4个经济特区的创建过程为重点,1984年版是"开放号"。

(6)《中国统计年鉴》 国家统计局编,中国统计出版社1982年起出版。

4. 文化教育

(1)《中国精神文明建设年鉴》(2000年卷) 中央文明办组织编写,学习出版社2001年出版。全书系统汇集我国精神文明建设的重要文献,选编有关法规和政策文件,记述群众性精神文明创建活动。附有电子版CD—ROM光盘。

(2)《中国新闻年鉴》 中国社会科学院新闻研究所编,中国社会科学出版社1982年起出版。

(3)《中国广播电视年鉴》 中国广播电视出版社1985年起出版。

(4)《中国出版年鉴》 中国出版工作者协会编,商务印书馆1980年起出版。

(5)《中国教育年鉴》 中国大百科全书出版社1984年起出版,创刊号收1949年~1981年教育工作基本情况、基本文献和基本统计,并有1982年的部分资料。

(6)《中国体育年鉴》 人民体育出版社1964年起出版,创刊号收入1949年~1962年的资料。

5. 文学艺术

(1)《中国文艺年鉴》 中国文艺年鉴社编,文化艺术出版社1982年起出版。

(2)《中国文学研究年鉴》 中国社会科学院文学研究所本书编委会编,中国社会科学出版社1982年起出版。

(3)《唐代文学研究年鉴》 中国唐代文学学会主办,陕西师范大学中文系编,陕西人民出版社1984年起出版。

(4)《中国版画年鉴》 辽宁美术出版社1983年起出版。

(5)《中国戏剧年鉴》 中国戏剧出版社1981年起出版。

(6)《中国电影年鉴》 中国电影家协会编,中国电影出版社 1982 年起出版。

6. 历史

(1)《中国历史学年鉴》 中国史学会本书编辑部编,三联书店 1980 年起出版。1981 年改由人民出版社出版。

(2)《中国考古学年鉴》 中国考古学会编,文物出版社 1984 年起出版。

自 1981 年以来,还涌现了许多地方性年鉴,如北京文艺年鉴、上海服装年鉴、广州年鉴、安徽经济年鉴等。

利用年鉴查事件,还要注意两个问题:

1. 除了查阅书前的目录以外,还要注意书后是否有索引。利用索引,可提高检索效率。

2. 年鉴的创刊号,往往有回溯性、累积性的内容,尤以回溯性大事记最为常见,要注意利用。例如《中国哲学年鉴(1982)》附有《哲学大事记(1949~1980)》,《中国电影年鉴(1981)》附有《中国电影大事记年表(1949~1976)》和《中国电影纪事(1976~1980)》。

3. 除上述途径外,还可利用百科全书、手册、地方志、类书、专题史料汇编等查找古今大事。

思考题

1. 我国现行的公历与农历分别属于阴历、阳历、阴阳历的哪一种?它们的闰年情况有何不同?

2. 清光绪二十四年四月乙巳日下诏变法维新,八月甲午日谭嗣同等六人被杀,变法失败。试查这两日应是公历何年何月何日?星期几?

3. 公元 759 年唐鉴真和尚在日本建招提寺。试查这一年的年号纪年与干支纪年分别是什么?

4. 公元 1894 年爆发中日甲午战争,结果如何?同一年世界上有何重大事件发生?

第七章　古代典章制度和法律、法规检索

典章制度是我国古代一切法令制度的总称,是指各朝代统治者在政治、经济、军事、文化等方面所制定的法律、法令、章程等。我国最早的成文法,可追溯到春秋末期李悝所撰的《法经》。

法律、法规是国家按照统治阶级的利益和意志制定或认可,由国家强制力保证其实施的行为规范,包括法律、法规、规定、命令、章程、条例等。法律、法规作为一种特殊的社会规范,其目的在于确认一定的社会关系,维护一定的社会秩序,促进社会经济的发展,同时也是国家管理各项社会经济活动的重要手段之一。

学会如何查找检索古代典章和各项法律、法规,不仅有利于人们学法、知法、懂法,更利于人们准确地用法律法规去指导行为活动。

第一节　古代典章制度检索

一、我国古代典章制度的检索

我国有史以来朝代众多且更迭频繁,因而古代典章各异与同中有异,说法不一现象屡见不鲜。检索古代典章制度要注意理清需求,确定检索内容,选准检索工具。我国古代典章的检索内容主要有:

1. 典章术语的查找

典章术语的查找,主要是对名词术语进行概念性了解,知道如有关"均田制"、"初税亩"、"一条鞭"、"租庸调"、"两税法"等的一般内容,通常可利用综合性辞书或专科性辞典。综合性辞书主要有《辞源》、《辞海》、《经济大辞典·商业经济卷》等。专科性辞典主要有《法学大辞书》、《法学辞典》、《中国历史大辞典》、《简明历史辞典》等。如检索"盐钞法"这一典章术语,具体检索操作应先选用综合性的经济学科辞书,如《辞海》(经济分册)等,这些辞书在经济范围内收词的覆盖面远远大于一些专科性的经济学科辞典。此外,还可选用历史类辞典如《中国历史大辞典》分代卷。

2. 典章制度内容的查找

查找历代或某一朝代封建王朝的典章制度的详细内容,一般可采用的检索途径有:

(1)从正史中查找

20多部正史概括了中华民族几千年的历史,《史记》中的"平准书"开记载经济典章的先河,以后的各代正史亦都详略不一地记载了各代的经济典章制度。各史的"本纪"、"列传"、"表"以及其他一些"书"、"志"中虽不乏经济典章的史料,大量的还是反映在"食货"门类中。20多部史书中有17部史书设有"食货志",因此,从史书中查找经济典章宜从"食货志"入手。正史的"食货志"对税收、货币、农耕、蚕桑、茶、盐、酒榷等的管理制度,以及其他各种经济措施、官员设置等均有记载。另外,我国的古代正史中一般都有"刑法志",是查找古代法规的重要资料。

(2)从政书、会典、会要中查找

政书有通代的和断代的两种,它专门辑录历代或某一朝代的典章制度资料,包括政治、经济、军事、文化等制度沿革资料,并分门别类地加以编排和叙述,是一种典章制度的专书。会典、会要是专记一个朝代或某一个历史时期典章制度的政书。会典偏重对章程、法令的记载,资料丰富、载事完备。凡史书记载不详之处,都予以补充。从《西汉会要》开始,各书所收典章制度以类相从,分门编载,如经济典章制度多在"食货"类下集中,查找方便。

(3)从类书中查找

类书是辑录古书中的史实典故、名物制度、诗赋文章、俪词骈语等,按类别或语词的韵目加以编排,以便寻检和引征的工具书。

以《册府元龟》为例。该书是我国宋代四大类书之一。其中的"邦计"部分汇集了上起远古、下至五代各个时期的政治经济制度概况和经济政策的变化,尤以五代和唐的记叙最为详尽。有关赋税、田制、俸禄等方面典章制度的记载,内容上较之历代"食货志"都更详细。

3. 典章制度历史沿革的查找

其检查途径主要有:首选专科类辞书。如《简明历史辞典》(武汉大学历史系编写,河南人民出版社1983年出版),该书对典章制度的历史沿革记载较为清楚、详细。其次宜从"十通"中查找。"十通"是专门论述我国历代典章制度的演变和发展的综合性、通史性政书,以年代为序分类汇集从上古至清朝宣统三年的典章制度资料。"十通"中的"通典"在我国历史上首次按经济、政治、文化等专题来叙典章制度的沿革,而"通考"又是在"通典"的基础上扩充、编纂而成,因此,查检古代典章制度的历史沿革,"十通"中应以"四通考"为主要检索工具。再者还可从类书中查找。类书虽不是专门汇集典章制度的书籍,但其中有关典章制度的门类同样汇集了历代的沿革资料。如

《艺文类聚》、《初学记》中的职官、资产、地理等部分;《太平御览》的职官、资产部分;《册府元龟》的"邦计"部分;《玉海》的"食货"等;《古今图书集成》中的记录更是延续到清初。最后还可利用正史表志查找。利用正史表志,不仅可以查一代或某一典章制度的内容及执行情况,还可查考某一典章的历史沿革。

4. 区域性典章制度的查找

主要应利用全国性或地方性方志。各种方志中一般都有"职官"、"田赋"、"漕运"、"榷税"、"钱法"等类别,不少记录为正史所不见,因而为检查某一地区经济典章提供了宝贵的资料。例如:《奉天通志》卷一百四十七财政三的盐法部分,可以查到奉天地区历代政府所立的各种盐法。在利用地方志时,还应参考《中国地方志联合目录》、《中国地方志系录》等检查工具书来了解和选择地方志。

二、古代典章制度常用文献检索

1. 食货志的检索

食货志是纪传体史书中专门记载各朝代经济情况的志书。

我国古代文献中有关食货的专门记载始于司马迁的《史记》,以后历代政府修史,大部分都有食货的专章记载,使之成为历代正史的重要组成部分。

食货志有详略之别。唐以前各史中的食货志收录资料较简单,也不分门别类叙述。从《新唐书·食货志》开始,篇幅才逐渐增多,并分编叙述。

二十六史中食货志的名称和内容也不尽相同。如《史记》称"平准书",自《汉书》起改称"食货志"。再如关于户口的统计,《史记·平准书》中有记载,而《汉书·食货志》中却没有,这部分资料收录在《汉书·地理志》中。《明史》又不相同,它不仅在《食货志》和《地理志》中均收录了当时的人口统计资料,而且在一些列传中也有部分人口统计数字。这些情况在使用食货志时都需注意。

食货志的检索,主要利用《食货志十五种综合引得》(引得编纂处编,哈佛燕京学社 1938 年印行,上海古籍出版社 1986 年出版)。该引得以人名、官称、地名、物品及事件、制度等为标目,按中国字庋撷法排列,使用此引得,首先要根据检索内容,确定所属范围和标目。例如:要查唐武德年间有关度田制的记载,可根据此制度系唐高祖律令,考虑以唐高祖作条目,查其条目首字唐,从笔画索引中找到唐字下注有 4/02583。4 为正文内容的第一部分,02583 为唐字的庋撷法号码。根据号码找到唐字,在"唐高祖"条目下,与其有关的事项一一罗列。其中著有唐高祖定度田之制旧唐 48/4a—b。由此可知《旧唐书》卷四十八,第 4 页上半页至下半页记载此事。但正文之前亦有"笔画检字表"及"拼音检字法"供不熟悉庋撷法的读者使用。

2. 方志的检索

方志又称地方志,是我国传统的一种记述地方情况的史书。方志以地域为中心,广泛详细地收录了有关地方建制、沿革、风俗、人物、田川、疆域、物产、工商、田赋、职官、户籍和名胜古迹等情况,是我们研究古代政治、经济、文化等不可缺少的重要资料。方志的种类很多,有一统志、总志、省志、府志、州志、县志、树志、里志等等。方志不仅有重要的史料价值,也有其特殊的功用。方志记社会制度委曲隐微,为正史所不见;记地方人物,为国史所不载;收集遗文遗事,记录文化演变、建制沿革、门地兴衰、可与他史互证;记录社会经济的变迁,内容之广泛,资料之翔实,为正史食货志所不及。方志的检索,首选检索工具书为《中国地方志综录(增订本)》。该书是由朱士嘉编于 1935 年,著录方志 5800 余种的《中国地方志综录》,以及其后编者又继续收集,得方志 730 种,辑成的"补编",1958 年上海商务印书馆把全国各图书馆新入藏的方志收录,并对各馆的收藏情况重新进行调查,将"两编"增订出版,《中国地方志综录(增订本)》共收方志 7413 种,109143 卷,订正"初编"错误 1200 余处,并反映了全国 41 所图书馆所藏方志的情况。

该书以表格形式详列每种方志的书名、卷数、纂修者姓名、纂修年代及版本和收藏单位等,书名按《清一统志》的顺序排列,行省的次序根据中央人民政府内务部印的《中华人民共和国行政区划简册》排列,书后附有《书名索引》和《人名索引》,并有两个附录,一是台湾稀见方志目录,二是美国国会图书馆所藏我国方志目录。例如:我们要查《大兴县志》,可直接利用《书名索引》找到。从著录项目中可知,《大兴县志》共有 6 卷,南开大学图书馆等八个单位均有收藏。

3. 类书的检索

类书被认为是我国古代的百科全书。我国自公元 220 年魏文帝下令撰集《皇览》以来,历代官私编纂的类书众多,类书按其收录的内容范围可分为综合性类书和专门性类书。综合性类书辑录各个学科、门类的文献资料,覆盖面宽,无所不包,专门性类书则收录某一方面的资料,如辑录岁时典故的《月令粹编》等。

(1)《艺文类聚》,唐欧阳询等奉敕编修,中华书局 1965 年校点本,1982 年新 1 版。此书是我国现存最早的一部完整的官修类书,共 100 卷,分天、岁时、地、州、郡、职官、封爵、治政、刑法、居处、产业、舟车、食物、杂器物、百谷、布帛、果、木等 48 部,每部又分细目,共分子目 727 个。全书约百万余字,引用古籍 1431 种,分类按目编次而成。

(2)《太平御览》,宋李昉等奉敕编撰,1960 年中华书局印本。此书是一部大型综合性类书,于宋太平兴国八年(983)编成,这部书以引证广博繁富著称。据近人考订,其引征经、史、子、集、道等各类书有 2579 种之多。所引用的古书,今存者不过十之一二,十之八九已失传,因此书中保存了许多秦汉以来十分难得的珍贵材料。全书共一千卷,约 500 万字,分为天、时序、百卉等 55 部,每部之下又分若干子目,全书共 4558 子目。查阅《太平御览》可以利用哈佛燕京学社引得编纂处编的《太平御览引得》。索引分两部分:一是依细目编的《篇目引得》,一是据全书中引用的书名编成的《引书引得》。

(3)《古今图书集成》，清陈梦雷、蒋廷锡等编，1934年中华书局影印本。《古今图书集成》是我国现存最大的一部类书，共1万卷，分为六汇编，三十二典，6109部，约1亿字。六汇编和所属典目名称分别是：历象汇编：乾象、岁功、历法、庶征四典；方舆汇编：坤舆、职方、山川、边裔四典；明伦汇编：皇极、宫闱、官常、家范、交谊、氏族、人事、闺媛八典；博物汇编：艺术、神异、禽虫、草木四典；理学汇编：经籍、学行、文学、字学四典；经济汇编：选举、铨衡、食货、礼仪、乐律、戎政、祥刑、考工八典。利用此书查找资料，首先要确定该资料属于哪个汇编，哪个典，然后通过目录看其属于什么部。

4. 政书的检索

历代统治者为了有效地对国家进行统治和管理，颁布和实施了一系列的法令、法规、典章、制度。这些东西加以汇编，就成为早期的政书。据史料记载，我国可考的政书始于唐代刘秩的《政典》（原三十五卷，已佚）。通史政书，以"十通"为代表，即《通典》、《通志》、《文献通考》、《续通典》、《续通志》、《续文献通考》、《清通典》、《清通志》、《清文献通考》、《续清文献通考》。

"十通"资料的检索，可以利用《十通索引》。此索引是专门为检索《十通》中的内容而编制的检索工具书，是商务印书馆出版的《十通》之附册。

索引由两部分组成。第一部分是篇目主题索引，它将《十通》中所载的制度、名物、篇章、节目等凡可成一词或可立为条目的，一一按其首字的四角号码顺序排列，下面详注载于何书，所见页数和所始之栏目。例如：查检有关"田赋"制度的资料，则于田字之四角号码6040。之下见：

田赋制（唐元宗至后唐）一考四六上

（唐尧至西汉）一考二七上

（后晋至宋神宗）一考五三上

所注唐元宗至后唐，唐尧至西汉等字样，即指该段文字所包含的时代。由此可知田赋制种种材料可于《文献通考》46页上栏，27页上栏，53页上栏处查到。

索引的第二部分是分类索引。因三通典、三通志、四通考之间内容不同，分类索引又分为三编。第一编是混合三通典的详细目录，按《通典》原有各门分为食货、选举、职官等八大类。第二编为混合三通志的详细目录，按原书二十略及本纪、列传等分为本纪、年谱、氏族略、六书略等24类。第三编为混合四通考的详细目录，按《通考》原有各门分为田赋考、钱币考、户口考等38类。

《十通》各书之序跋、考证等无类可归者，列诸篇首，称为总类。《十通》分类索引将《十通》原有的10种极简单的目录归纳、综合、划分为3种详细的目录，使读者可以一目了然，便于按类检索。书后附有笔画检字表，可利用该检字表查出单字的四角号码及其在篇目主题索引中的页数。

三、古代典章制度检索实例

由于我国古代典章制度涉及面宽,包括政治、经济、军事、文化等等方面,且大多是依附在有关古籍中(如史书、政书、类书等),因而,文献的种类繁多,再加上我国古代的学科分支并不清晰,因此,我国古代典章案例检索的突破口主要有二:一是分析案例的类别,一是确定案例的时间年代。试举数例如下:

1. 查找"两税法"的具体内容

(1)若从分析案例的类别着手,则其检索途径有二:一是将"两税法"归类为经济史,则利用《辞海》(经济分册)的"中国经济史·赋役"部分,可查得"两税法"。另一是将"两税法"归类为"食货志"范畴,则可利用正史查找。首先从《食货志十五种综合引得》查得在《新唐书》52卷第1页上有关两税法内容的记载,再据此通过正史的《新唐书》52卷,即可获知"两税法"内容。

(2)若从分析案例的时间、年代着手,则其检索可从断代政书——会要、会典中查找。首先确定"两税法"施行的年代是唐建中年间,即可直接查阅《唐会要》。该书100卷,分3册,共标出514目。在第83卷和第84卷"租税"目下,详细地记载了有关两税法的种种资料和杨炎呈请实行的奏疏。

2. 查找我国西汉时期征收人口税的有关典章规定

该题检索可以时间、年代为突破口,直接利用政书——《西汉会要》为检索工具,得知51卷"食货二"里有关于征收多种赋税的记载,其中第594~596页则详细记载了征收人口税的典章制度的内容。

3. 查找我国历代推行田制的情况

读题检索从"历代"入手,其时间、年代具有不确定性,但若以"历代"进行分类,显然属历史科,则可以《简明历史辞典》为检索工具。从该书第三部分"典章制度"的"中国主要田制"可获知历代推行田制的情况。

4. 查找我国"屯田制"的历史沿革

该题检索可直接以历史沿革即时间、年代作为突破口,选用《十通》作为检索工具。但首先宜从查检《十通》的"分类索引"出发,查得汉至唐时期的典章可通过《通典》18页中部到19页所载文字去了解;唐至金时期应查《通典》1137~1142页;元、明两代查《通典》1143~1149页;清代查2037~2042页。另外,《四通考》中亦有大量有关屯田制的文献记载。

5. 检索历代有关会计工作的规章制度

该检索题目应将历代与会计工作结合起来作为突破口,即可利用正史的食货志查找。先通过"笔画检字索引"查得"会计"一词在《食货志十五种综合引得》中所在页码为2/90182,按码求页,在2/90182的条目下载明有关会计制度的记载在"宋179/1a

—28b"、"明 82/18a—23b"、"清 9/19a—25a"等处,据此再从宋史第 179 卷、明史第 82 卷、清史第 9 卷等有关的各史书里获得各代推行会计制度的沿革资料。

综上可知,对古代典章案例的检索,一是要了解我国古代典章分布于哪些文献中,以及各种文献的收录范围、时间跨度;二是要善于分析检索提问,抓准突破点,选择好相应的检索工具,特别是注意各种文献间的互相参照、互为补充;三是要熟悉古代文献的编排序列和检索方法,尤其要充分利用有关索引,四是要会读写繁体汉字。另外,还要注意从近期出版的有关古代典章制度的工具书中去查找。如《世界著名法典选编》,萧榕等主编,中国民主法制出版社 1998 年 4 月出版;该书包括了中国古代法卷、宪法卷、行政法卷、军事法卷、刑法卷等部分内容。再如,《中国古代典章制度大辞典》,唐嘉弘主编,中州古籍出版社 1998 年 10 月出版《法学辞海》(1—4 册);李伟民主编,蓝天出版社 1998 年 11 月出版,《法学大辞典》,曾庆敏主编,上海辞书出版社 1998 年 12 月出版等。

第二节　法律、法规检索

一、我国近现代法律、法规的检索

1. 近代法律、法规检索

我国近代法规主要指 1911 年辛亥革命以后至 1949 年新中国成立以前颁布的法规、法令。包括孙中山国民政府、北洋军阀政府、蒋介石国民党政府以及革命根据地民主政府等所制定的各种法规、法令。

检索、查找这一时期的法规、法令主要利用新中国成立前后出版的各种法规汇编。如旧财政部编的《财政法规汇编》、旧经济部编的《经济法规汇编》、财政评论社编的《财政金融法规汇编》、《内政法规汇编》、《外交法规汇编》等专科性的法规汇编和徐百齐编的《中华民国法规大全》、旧立法院编译处编的《中华民国法规汇编》、共和编译局的《现行中华法规大全》、《中华民国法规辑要》、《(新旧并列)现行六法全书》等综合性的法规汇编,以及新中国成立后三联书店出版的《中外旧约章汇编》、中国社会科学出版社出版的《中国宪法类编》等。

查找这一时期的法规、法令还可利用专科书目,如参考法律出版社 1957 年出版的《中国法制史参考书目简介》。该书共选收了先秦至民国时期有关法制史的著作 930 种,分为法律、法令、条例、章程等 10 类,并包括国民党时期政府颁布的各种成文法令。如中国政法大学出版社 1991 年出版的《中国法律图书总目》。该书目共收录了 1911 年至 1991 年上半年国内公开出版发行的和港台地区 1949 年以后出版的法律图书 28000 多种。该书还附有书名索引和著者索引。如参考书目文献出版社 1990

年出版的《民国总书目·法律》。该书为《民国总书目》20个分册之一,收录1911年~1949年出版的法律类图书4300种。

从北洋政府成立到国民党政府下台的37年间,由于一批法学家和法学教育家的孜孜不倦的努力,编撰出版了一批专业著作,如陈顾远、程树德的《中国法制史》,徐朝阳的《中国诉讼法渊源》,谢振民的《中华民国立法史》等,均为各法学分支学科的开山之作,利用这类专业图书,也可查找到这一时期相关的法规、法令。

反映解放区民主政府法规、法令的主要有中国社会科学出版社出版的《中国新民主主义革命时期根据地法制文献选编》、群众出版社出版的《解放区法规概要》等。

2. 现代法律、法规检索

我国现代法规、法令主要指1949年新中国成立后至今我国政府及有关部门颁布的法规、法令。其检索、查找的途径主要有:

(1)利用目录、索引

利用法规目录,如法律出版社出版的《中华人民共和国法规目录(1949年~1982年)》,可以了解某一时期内颁布了哪些法律、法规、法令。

利用书籍目录,如《全国新书目》、《全国总书目》、《社科新书目》等,可以掌握汇集成书的法律文献的出版情况。

利用报刊索引,如《全国报刊索引》、《人民日报索引》、《光明日报索引》等,可以迅速、准确地从报刊上获知最新法规、法令的原文。

(2)利用辞书、百科全书、年鉴等

某些专业词典或百科全书在解释法律名词的同时,为了便于理解,往往选录或引征有关法规、法令的部分条款,故亦可作为查找途径之一。如北京大学出版社出版的《现代工业企业管理词典》,附录中就全文收录了《中华人民共和国优质产品奖励条例》、《中华人民共和国经济合同法》等十多种法规;《中国企业管理百科全书》选收了新中国成立前的一些类似于条例、条令性质的文件作为其辞目,并作了较详细的解释;经济管理出版社1991年出版的《中国商业百科全书》设有《国际经济贸易条约、协定》、《商业法规》和《中国商法及有关经济法规》等栏目,有选择地重点介绍或全文收录国内、国际商业法规。

年鉴作为一种集中反映一年间重大事件的工具书,必然要载入法规、法令的制定、颁发、修改、废除等情况,故利用年鉴可了解和掌握有关法令、法规的最新情况。如利用《中国法律年鉴》、《中国对外经济贸易年鉴》、《中国经济年鉴》等,均可了解国家在这一年度公布的新法规及宣布失效的法规。

(3)利用手册、指南

法律手册和法律指南能详尽地反映有关法规、法令的主要内容,且使用方便,利用价值很高。常用的手册、指南有法律出版社出版的《法律手册》、《厂长常用经济法规手册》、《经理常用经济法规手册》;知识出版社出版的《企业法律知识手册》;中国经济出版社出版的《实用商务手册》;财政经济出版社出版的《中国对外税务手册》;工商出版社出版的《经济特区法律咨询手册》;吉林经济律师事务所编印的《经济律师手册》;北京出版社出版的《厂长经理法律指南》;对外贸易教育出版社出版的《国际资金融通的法律与实务》;吉林大学法律系编辑的《经济合同法手册》;鹭江出版社出版的《中国海关常用法规及问答》;辽宁人民出版社出版的《法律咨询大全》等。利用这类资料,既能查到有关法令、法规条文,又能得到对条文的诠释及应用方面的指导。

(4)利用法规汇编、资料汇编

利用法规汇编、资料汇编等文献集,可以直接查到有关法规、法令的全文。新中国成立至今,我国出版的法规汇编种类和数量较多,主要分为两类。

综合性的法规汇编。主要有:①《中央人民政府法令汇编》,原中央人民政府法制委员会编,是新中国成立初期政策法令的汇编,先后共出版 5 册。②《中华人民共和国法规汇编》,是《中央人民政府法令汇编》的续本,共出版 13 册。③《经济政策法规汇编(1949.10~1981.6)》。④《中华人民共和国涉外法规汇编(1949~1990)》。⑤《有关第三产业政策法规选编》。⑥《中华人民共和国法库》:肖扬总主编,人民法院出版社 2002 年 10 月出版。全书分为 9 卷 16 册,收录了新中国成立以来我国颁行的现行有效法律、行政法规、司法解释及我国缔结和加入的国际条约及常用国际惯例近 3800件,约 2600 万字。是迄今为止我国最权威、全面、系统、实用的大型法律汇编类工具书。⑦《中华人民共和国新法规汇编》:国务院法制局自 1988 年 9 月开始编辑,《汇编》每季出一辑,内容包括本季度发布的全部法律、行政法规、部分部门规章、地方性法规和地方政府规章。⑧《中华人民共和国法典(中英文对照)》:苏晓君等编译,吉林人民出版社出版。本法典分 4 卷,收录了中华人民共和国现行主要法律法规,并逐条列出相应英文。

部分性的法规汇编。主要有:①《金融法规汇编(1949~1964)》;②《1950~1956年农业税重要法规汇编》;③《中国投资银行业务制度选编》;④《中外商标法规选编》;⑤《中华人民共和国海关法规选编》;⑥《国际贸易惯例与规则汇编》;⑦《国际许可证贸易(各国许可证贸易的管理和法令)》;⑧《现行工商管理法规选编(一、二)》;⑨《税收工作文件法规选编》;⑩《中华人民共和国劳动法规选编》;⑪《中华人民共和国科学技术法规选编》;《农业经济法规汇编》;⑫《中华人民共和国企业法规选编》;⑬《广东法规全书》收录了自 1979 年至 1998 年广东省人大常委会颁布的地方性法规、规章、规范性文件共 1250 件。

(5)利用政府出版物

政府出版物主要指政府机关颁布的文件,如公报、政报、公告等。它们是查找有关法规和地方法规、地方政府规章的重要检查工具。如《中华人民共和国全国人民代表大会常务委员会公报》,不定期连续出版,主要刊登全国人大及其常委会通过的法律、决定、决议等。如《中华人民共和国国务院公报》,主要刊登国务院发布的行政法规和决议、决定、命令等文件和国务院各部门发布的重要行政规章和文件等。如《中华人民共和国最高人民检察院公报》,主要刊登国家颁布的有关法律、法规和最高人民检察院有关具体应用法律问题的司法解释及典型案例等。另外,许多省市政府都有公报、政报这样的政府出版物,它们是查找有关地方法规和地方政府规章的重要检索工具。

(6)利用计算机数据库与网络信息

法规全文数据库,主要有:

①《中国法律法规大典》:收录了全国人大、国务院、各部委及100个中等城市自1949年至1999年颁布的法律法规5万余篇。②《中国法律法规信息系统》收录了18万件法规文本,除大陆法规,还包括港澳台法规;国际条约、公约;我国与其他各国签订的各项协定;世界其他各国部分法规;合同、文书范本;法规英文译本;WTO规则及中国加入WTO法律文件;部分法律法规规章的立法背景资料等。③《中国法律检索系统》(北大法宝):专业版收录了1949年至今国家颁布的所有现行有效的法律、法规、司法解释和判例,部分规章,地方性法规、规章,外国法、国际公约,英文版涉外法规及各类经济合同和法律文书范本等,共6万多篇。④《国家法规数据库》:国家信息中心编制,2003年版光盘分84个子库,包括自1949年以来颁布的法律、行政法规、司法解释以及人民法院案例、国际条约、各国(地区)市场惯例与规范、香港经济法律(中英文)等共6万余篇原文。⑤《中国法律年鉴》(光盘版):收录了《中国法律年鉴》自1987年创刊至2001年的全部内容,其中包括国家历年颁布的法规及目类。以内容分类、目录分类、发表日期等12个字段进行检索。⑥万方《中国法律法规全文数据库》:该库收录自1949年建国以来全国人大及常委会颁布的法律、条例及其他法律性文件等,共分国家法律、地方法规等9个分库。此外,还以每日更新的政法动态为基础形成收录各类法律法规全文内容的栏目,被认为是国内较全面、实用的法律法规全文数据库。

法律类网站,常用的有:

①《法律图书馆》(http://www.law-lib.com):该网站除提供免费免注册检索法规10万多件外,还可在线阅读《新法规速递》栏目每日接收的最新法律法规全文。②《人民网法律法规库》(http://www.people.com.cn):该网站的法规库收录新中国成立以来全国人大发布的法律、国务院发布或批准的行政法规、国务院各部门发布的部门规章、最高法院和最高检察院颁布的司法解释,各地方人大和政府发布的地方性法规规章、中国政府与外国政府签订的经济和科技协定、香港、台湾的经济法律、国际公约和商业惯例以及合同范本和法律文书。③北大法律信息网(http://www.

chinalawinfo.com)：该网站的"法规"收录了法律400件、行政法规2500余件以及重要的司法解释200余件；"英文法规"是收费部分，内容以具有涉外因素的法律法规为主，由中国涉外法律法规数据库和中国判例数据库的中英文对照本组成。④中国法院网(http://www.chinacourt.org/)：该网是由最高人民法院支持的全国法院信息平台，可免费查询法律法规库，并提供人民法院报电子版全文。

3. 港澳台法律法规检索

(1) 利用法规汇编、年鉴

主要有：①《香港法律通编》(1995年广西民族出版社)，该书收录了已译成中文的香港法律近200件，上编是宪法、行政、刑事、民事等方面的法律，下篇是经济、贸易等方面的法律。②《最新香港经济法律总览》(1994年法律出版社)分货物买卖、金融证券、税务房产、工商管理、知识产权、商船法、附录等部分，采用中英文对照形式。③《香港法律汇编》收录了香港立法局自1843年成立至今制定的500多章条例以及与之配套的附属立法。④《澳门法律汇编》(1996年中国社会科学出版社)以1976年以来制定的澳门本地法律为主。内容包括有关权利与自由的法律，澳门总督在其监管范围内之机构政治职位人员制度、公共行政工作人员制度、刑法、民法、商法、行政法、程序法等14个方面，是目前收集数量最多的澳门法规汇编。⑤《澳门现行法律汇编》(1994年北京大学出版社)现已出3辑，第一辑收录政治制度和权利与自由方面的法规、第二辑收经济方面法规，第三辑收其他方面法规。⑥《最新立法全书》(1979年台湾三民书局出版)，内容包括台湾当局现行的"宪法"、"民法"、"民事诉讼法"、"刑法"、"刑事诉讼法"、"行政法"6个方面的法规。⑦《香港年鉴》主要刊载香港特别行政区政府新颁布的一系列法规、法令。

(2) 利用政府宪报

主要有：①《香港政府宪报》：它是专门用来刊登香港特区政府法例和公告的官方出版物，每周出一期，共有一种正刊和六种副刊。如凡由香港立法局最新通过的条例以及政府各部门依据各种条例以授权而制定的规程、规则等，均刊登在《法例副刊第一号》上。最近制定的附属立法，刊登在《法例副刊第二号》上。②《澳门政府宪报》：它是专门刊登澳门特区政府法律和法令的官方出版物，均采用葡文和中文两种文字。③《司法院公报》：台湾"司法院"秘书处编辑，每月出版1期，主要用于发表台湾地区最新法规。

(3) 利用法规全文数据库

主要有：①《香港双语法例资料系统》(http://www.justice.gov.hk/cindex.htm)：该库由香港律政司主办，内容包括香港回归前后，立法局制定的条例和香港政府各部门依据各种条例的授权而制定的规程、规则。②《澳门法例资料中文查询系统》(http://legismac.informac.gov.mo/chinese/)：该系统为澳门行政区政府网站的一个栏目,内容包括澳门立法会制定的法律和其他政府部门制定的法令,包括规则、章程、规定等,可以关键词进行检查。③《澳门虚拟图书馆》(http://www.tnfsh.tn.edu.tw/law/):该库经免费注册后,可从有关澳门法规汇编中查找法律、法规。

(4) 利用法学专业图书

港澳台本地专家学者撰写的法学著作对于深入了解法律法规有着不可替代的价值,这方面著述主要有:李宗锷撰写的《香港日用法律大全》、《香港合约法与公司法》、《香港房地产法》;周国强撰著的《香港劳工法例——判例和习惯法》;何美欢的《香港合同法》;史尚宽的《民法总论》、《物权法论》、《债法总论》、《继承法论》、《亲属法论》;蔡敦铭、韩忠谟的《刑法总论》、《刑法原理》等等。

二、国外法规条约的检索

1. 利用法律汇编、资料汇编、条约集等查找

《外国民法、经济法资料选编》:该选编按主体、代理、计划、合同、质量、价格、利润、银行、货币、房屋等几大类收录了各种法律、条例,全文共29种。

《国际私法资料选编》:该书是关于外国法规、双边条约、多边条约、国际惯例的资料汇编,能帮助人们找到部门经济法律、法规的原文。

《国外农村经济法规选编》:该选编按国别分册出版,以便于查找,且针对各国的不同情况,选材有所侧重,力求反映出各国的特点。对被选择的法规,编者均注明了原文的出处及译者,该法规、法令批准通过的时间及批准机关,以便检索者进一步获取原文。

《中外商标法规选编》:该选编分成中国、外国和国际3个部分,选编政府对商标管理所制定的法律、法规和通知。

《世界部分国家(地区)出口加工区法规资料汇编》:该汇编收录了发展中国家及原苏联、东欧一些国家和地区开办各种类型的特别经济区的法律、条例等。

《国际贸易法律惯例规则选编》:这是一本国际贸易法律、法规汇编的中译本。分合同法、价格术语、运输、保险、支付、仲裁、专利与商标等7个部分,归纳和介绍了27个贸易经济的法规、法令原文的中译本。

《外国经济法》:这是一套按国家分卷的大型外国经济法法规汇编,已出分卷有韩国卷、新加坡卷、日本国卷等。

《国际条约集》:选录1648年至1971年国际间重要的政治、军事、经济、文化等方面的条约。按所收条约签字日期先后排序。

《国际海域划界条约集》:包括有关国家管辖海域的国际文件、国际法院关于划界的几个判决书、海域划界的国家仲裁文件和世界各国海域划分方面的条约等。

《战争法文献集》:收录国家间发生战争或武装冲突时应遵循的国家条约80件,

每个条约后载有各国批准或加入书交存日期。

《国际司法协助条约集》：收录17个有一定影响的国际公约和21个具有一定代表性的双边条约。

2. 利用手册、指南、便览查找

可供利用的检查工具有：

《律师指南》：该指南于1883年开始编写，1888～1925年间每半年出版一次，1926年起改为年刊。该指南主要内容为法律汇编，尤以美国和加拿大的法律为主。该指南按年度翻新，所以也是查检最新法规、法令的重要工具之一。

《国际商业手册》：其中第四部分为国际商法，汇辑和介绍了包括国际投资、贸易、信贷等在内的国际商法。

《贸易要览》：该要览的第三部分汇辑介绍了截至1980年12月1日，日本政府制定和颁布的有关贸易汇总等方面的主要法令、法规条文。

《袖珍法律研究手册》（M. L. Cohen，1985年编著）：手册为美国法律文献信息指南。书中附有州法律文献信息指南、活页表格及各项资料。

《国外知识产权法律纵览》（1995年科学技术文献出版社）：该书是一部较全面、系统地介绍国外知识产权法律的工具书，共分四部分：国外产权法律法规、国外知识产权法法规、国际公约和附录。

3. 利用辞典、百科全书、年鉴查找

一些重要的国际性法规、法令在综合性或专科性辞典中多有条目反映，但多数都分布在世界范围栏目下。例如《经济大辞典·世界经济卷》可检索到"国际货币基金协会"、"牙买加协定"、"关贸总协定"等一系列法令的签订过程和具体内容。例：《世界宪法全书》（1997年青岛出版社），本卷收录中国和亚洲、欧洲、美洲、大洋洲等国的宪法，增补卷收录非洲各国和本卷未收国家的宪法。除收录各国宪法原文外，对每个国家的制宪史都做了简要说明。例《世界各国法律大典》的《美国法典》（1993年中国社会科学出版社），按1988年英文版全文翻译，分为刑法行政法卷、商业贸易法海关法卷、财政法金融法卷、建设法农业法卷、交通法政法环境法卷、教育法知识产权法卷、卫生法福利法卷、外交法国防法卷、军事法卷、司法刑法卷以及1998年以后的年度补充本。例《国际法词典》（1985年世界知识出版社），该书为日本国际法学会编，内容以国际公法和国际私法为主，还包括国际经济法、国际刑法、国际行政和有关国际关系条目，并收有大量案例和法学家传记资料。另外直接利用国外出版的年鉴，如《联合国司法年鉴》、《联合国国际贸易法委员会年鉴》、《法国和外国立法年鉴》、《商业仲裁年鉴》等，亦可获得新近颁布的法规、法令。

4. 利用国内编辑出版的经济、法学类期刊以及国外出版的目录、索引等工具查找

伴随着改革开放的进程,引进或刊载国外法规摘译等内容的刊物已成为检索国外法规条约的重要途径,如《中外法学》、《外国法译丛》等。另外如《国际贸易》、《国际贸易问题》、《国际经贸与法》、《国际金融》等都辟有《国际经法介绍》、《法律事务》等栏目,有针对性地选择介绍,及时反映国外法规、法令的颁布、实施等情况,这对实际检索的帮助极大。

随着国外大量新法规、法令的涌现,利用国外的目录、索引类期刊查找国外法规日趋重要。这类期刊主要有《联合国教科文组织文件与出版物目录》、《美国政府目录月报》、《联合国文献索引》、《世界条约索引》等。

5. 利用数据库及网络查找

(1)Lexis.com(http://www.lexisnexis.com.cn/):它由美国 LEXIS－NEXIS 公司制作,拥有 11439 个数据资料库以及 31500 个资料来源,几乎包括所有行业。除美国外,还包括全球范围内的法令、法条、法案、案例、国际公约等法律相关资料,是收录最全的法律资料库之一。

(2)Westlaw(http://www.westlaw.com):它是世界上最大法律出版集团 Thomson legal and Regulatory's 于 1975 年开发的互联网搜索工具,是当今世界上最大的法律数据库之一,主要内容有:"美国联邦主法全库"(涵盖所有美国联邦判例法、条例和规例)、"美国州省主法全库"、"美国税法"、"美国移民法"、"美国证券资料库"、"美国破产法文库"、"美国保险法资料库"等,以及英国、加拿大、澳大利亚、欧盟、香港等国家及地区各类法律、法规资料库。

(3)美国国会法律图书馆(http://www.loc.gov/law/guide/)收藏有美国和世界各国的法律文献 200 余万件,成立有"比较法律数据库",收集数据 1200 余万条。建立"全球法律信息网",将会员国的法律资料提供网上查询,同时收藏有世界上最全的官方公报。

(4)康奈尔大学法律信息中心(http://www.law.cornell.edu/):这是一个综合性的法律网站,可提供世界各国法律、法律图书、期刊的全文检索,广泛收集美国法律资源,特别是最近和以前的最高法院判决、美国法典、宪法联邦民事审判规则、美国法律规范图书馆的注释等等。

(5)美国政府网站(http://www.firstgov.gov):这是美国政府的官方网站,内容为政府公开信息。如提供总统行政命令、联邦行政决议、联邦和各州的法律法规等。

(6)澳大利亚法律信息协会(http://www.austlii.edu.au):收藏包括澳大利亚大部分判决和立法的数据库全文。澳大利亚网上法律索引。另外,世界法律数据库还提供超过 50 个国家立法的全文和 20 多个国家的判例法。

三、国内外法规条约检索实例分析

1. 欲知国民政府颁布施行的《商业登记法》原文

该题从检索需求可知,"国民政府"指明了时间、年代,"《商业登记法》原文"显示其内容属法律类文件,故该题检索工具选择法律汇编为宜。陶伯川编辑的《最新六法全书》(台湾三民书局出版发行)是国民党统治时期所颁布的法律法规大全。全书收纳的法律、法规按照名称各首字笔画数编排成索引,附于书后供人查检。"商业登记法"首字"商"11 画,通过索引查得在书中第 974 页。据此即能顺利检索到这部民国二十六年(1937 年)六月二十八日国民政府公布并同日施行的法规全文。

2. 查建国初期有关盐务的法规

该题从检索需求可知,检索时间确定,检索内容清晰,比较盐务法规因其内容分类较细化,不如从检索时间建国初期入手来得方便快捷。故从早期的法规汇编《中央人民政府法令汇编 1949~1950 年》财政经济类目录中查出载有盐务的内容,共有 3 篇,名称及原文,公布时间以及页码一目了然。

3. 欲了解 1991 年 4 月 9 日发布的《中华人民共和国外商投资企业和外国企业所得税法》的具体内容

该题从检索需求内容的分类来看,选择部门性的经济法规汇编会简便些。查《中华人民共和国对外经济法规汇编》(1991 年卷)可知,该法共 30 条,自 1991 年 7 月 1 日起施行,并可知《中华人民共和国中外合资经营企业所得税法》和《中华人民共和国外国企业所得税法》同时废止。

4. 欲知 1984 年我国各种有关外贸的法令

查找各种法令看似较散,但从检查需求的时间与内容类别来看就单一、集中了。因此,利用年鉴可谓较佳途径。查《中国对外经济贸易年鉴》1985 年版,可知年鉴中设有《法规》专栏,分小类收入了各种有关外贸的法令 25 种(还有一些附载),如 1984 年 1 月 10 日国务院发布的《中华人民共和国进口货物许可制度暂行条例》等。如果直接利用期刊《国务院公报》亦可获得,只是检索操作时不能一次性达到目的。

5. 欲知近期国家或国内贸易部颁布、修改了哪些法规、条例

从检索需求的时间来看,只能借助目录、索引以及期刊、报纸形成互补的检索途径,首先从报刊目录、索引中,按类别检索出出处,再据此查找相应报刊获得原文,最终达到检索目的。如果非常熟知期刊的内容结构,此例可直接参阅《中国商业法制》(月刊),该刊设有《法制信息》、《法规政策》等栏目,简要介绍或全文刊登最新法规、条例。另外,直接利用《国务院公报》、《新华月报》等期刊,亦能获知信息,满足检索需求。

6. 查找《解决国家和其他国家国民之间投资争端公约》的原文

宜先通过《经济大辞典·世界经济卷》查到该条约的缔结时间是1965年3月,然后在该年份的《国际条约集》中找出《解决国家和其他国家国民之间投资争端公约》的全文。

7. 如欲知《联合国国际货物销售合同公约》的颁发时间及具体内容,可直接利用法规汇编进行检索

从《国际贸易法律惯例规则选编》一书中可知该公约1980年4月在维也纳会议上通过的经过及全部条文的译文,还可进一步获得合并成这个公约的两个统一法——《国际货物买卖统一法》和《国际货物买卖合同成立统一法》的法律原文。

8. 查找在《关贸总协定》中关于非关税壁垒有哪些限制性规定

首先必须知道有关《关贸总协定》的情况,从《辞海》(经济分册)可查得"总协定"条目,知其是有关关税和贸易的多边国际协定,并知联合国亦设立相应机构协助执行。据此,再利用联合国编制的各机构的文件目录去查检,如《联合国文件索引》、《联合国正式记录参考目录》等均可梳理出该协定关于非关税壁垒的限制性规定,从而实现检查目的。上述课题还可利用国内经济、法律类专业期刊的有关栏目直接获知。如从《国际经贸与法》的《条约研究》栏目内,可获得专文介绍总协定对非关税壁垒的限制规定。

9. 如欲查《联合国海洋法公约》制定、颁发的经过及其主要内容,有合适的法规汇编即可直接查得

在没有对应工具的情况下,该题检索可先通过常见的工具书《世界经济百科全书》入手,该书对所有条目按其首字的汉语拼音字母顺序排列。在第456页另外也提供了公约原文的出处。检索者可再通过专科性辞典或利用该年度联合国文件汇编,即可圆满实现检索目的。

综上可知,国内外法规、条约的检索一是要重视对检索需求的分析比较,以择定最佳检索工具;二是要注意对检索途径的互补综合使用,这样才能快捷准确地获得检索结果。

思考题

1. 如何检索我国古代典章制度的典章术语、典章内容以及历史沿革情况?
2. 查找我国古代典章制度的常用文献有哪些?如何使用?
3. 查找我国近、现代法律、法规的常用检索途径有哪些?
4. 试析查找国外法规和国际条约的检索方法及主要检索工具。
5. 试利用计算机数据库与网络资源检索我国近三年来新颁布及修改了哪些法规、条例。

第八章 图书文献及其检索

第一节 概 述

图书是对人类生活、精神面貌、风俗习惯、经济形态、科学文化的重要记录,对人类文明历史与智慧的记录与传承是其最根本的功能,依赖图书的繁衍与传播,人们获得最经济、最简便、最系统的知识,人类在以非凡能力与勇气改造着自然的同时也创造着记录自身发展的图书。随着历史的发展,今天的图书是以传播知识为目的,将文字、符号或图形记载于某种载体上并有一定形式的著作物,承担着保存、传播和发展人类文明的职能。

图书的发行量相当巨大,根据《2012年全国新闻出版业基本情况》显示,2012年全国共出版图书414005种(初版241986种,重版、重印172019种),而全世界投放市场的图书品种更是浩如烟海。

如何在图书信息的汪洋大海获取自己所需要的图书成为现代人的重要技能之一。图书以其出版量大、质量稳定、系统,便于存放、携带等优点成为人类社会最主要的信息交流媒介之一。

一、图书的检索途径

对图书的著录过程主要是对其外表特征和内容特征进行描述的过程,因此对图书进行检索的途径不外乎从其可作检索点的特征标识入手。

从图书的外表特征出发检索图书,有书名、著者、出版社、ISBN号等途径;从图书的内容特征出发检索图书,有分类与主题两种途径。在利用数据库检索图书信息时,这些内外表特征均可能形成相应的检索途径选择项,并与各种检索技术相互支持配合,完成对复杂主题的检索。

二、图书的检索工具体系

根据检索工具对图书揭示程度的不同,一般有两种类型的工具:
1. 可以直接获得图书全文的一次检索工具,这包括光盘版的图书全文数据库和网络全文数字图书网,国内较著名的如超星数字图书馆、书生数字图书馆、方正数字图书系统(Apabi 数字图书系统)和世纪顶新外文数字图书馆(CDFL)等;国外的如 OCLC 的 Netlibrary、Spring-Link,以及 Ebrary 外文电子图书数据库。

2. 可通过印刷性图书目录、索引或光盘、网络的目录数据库等二次检索工具,首先获得有关图书的相关信息,再继续查找全文,这包括印刷的书目工具、各种信息机构的图书馆藏目录数据库、地区性的或国际性的联机图书目录查询系统,以及专业出版机构的图书书目查询系统,如出版机构、网上书店、读书俱乐部、图书论坛和书评网站相关书目信息。

第二节 中文图书及其检索

一、传统印刷型中文图书检索工具

1. 《四库全书总目》

《四库全书总目》亦称《四库全书书目提要》,清代纪昀等负责的官修目录,是在纂修《四库全书》的过程中编录的。它总结和吸取了从汉代刘向以来,特别是宋代以来官藏、私藏书目录编写提要的方式,参考了历代藏书家编写书目和题记的方法,形成了一种较为完善的提要体例。全书著录书籍 10254 种、172860 卷,按经、史、子、集四部编排,部下再分类,共 44 类,有的类下还有小类。每部有大序,每类有小序。大小序概括部、类的内容,指明来源、成书过程、著者简历、篇章卷目、著述体例、品评得失。它基本包括了我国先秦至清初尚传世的大部分古籍,尤其是先秦至元代的古籍搜罗较全。这是我国最大、最完备的一部解题目录,是检索清乾隆以前古籍的重要工具书。书后附有书名索引和著者索引。使用时可按类查,也可按书后索引查找。它是我国目录著作中的集大成之作,于查检古籍版本、内容及其评价文献尤为便利。

2. 《贩书偶记》

孙殿起编,此书初版于 1936 年,是编制经营古籍贩卖事业时的详细记录,收录图书近万种。主要是清代以来的著述,其中有少量明代小说和 1911~1935 年间的有关古代文化著作,凡见与《四库全书总目》的图书概不收录。《贩书偶记续编》,孙殿起编。收录古籍约 6000 种,由雷梦水仿《贩书偶记》体例,整理汇编而成。以上两书均按经、史、子、集分类编排,记录了各书的卷数、版本,对查考清代以来的古籍有很大作用。

3. 《民国时期总书目》

该书收录了我国自 1911~1949 年 9 月间出版的中文书 10 万种以上,是我国第一部全面反映民国时期出版的大型回溯性书目,为研究查考民国时期的各种资料提供了方便,对学术活动的开展和提高大有帮助。全书共2000万字,分20册陆续出版。

4.《全国总书目》

《全国新书目》的年度积累本,中国版本图书馆编。这是反映我国文献出版情况的大型资料性工具书,是根据全国出版单位缴送来的样本书编成,它准确、及时地反映与记录了全国公开出版和发行文献的基本情况,具有文献年鉴的性质。《全国总书目》除1949～1954年合订一本外,从1955～1965年,每年出版一本,1966～1969年停编,1970年起恢复按年出版。《全国总书目》在分类目录之外,还设有"少数民族文学图书"、"古籍"、"工具书"、"翻译出版外国著作"等专题目录。

5.《全国新书目》

原名《每周新书目》,中国版本图书馆编,创刊于1950年,1955年改定今名,现为月刊,1978年2月起对国外发行,是在国内出版物呈缴本的基础上编制的定期书目刊物,主要收录我国各出版单位正式出版公开发行的各类图书,按类编排,只能从分类角度去检索图书。它能迅速地报道全国每月每类文献出版的情况。它是查找最新出版文献的有效检索工具。

6.《中国国家书目》

北京图书馆(中国国家图书馆)自1987年起编制《中国国家书目》,鉴于国家书目以全面系统地揭示与报道一个国家出版的所有文献为基本特征,它反映一个国家在一定历史时期科学文化发展的状况。因此《中国国家书目》是我国最完备的文献总目。1995年《中国国家书目》开始出版了自己的CD—ROM,收录了1988年以来的中国国家书目约23.5万条,数据格式采用CNMARC,设立了题名、作者、主题、关键词、分类号、出版社、题名作者、汉语拼音等款目内容。该光盘既可以模糊检索,也可以精确检索;可以单项检索,也可以布尔逻辑组配检索。输出的形式是:字段形式、卡片形式显示与打印、机读记录形式写盘。每半年更新一次。

二、中文联机馆藏目录与联合目录

联机馆藏目录主要有两大类,包括单一馆藏目录与联合目录,他们的共同特点是均有提示性良好的人机对话界面,按照这些目录查询系统的规定提供需要的检索条目即可获得相应的馆藏内容。不同点在于联合目录一般是某个较大的机构,与某一类相近或有共性的图书馆结合形成统一界面的检索目录,可以对多家馆藏进行统一高效的检索。

下面分别以"国家图书馆联机公共目录查询系统"和"全国高校联合书目检索系统"为例,介绍单一馆藏目录和联合目录检索系统的使用。

1. 单一馆藏目录查询系统——《国家图书馆联机公共目录查询系统》

国家图书馆是综合性研究图书馆,国家总书库。"国家图书馆联机公共目录查询系统"是"中国国家图书馆公共检索服务系统"中的一部分,读者可在馆内设置的公共终端上使用,或在馆外通过互联网使用(http://210.82.118.4:8080/F)。通过"国家图书馆联机公共目录查询系统"可查看具体某本图书是否被国家图书馆收藏,还可查阅某本图书的具体馆藏信息,包括索书号、馆藏地址、单册信息等,注册读者通过读者卡登录还可办理该书的网上预约、续借等手续。

如果是国家图书馆注册读者,可以直接以读者证卡号、密码登录系统,实现对已有馆藏中西文书刊机读目录进行检索、查看馆藏借阅地点和流通现状的功能,实现对主书库书刊进行借阅的即时预选,并对预约授权读者提供网上预约服务;非注册用户可以匿名登录,登录后即可对国家图书馆各类文献馆藏信息进行检索。

登录后系统提供了简单检索、多字段检索、多库检索、高级检索等检索途径,读者可以从题名、责任者、关键词、分类号、索书号、出版者等多个检索点入手进行检索,并允许对这些检索条件进行逻辑组合运算("与"、"或")。

不论是从何种途径检索,均可得到相关图书的馆藏地点,且可以通过"查看选中记录"看到完整记录。

2. 联合目录查询系统——《CALIS 联合书目目录》《CALIS 联合书目数据库》(http://opac.calis.edu.cn)

CALIS 是中国高等教育文献保障系统(China Academic Library & Information System)的简称,是经国务院批准的我国高等教育"211 工程"的公共服务体系之一,为 100 所"211 工程"高校的科学研究和重点学科建设服务,为 400 所有研究生培养任务高校的高水平人才培养工作服务,为 1000 所全国普通高校的本科生教学服务。

该系统采用独立开发与引用消化相结合的道路,主持开发了联机合作编目系统、文献传递与馆际互借系统、联机公共检索(OPAC)系统,形成了较为完整的 CALIS 文献信息服务网络,为全国高校的教学科研提供书刊文献资源网络公共查询,支持高校图书馆系统的联机合作编目,为成员馆之间实现馆藏资源共享、馆际互借和文献传递奠定基础。该数据库包括了中文、英文、德文、日文等多个语种的书目记录,还包括中文古籍(繁体)书目记录。

3. CALIS 联合书目数据库检索方式分为简单检索和高级检索

简单检索:可以进行最多 3 个检索词的复合检索。首先,在第一个列单可选择检索字段有题名、著者、丛编题名、主题、订购号、ISBN、ISSN 等,其次可确定检索词的匹配模式,选择"开头为"表示前方一致,选择"结尾为"表示与检索词后方一致,选择"包含"表示检索词出现在检索字段的任意位置,"严格等于"表示与检索词精确匹配,"模糊匹配"是指与检索词基本相同但不完全等于的一种匹配方式;同时可根据检索条件的逻辑关系选择并且、或者、非组合运算,选择完成,输入关键词点击"查询"即可。

高级检索:最多可对3个检索词组合检索,检索字段选择、检索词的匹配模式选择、检索条件的逻辑关系选择同简单检索,高级查询对检索的控制体现在可对资料类型进行限定,包括文字资料印刷品、文字资料手稿、乐谱印刷品、测绘资料印刷品、测绘资料手稿、放映视频资料、非音乐性录音资料、二维图形、电脑存贮介质等类型的选择;同时可对汉语、英语、法语、德语、日语、西班牙语、俄语等语言加以限定,并能限定出版年代。选择完成,输入关键词点击"查询"即可。

执行检索后,若有命中结果显示包括题目、作者、出版年。继续点击想要查看的某条记录,系统将显示详细书目信息及CALIS院校的收藏馆藏信息。

三、中文电子图书

随着数字化技术与存储技术的发展,出现了一种新型的电子图书(Electronic Book,简称eBook或e书)。电子图书是相对传统的纸质图书而言的,是数字化的、以电子文件形式存贮在光、电、磁等载体上的,阅读时需借助一定的设备和特定的应用软件。

电子图书具有价格成本低、出版周期快、可按需出版、绿色环保等优点,附带的图片、音频、视频、动画等内容可与网络相连,可轻松复制、下载阅读,并可以进行再加工。电子图书与计算机、数据库、网络等紧密依存,因此同时又具备检索便捷、传播迅速等特点。

电子图书的出现不仅仅意味着一种新技术的出现使我们能将各种各样油印的、铅印的平装书、精装书、线装书、毛边书置之脑后,它更预示着一种新的观念、新的生活方式、新的世纪的到来。

网上中文电子图书系统有很多,这里主要介绍超星数字图书馆、书生之家数字图书馆和方正 Apabi 电子图书系统。

1. 超星数字图书馆

超星数字图书馆(http://www.ssreader.com)是国家"863"计划中国数字图书馆示范工程项目,为目前世界最大的中文在线图书馆,为读者提供24小时在线服务。读者可以借助互联网,在超星数字图书馆的资源管理和发布平台上轻松阅读、下载包括文学、历史、法律、军事、经济、教育、文化理论科学、数学、物理、化学、计算机、建筑科学、工业技术、工程技术等五十余大类的数十万种图书,并且数字图书馆每天都在不断地增加与更新。

(1)超星数字图书馆使用前的准备工作

超星数字图书馆的图书阅读需要使用其专用阅读器(SSReader),是专门针对数字图书的阅览、下载、打印、版权保护和下载计费而研究开发的。该阅读器可通过超星数字图书馆网站或其镜像网站等途径直接下载安装。

在使用超星资料之前新用户必须经过其主页或超星阅览器软件进行注册,获得专用的会员名和密码。通过阅览器下载的图书资料是加密数据,只有注册该会员名的阅览器才能阅读。如果将下载资料移动到其他机器,需要用同一用户名重新注册才能阅读。普通会员(非读书卡会员)可以阅读免费的超星图书全文,但不可下载离线阅读,要想下载到本地或阅读全部超星图书,必须购买超星读书卡,并充值成为读书卡会员。

超星数字图书馆镜像站用户,可通过各自的局域网内,在 IP 地址范围内或注册用户管理下使用超星数字图书馆资料。

(2)超星数字图书馆的检索

①登录　超星数字图书馆(http://www.ssreader.com)在首页右上角有登录入口。

②检索　在超星数字图书馆首页上部栏目中点击"会员图书馆"可以进入检索界面(如图 8-1),该界面提供了分类检索途径(左侧)和一般检索途径。

图 8-1　超星数字图书馆检索界面

分类检索:超星电子图书数据库根据中图分类法分类,点击所需检索的类目,将会出现该类目所包含的子类,点击子类即可显示与该子类相关的所有图书。

一般检索:超星数字图书馆数据库的一般检索,只要在检索栏目框内输入关键词,即可检索出包含关键词的相关图书。

在检索表达式的构造上,超星支持用通配符"?"表示任意的一个字符串,用%表示一个或多个任意的字符串的截词检索,构造表达式中的 and、or、not 运算分别可以用逻辑关系符 *,+,— 代替实现;高级检索可以根据文献的题名、作者、目次、关键词、分类号,利用逻辑运算 and,or,not 进行组配检索;同时提供从分类途径进

115

行检索,这时只需要点击各级类目名,层层展开就可实现。

(3) 全文内容的阅读

在上述两种方法下找到需要阅读的图书书名后,点击书名后根据有关提示即可打开已经安装的超星阅读器进行全文阅读了,阅读过程中可以写读书笔记、做书签、下载,还可以通过复制等转化成相应的 Word 文档后进行编辑排版。

2. 书生之家数字图书馆(http://www.21dmedia.com)

书生之家数字图书馆于 2000 年 5 月 8 日正式开通,收录的基本上是 1999 年以后的图书,每年收录新出版的中文图书约 3 万本、期刊文献 60 万篇、报纸文献 90 万篇。图书部分引入 OCR 技术进行文字识别,可以进行全文检索、文本摘录、四级目录导航,并且可以和目前国内大部分图书馆自动化系统衔接。作为书生公司的电子图书门户网站,目前已改名为"书生读吧"(http://www.du8.com/)。

(1) 书生数字图书馆使用前的准备工作

书生数字图书借阅系统使用之前必须安装书生阅读器,书生阅读器可以在登录书生之家数字图书馆主网站或各镜像站点后下载其最新版本。

(2) 书生之家数字图书馆的检索

书生之家数字图书馆(书生读吧)提供了一般检索和分类阅读两种途径,一般检索可从书名、著者、出版社途径检索所需要的图书(如图 8-2);分类阅读又提供了书生数字图书馆自设分类体系和《中图法》分类体系,读者可以根据需要逐级点击分类体系的各级类目,然后找到自己所需要的图书。

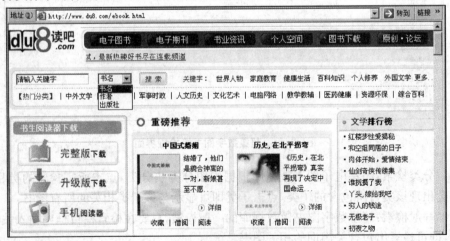

图 8-2 书生数字图书馆一般检索界面

(3) 全文内容的阅读

使用上述各种方法得到的检索结果中,点击任何图书系统均会自动打开书生阅读器,并显示相应图书的全文内容。

3. 方正 Apabi 数字图书馆(http://www.apabi.com)

方正 Apabi 数字图书馆系统由北大方正提供数字图书馆的软件支持,北大图书馆提供服务,与全国 400 多家出版社合作开展网络出版,内容主要包括哲学社会科学各学科、计算机类和精品畅销书籍,能实现读者借书、还书、续借、预约及全文检索等功能。

(1)使用 Apabi 数字图书馆前的准备工作

Apabi 数字图书馆的检索、借阅等功能通过 APabi Reader 来实现,它是用于阅读电子书(eBook)、电子公文等各式电子文档的浏览阅读工具,支持多种文件格式。在阅读电子图书的同时,能方便地在电子图书上作章节跳转、圈注、批注、画线、插入书签、书架管理等功能。

Apabi Reader 可在 Apabi 门户网站上下载,也可在各学校图书馆网站进入 Apabi 数字图书馆系统的链接界面下载。

下载并安装了 Apabi 阅读器的用户还需要进行注册,才能正常地阅读方正 Apabi 的电子图书。

(2)系统登录

打开 Apabi 数字资源平台页面后,系统登录界区位于页面的上方(如图 8-3 所示),不同的用户登录后,借阅规则与自己所在的用户组的设定相关。阅览室用户借期只有一天,但没有借阅量的限制。

图 8-3　Apabi 系统登录、检索界面

(3)用户借阅流程(如图8-4所示)

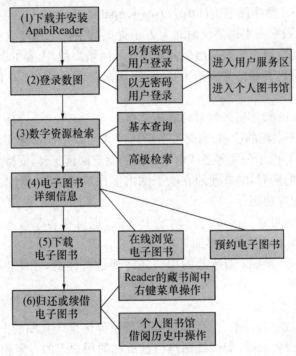

图8-4 用户借阅流程

所有读者可在Apabi数字资源平台页面的登录界面点击"用户借阅流程"获得在线帮助。

(4)Apabi电子图书的检索

①快速检索 可以选择书名、责任者、年份、全面检索、全文检索等为检索条件,在检索框中输入检索词,选择"查询",使用选择的条件开始一个新的检索。检索结果可选择图文显示或列表显示。

②高级检索 使用高级检索可以输入比较复杂的检索条件,在一个或多个资源库中进行查找。您可以在列出的项目中任选检索条件,所有条件之间可以用"并且"或"或者"进行连接。跨库查询需要选择要查询的库。

所有的选项设置完成后,点击"查询"开始高级检索。检索结果可选择图文显示或列表显示。

③分类检索 用户可以根据显示的图书分类,方便地查找出所有类别的资源(如图8-10所示页面左侧)。

点击"显示分类",页面左边出现按中图法分类的多级目录,逐级点击进入子目录。右侧将显示属此分类目录下的电子书外表特征项,可选择在线浏览、借阅或下载。如果需要关闭分类法则点击"隐藏分类"。

经分类导航、快速检索或高级检索后,若检索结果很多,可多次使用"结果中查"在检索结果中反复多次进行二次检索。

(5)电子图书的借阅

通过以上不同检索方法得到结果后,点击"在线浏览"可以自动打开阅读器进行在线阅读,点击"借阅"可以借阅图书,下线后通过阅读器进行离线阅读,阅读的同时可以进行批注、圈注、画线、加书签、拷贝文字等操作。

四、网上中文图书

国际互联网的迅猛发展,导致了图书销售方式的重大变革,除了各出版社在网上推出图书出版信息外,网上书店也成了图书经销主要方式之一。由于网上书店可以提供的图书数量几乎没有上限,上传发布的图书也来自很多家出版社,从信息资源检索的角度看,检索不受时间、空间的限制,因此从某种意义上讲起到了联机书目的作用,扩大了传统书目的功能。下面就一些比较著名的出版书目和网上书店作一简单介绍:

1. 网上销售出版书目

(1)图书交易网(http://www.bookb2b.com)

图书交易网是综合性的图书行业B2B交易平台,目前网站注册会员20000多,是目前最大的书业B2B交易网站之一。可以通过作者、出版机构、发行单位等途径检索图书,此外还提供免费征稿、出售书稿、购买海外图书版权等功能,是一个综合性的网上图书、杂志交易网站。

(2)中华读书网(http://tidetimehc.b2b.hc360.com/)

中华读书网于2000年6月开始运营,由光明日报报业集团成员《中华读书报》和泰德时代集团合作建设,是集出版资讯、图书宣传推广、电子图书发行销售为一体的服务平台,目前已成为国内乃至全球华文世界重要的图书出版类网站。

(3)中国图书网(http://chinabooks.cnokay.com)

中国图书网是"国图信达电子商务平台"的重要组成部分,是国内涵盖中国图书信息量最大,动态增补新书信息和提供图书信息最快,用户检索和查询图书信息资料最为快捷、简便的商业网站。本网站可供图书信息122577条,近期可增长到15万条左右;每两周发布新书预告5000条左右;图书总目集1949年新中国成立以来出版的中国图书条目之大成,系统反映新中国图书出版历史全貌,信息总量已逾125万条以上,并以电子版形式提供所需各类图书。同时发布社科新书目、科技新书目信息。

中国图书网提供快速检索、复合检索和分类检索等检索途径。

①图书快速检索　可通过 ISBN 号、书名、丛书名、作者、社科征订号、科技征订号进行单项查询。

②图书复合检索　可根据图书的书名、作者、ISBN 号、出版社、出版日期、图书类别等多项信息进行组合查询,并支持精确查询、截词检索、日期限定等检索技术配合运算,以精确检索结果。

③图书分类检索　本网站提供两种分类检索方法,即"中图分类"和"营销分类"。前者根据《中国图书馆分类法》将图书分为 22 个大类和若干子类,营销分类则是按行业需求进行的分类,此方法更符合一般购书者的习惯。同时提供对 29 种外文图书按语种分类的检索途径。

2. 网上书店

(1)当当网上书店(http://www.dangdang.com)

当当公司于 1997 年成立,从事收集和销售中国可供书数据库工作。当当网上书店于 1999 年 11 月投入运营,是全球最大的中文网上书店。当当由美国 IDG 集团、卢森堡剑桥集团、日本软库(Softbank)和中国科文公司共同投资。该书店面向全世界中文读者提供 20 多万种中文图书及超过 1 万种的音像商品,顾客覆盖整个中国及欧美、东南亚的中文读者。使用时,可通过分类浏览,也可输入给定条件进行组合检索。

(2)800 网上书店(http://www.book800.com)

800 图书网是一个集出版信息、图书展示、质量评定、网上销售和读者交流为一体的综合性图书电子商务网站,也是北京市新闻出版局批准备案的第一家网上书店,由北京八维在线电子商务公司创办。它以先进网络技术将数据库、电子商务系统以及多媒体展示结合起来,向全球中文读者展示、评价和销售国内 500 多家出版社每年出版的 21 万种图书。该书店的特色有:快速而全面的新书资讯、数据化的图书质量评价、超低价的网上图书销售、快捷迅速的图书配送体系。

(3)中国寻书网(http://www.foundbook.com)

2000 年 4 月 18 日,方正人教电子商务软件开发有限责任公司正式推出这个大型的、健康的电子商务图书网站。该网站是目前国内唯一的由权威出版机构直接参与投资建设的网上图书销售系统,是科技产业与传统行业的完美结合,在中国的电子商务网站中独树一帜。

(4)中国图书网(http://www.bookschina.com)

中国图书网是北京英典电子商务有限公司的主要网站,该公司是由一家传统图书经营公司转型的公司,有 8 年图书经营经验,在全国 30 个中心城市拥有自己的配送中心。该书店特色:品种齐全,提供 30 万种图书;价格优惠,所有图书最高 8 折,典藏精品图书 4 折;且免费配送。

(5)亚马逊网上书店(http://www.amazon.com)

亚马逊网上书店开办于1995年7月,总部设在美国华盛顿州的西雅图市,为美国纳斯达克证交所上市公司。起初,经营网上图书销售,现在,从事各种物品网上交易,如各种电子贺卡、网上拍卖以及上百万种图书、CD、视盘、DVD、玩具、游戏和电子产品等,拥有网上最大的物品清单。

亚马逊书店网站的特色不仅仅是查询快捷、订购简便,还刊载各种媒介上的书评、书的作者们有关自己的访谈录、读者撰写的读后感,在网站上还能找到许多书的节选及相关材料的链接。亚马逊通过这些途径分析读者的购书习惯并向他们推荐书目。在主页"Search"框键入关键词,可以获得大量书名供挑选。在"Amazon.com. 100 hot Books"栏目,亚马逊根据历来的购书记录为用户筛选新推出的产品,每小时都有资料供参考。可以说,亚马逊已经成为一个围绕购书这一业务的综合网上书店。

第三节 外文图书及其检索

一、传统印刷型外文图书书目

1. 外国社会科学新书征订目录

中国图书进出口总公司编辑,收录欧美西方国家和地区学术团体的出版物,包括社会科学和自然科学。收录的出版物按类编排,并附有西文书名索引。

2. 外文图书总目录

北京608信箱编辑出版。这是"外文图书征订目录"的年度累积本,收录了我国已进口影印出版的外文图书,按分类编排。它是了解外文新书的重要检索工具。

3. 国外社会科学著作提要

中国社会科学信息研究所编,中国社会科学出版社出版,是不定期的连续出版物。该刊分哲学、社会学、经济学、史学等类目,是了解国外社会科学文献信息及科学研究动态的混合型文摘。

4. 世界书目之书目(A World Bibliography of Bibliographical Catalogues)

英国当代目录学家贝斯特曼编,收录范围有关于图书、稿本、文摘、专刊等目录,涉及各学科,是一部收录范围非常广泛的回溯性书目。

5. 英国国家书目(British National Bibliography)

简称BNB,英国图书馆书目服务部以英国版本局所收到的图书为编目基础,及时报道英国和爱尔兰出版和发行的图书和新到的期刊,还收部分政府出版物。

6. 书目索引(Bibliographic Index)

美国威尔逊公司编辑出版,是一部限期性书目之书目,是集书目和索引于一体的检索刊物,每年三期。收录内容涉及 2800 种英语以及其他西文期刊,重点为美国出版物。按主题字顺排列。

7. 美国出版商目录年鉴(Publishers Trade List Annual,简称 PTLA)

美国 2000 多家出版商、发行商出版和经销的书目,除了收录印刷版本以外,也兼收所谓资料出版者和数据库出版商的产品。该书目的正文按出版商名称字顺排列,另外提供以出版商为对象的三个索引:出版商名称索引、出版商主题索引和出版商丛书索引。

如果从图书书名、作者、主题等途径检索该书目所列图书,则必须利用《美国在版书目:作者、书名、丛书索引》(Books in Print, an author-title-series index to the PTLA,简称 BIP)和《美国在版书目主题指南》(Subject Guide to Books in Print),其中《Books in Print》将该年鉴中的出版物按著者和书名字顺分别编排,是美国重要的在版书目。

8. 累积图书索引(Cumulative Book Index, a world list of books in the English language,简称 CBI)

美国威尔逊公司编辑出版,月刊,该索引广泛收录世界英文图书,是一部国际性书目,报道及时,出版历史悠久,编排结构良好,体系完备,便于检索。

二、外文图书联机馆藏目录与联合目录

本章第二节中以"国家图书馆联机公共目录查询系统"和"全国高校联合书目检索系统"为例,介绍了联机馆藏目录与联合目录的检索方法、途径等,其实在国内所有联机馆藏目录与联合目录中,一般都包含了外文图书,其检索方法、途径等与中文图书的检索基本相同。下面再简单介绍几种国内外著名的外文联机馆藏目录与联合目录:

1. 中国高校人文社会科学文献中心(http://www.cashl.edu.cn/search/bookscan.asp)

该中心简称 CASHL(China Academic Social Sciences and Humanities Library),是为高校哲学社会科学教学和研究建设的文献保障服务体系,是全国性的唯一的人文社会科学文献收藏和服务中心,其最终目标是成为"国家级哲学社会科学资源平台"。

CASHL 于 2004 年 3 月 15 日正式启动并开始提供服务。目前已收藏有 7500 多种国外人文社会科学领域的重要期刊、900 多种电子期刊、20 余万种电子图书,以及"高校人文社科外文期刊目次库"、"高校人文社科外文图书联合目录"等数据库,提供数据库检索和浏览、书刊馆际互借与原文传递、相关咨询服务等。CASHL 的资源和服务体系由两个全国中心、5 个区域中心和 10 个学科中心构成,目前已

拥有160多家成员单位,个人用户12,000多个。

该中心提供北京大学、复旦大学、武汉大学、南京大学、吉林大学、中山大学以及四川大学等7所高校图书馆的人文社科外文图书的联合目录查询。可按照书名进行检索,或按照书名首字母进行排序浏览,还可以按照学科分类进行浏览。

此外,还提供书名、作者、主题、ISBN、出版机构等途径的简单检索及其组合检索,检索的时候还可以对馆藏地点、学科类别、出版时间等多种条件进行组合、限定。

2. WorldCat（http://www.worldcat.org）

WorldCat是由OCLC（Online Computer Library Center,联机计算机图书馆中心的简称）组织、世界上9000多个图书馆参加的联合编目数据库,它创建于1971年,作为世界上最大的数据库,WorldCat不仅包括了国会图书馆、大英图书馆、一些国家级的图书馆、世界知名大学等这些大机构的馆藏,而且也包括来自一些小的公共图书馆、博物馆的馆藏。数据库还提供某些文章和图书的电子全文以及音像和音频资料的检索。它覆盖了400多种语言、人类4000年来有记录的知识,每10秒钟就有一个图书馆增加一条新记录到WorldCat数据库。目前,WorldCat包括7000多万种图书和其他资料的书目,以及这些资料的13亿多个馆藏地点。该数据库主题范畴广泛,堪称同类数据库中最大最全面的一个。

在这个网站上,用户可输入一种书刊的名称、主题或人名,结果将在"Find in a Library"信息页显示一个记录列表。在链接一个记录后,用户可输入一个地理信息,例如邮编、州名、省名或国家名等,就可接收到一个拥有该馆藏的邻近图书馆的列表,点击一个图书馆就可链接到该馆的联机书目记录,然后可直接检索电子内容。

用户可在WorldCat网站建立一个自己的WorldCat账号,然后就可对许多WorldCat记录添加评论、目次信息和注释。通过WorldCat.org网站,用户还可以访问所查图书馆的其他服务,例如馆际互借和来自图书馆专业人员的联机参考帮助。

3. 美国国会图书馆(LC)联机目录数据库（http://www.loc.gov/index.html）

美国国会图书馆（The Library of Congress简称LC）是美国的4个国家图书馆之一,也是世界上最大的图书馆,其联机目录数据库拥有馆藏书目记录约1200万条,包括图书、期刊、计算机文档、手稿、音乐、录音及视频资料,可通过主题、著者(个人、团体和会议)姓名、题名、图书登记号或关键词等途径检索。该网站还提供了大量通往其他机构联机目录的链接。

三、外文电子图书检索

1. OCLC Net Library 电子图书（http://www.netlibrary.com）

NetLibrary 于 1999 年成立，是世界上向图书馆提供电子图书的主要提供商，2002 年 1 月成为 OCLC 联机计算机图书馆中心的下属部门。目前，世界上包括哥伦比亚大学、斯坦福大学等大大小小 7000 多个图书馆通过 NetLibrary 存取电子图书。

OCLC NetLibrary 目前提供 400 多家出版社出版的 8.3 万多种电子图书，并且每月增加约 2000 种。这些电子图书涉及人文科学和自然科学各个领域，覆盖了所有主题范畴，其中约 80% 的书籍是面向大学程度的读者。大多数 NetLibrary 的电子图书内容新颖，近 90% 的电子图书是 1990 年后出版的。

NetLibrary 采用 IP 地址控制访问，校园网用户可直接使用 Advanced search（高级检索）和 Command Search（命令检索）两种检索方式。

2. Ebooks——世界各地图书馆联机电子书的 OCLC 目录（http://firstsearch.oclc.org/FSIP）

Ebooks 数据库由 OCLC 创建，收录了参加 WorldCat 联合编目的 OCLC 成员馆收藏的所有联机电子书的目录，共计 23 万多种，其中也包括 OCLC 的 NetLibrary 电子书，涉及所有学科领域。用户可以检索所有这些电子书的书目，并可链接到已订购且包含在 WorldCat 数据库中的电子书进行阅读。Ebooks 数据库每天更新。

3. Ebrary 外文电子图书数据库（http://igroup.ebrary.com）

Ebrary 公司于 1999 年 2 月正式成立，由 McGraw-Hill Companies、Pearson plc 和 Random House Ventures 三家出版公司共同投资组建。整合了来自 220 多家学术、商业和专业出版商的权威图书和文献，覆盖了商业经济、语言文学、社会科学、历史人文、法律和医学、科技、计算机、技术工程等主要科目的书籍种类。

Ebrary 的学术类收藏（Academic Collection）中包含了 3 万多册图书，约 70% 是 2000 年之后出版的，一般每个月都新增几百种图书。

Ebrary 电子图书的阅读需要下载专用阅读软件 ebrary Reader，且只能在线阅览或打印部分内容，不能下载保存全文或打印全书。在阅读过程中，可以选择部分文本进行粘贴；在进行个人账号登录后，可以添加书签或高亮标记。

4. 世纪顶新外文数字图书馆（http://lib.bift.edu.cn/upfiles/200710383544270.htm）

世纪顶新外文数字图书馆（Foreign Digital Library）由世纪教育集团开创，于 2003 年 11 月 1 日正式开通，是集支持普遍存取、分布式管理和提供集成服务于一身的基于 Intranet 和 Internet 环境下的数字图书馆系统平台,是迄今为止中国第一家原版引进外文图书的数字图书馆。

世纪顶新数字图书馆凭借集团优势同国外各高校建立了良好的合作关系,在第一时间内将原版的外文教科图书引进国内高等院校,有助于改善高校图书馆外文文献资源匮乏的现状。

世纪顶新提供世界经典文学、哲学、经济学、世界史、财政金融、法律政治、计算机、人物传记、环境保护、信息科学、电子商务等 14 个大类外文图书的分类浏览(Catalog)检索和图书检索(Book Search)方式检索。在图书检索中提供了从图书名称、出版机构、作者、丛书名称、ISBN 和提要检索的途径。可选择逻辑"and"或"or"构造表达式。

四、网上外文图书检索

国外大出版商都建有自己的网站,如约翰·威利父子公司(http://www.wiley.com)的网页上有出版工作室、版权申请服务、网上订书和网上查询服务(包括目录查询和相关网址查询)。

由于竞争激烈,国外出版社大多强调自己的出版特色,从而形成了不同的专业分工。如成立于 1914 年的 Prentice Hall(http://www.prentice.hall.com)在大学书籍出版方面享有盛誉,出版的书从一般水平的大学课本、函授教材到专业书籍、参考文献、专业论文、多媒体等;Bowker 公司专门出版书目类工具书,而 Wilson 公司几乎垄断了索引工具的出版;美国最有名的字典出版商是 Merriam-Webster 公司、Houghton Mifflin 公司等。

1. 中图书苑(http://book.cnpeak.com)

中国图书进出口总公司是全国最大的图书进出口贸易机构,公司图书文献部负责海外及台港澳图书文献及其电子版、缩微版订购业务,该部利用现代信息网络技术为图书馆量身打造了海外图书采选网络解决方案(PSOP),可方便支持图书馆外文图书文献采选工作,实现了外文图书文献采选网络化、信息化、便捷化。

PSOP 系统提供了按分类、专题、出版社名称等入口进行浏览,此外还可以按照书名、作者、出版社、ISBN 等途径进行简单检索,同时可根据所检索图书除上述四种途径以外的信息特征,如中图分类号、出版日期、中文译名、读者对象等进行高级检索(组合检索),系统会显示出收录相关书目,点击书名进行浏览、挑选。使用高级检索可以缩小检索结果范围,更快速、准确地找到目标。

2. 巴诺网上书店(Barnes and Noble,http://www.bn.com)

巴诺网上书店创办于 1997 年 3 月,主要销售图书、音乐制品、软件、杂志、印刷品及相关产品,现为网上第二大书店,是网上图书销售增长最快的书店。按 Media

Metrix统计,巴诺网上书店是全世界最大网站之一,电子商务排行第四。

巴诺网上书店现可搜索上百万种新版和绝版图书、16大类1000个子类的音乐制品、几万本相册、2万多本艺术家自传等等。巴诺网上书店现货图书有75万种,是世界上现库存种数最多的书店。巴诺网上书店与AOL,LyCOS,MSN等网站建有商业联系,现有520家巴诺连锁分店和470家道尔顿连锁分店。销售5万个出版商的图书。

3. 亚马逊网上书店(http://www.amazon.com)

亚马逊网上书店开办于1995年,是全球电子商务时代的鼻祖和成功代表,全球最大的互联网书店,为美国纳斯达克证交所上市公司。起初,经营网上图书销售,现在,从事各种物品网上交易,如各种电子贺卡、网上拍卖以及上百万种英文图书、音乐和影视节目以及服装、礼品、儿童玩具、家用电器等20多个门类的商品。

网上书店除了提供对图书书名和作者的查询以外,目前对注册会员提供了书籍全文检索"Search Inside the Book",利用该服务可以搜索书中的文章内容、在线阅读搜索到的文本。

亚马逊书店网站的特色不仅仅是查询快捷、订购简便,还刊载各种媒介上的书评、作者们有关自己的访谈录、读者撰写的读后感等。在主页"Search"框键入关键词,可以获得大量书名供挑选。在"Amazon.com 100 hot Books"栏目,亚马逊根据历来的购书记录为用户筛选新推出的产品,每小时都有资料供参考。可以说,亚马逊已经成为一个围绕购书这一业务的综合网上书店。

2004年8月,亚马逊收购了国内卓越网(http://www.amazon.com.cn),成功登陆中国大陆。

4. 沃兹沃思网上书店(http://www.wordsworth.com)

这是于1976年最初建于美国麻省哈佛的书店,是最早使用计算机管理书业事务的书店。该书店早在80年代早期就开始使用电子邮件,其网站始建于1993年。现该在线书店收有约百万数据,可以帮助用户获得任一本在美国出版过的图书,也可以检索到任一本已绝版的图书的信息。

思考题

1. 查询中外文图书的途径有哪些?
2. 中外文电子图书数据库有哪些?
3. 网上书店的作用以及迅速发展的原因是什么?
4. 结合你所学专业,查出中外文教学参考书各3~5种。

第九章 期刊文献及其检索

第一节 概 述

一、期刊定义

期刊又称杂志,一般是指定期或不定期出版的有固定名称的连续出版物(一般有固定的名称、统一的出版形式和一定的出版规律)。1964年,联合国教科文组织在巴黎举行的大会上通过了关于期刊的定义:凡用同一标题连续不断(无限期)定期或不定期出版物,每年至少出一期(次)以上,每期均有期次编号或注明日期的称为期刊。我国给期刊下的定义,以中华人民共和国新闻出版署1988年11月颁布的《期刊管理暂行规定》为代表。该文件指出《规定》所称期刊,是指有固定名称,用卷、期或年、月顺序编号,成册的连续出版物。

二、电子期刊

所谓电子期刊,通俗地说就是在计算机上编辑和阅读的杂志。它可以是一些文字,也可以包含图像、声音。最早提出"电子图书馆"、"无纸社会"等概念的美国著名图书馆学家兰卡斯特先生认为,广义的电子期刊指任何以电子形式存在的期刊,包括所有以电子形式存在的期刊和以纸张复本形式存在的期刊,涵盖通过联机网络可检索到的期刊和以CD-ROM形式发行的期刊;而更严格地讲,电子期刊只是以电子媒体形式产生的而且仅能以此媒体获得的期刊。电子期刊包括以光盘、磁盘为载体的电子期刊和网上电子期刊。其特点是传递速度快,内容丰富,使用方便,交互性强,功能强大。

三、期刊的影响因子

期刊影响因子(Impact Periodical Factor,IPF)是从引文角度测度期刊重要性及影响的一项指标,通常表示为某种期刊中论文的平均被引用次数。某年度某刊的影响因子(IPF)等于源期刊(统计来源期刊)引用该刊前两年论文的次数(S)除以该刊前两年发表论文的总篇数(M),其具体计算公式为 IPF=S/M。一般来说,期刊的影响因子数值越大,就表明期刊被引用的程度越高,它的影响力和学术作用也就越大。

1999年由南京大学和香港科技大学联合研制开发的《中文社会科学引文索引》(简称 CSSCI),填补了国内的一个重要空白。CSSCI 的来源期刊经过严格选定,确定为 496 种,涵盖了社会科学人文科学领域的各个学科及门类。CSSCI 收录1998年来源文献6万多篇,引文近28万篇。它不仅为检索中文社会科学文献提供了一种新型检索工具,而且为我国社会科学研究及学术期刊的评价提供了科学、客观的评价工作。基于《中文社会科学引文索引》,当年南京大学出版社出版了《中国社会科学研究计量指标——论文、引文与期刊引用统计(1998)》。该书发布了我国社会科学研究与学术期刊的一系列计量指标及相应排序,客观地反映了机构、地区、个人社会科学论文的生产能力和学术影响,图书、期刊、论文以及出版机构的学术影响。

第二节 中文期刊论文及其检索

一、《全国报刊索引》

1. 印刷型《全国报刊索引》

(1)概述

《全国报刊索引》(月刊,分哲社版、科技版),上海图书馆编辑出版。1955 年创刊,1973 年改现名。收录全国公开发行的报刊数千种。1980 年起,仿《中国图书馆图书分类法》分 21 类编排,1992 年全面改用《中国图书资料分类法》(第三版)编排。它以题录形式报道国内公开发行的中文期刊及报纸文献。

(2)编排结构

该索引由编辑说明,分类目录,正文部分,索引和引用期刊一览表五部分组成。

(3)著录格式

该索引的著录格式根据国家标准 GB 3793-83《检索期刊条目著者规则》,结合报刊文献的特点进行著录,自 2000 年第 1 期起,增加第一作者的所属单位。最新著录格式如下:

05055901①数字图书馆中文本信息检索技术的研究与实现②/阚忠良;③(黑龙江大学计算机科学技术学院,150080)④;李建中;杨艳//哈尔滨工业大学学报⑤._ 2005,37(7)⑥._ 1007-1010⑦

【说明】①顺序号:其结构为年+期+流水号,05055901 即为 2005 年第 5 期第

5901条题录;②文献题名;③责任者最多著录前三位,其余用"等"表示;④第一作者的单位;⑤刊名;⑥出版年,卷,期;⑦起止页码。

2. 全国报刊索引数据库

(1)概述

《全国报刊索引数据库》,即原《中文社科报刊篇名数据库》是由文化部立项、上海图书馆承建的重大科技项目,由上海图书馆《全国报刊索引》编辑部负责研制和编辑,具有文献信息量大、检索点多、查检速度快等特点,并有光盘和软盘两种载体形式,是《全国报刊索引》新一代电子版检索工具。2000年起分(哲社版)和(科技版)两个单列库发行。《全国报刊索引数据库》(社科版)收录了全国社会科学类期刊6,000多种,报纸200余种,基本上覆盖了全国邮发和非邮发的报刊。内容涉及马列主义、毛泽东思想、哲学、社会科学、政治、军事、经济、文化、科学、教育、体育、语言文字、文学、艺术、历史地理等各个学科。条目收录采取核心期刊全收、非核心期刊选收的原则,现年更新量约20余万条,自1993年1月至1999年12月累积数据已近140万条,为目前国内特大型文献数据库之一。

数据库格式严格按照国家有关标准,其著录字段包括顺序号、分类号、题名、著者、著者单位、报刊名、卷期年月、所在页码、关键词等十项。2000年开始数据分类标引采用《中国图书馆分类法》第四版。

(2)《全国报刊索引数据库》检索方法

本检索系统采用Web界面,在浏览器中检索界面分为三个功能区,即:左功能区,右上功能区,右下功能区。其中,左功能区用于输入检索式(以下称为检索区)、进行格式控制、浏览检索历史,右上功能区用于浏览检索结果的简要信息(以下称为简要信息区),右下功能区用于查看检索结果的详细信息。

二、中国期刊全文数据库

1. 数据库概述

中国期刊全文数据库是中国知识基础设施工程(CNKI)知识创新网中最具特色的一个文献数据库。CNKI是由清华同方光盘股份有限公司、中国学术期刊(光盘版)电子杂志社、光盘国家工程研究中心等单位,于1999年6月在《中国学术期刊(光盘版)》和中国期刊网全文数据库建设的基础上研制开发的一项规模更大、内容更广、结构更系统的知识信息化建设项目。除中国期刊全文数据库外,CNKI还有中国图书全文数据库、中国优秀博硕士学位论文全文数据库、中国重要报纸全文数据库、中国重要会议论文全文数据库、中国专利数据库、中外标准数据库等产品。

中国期刊全文数据库是在《中国学术期刊(光盘版)》的基础上开发的基于因特网的一种大规模集成化、多功能动态学术期刊全文检索系统。该数据库以学术、技术、政策指导、高等科普及教育类期刊为主,内容覆盖自然科学、工程技术、农业、哲学、医学、人文社会科学等各个领域。截至2012年10月,收录国内学术期刊7900多种,其中创刊至1993年3500余种;自1915年至今出版的期刊,部分期刊回溯至创刊;全文文献总量3500多万篇。核心期刊收录率96%;特色期刊(如农业、中医药等)收录率100%;独家或唯一授权期刊共2300余种,约占我国学术期刊总量的34%。产品分为十大专辑:基础科学、工程科技Ⅰ、工程科技Ⅱ、农业科技、医药卫生科技、哲学与人文科学、社会科学Ⅰ、社会科学Ⅱ、信息科技、经济与管理科学。十大专辑下分为168个专题类目(见表9-1)和3600个子栏目。是目前世界上最大的连续动态更新的中国期刊全文数据库。

表9-1 十大专辑168个专题类目具体类目

理工A辑	数学、力学、物理、天文、气象、地质、地理、海洋、生物、自然科学综合(含理科大学学报)
理工B辑	化学、化工、矿冶、金属、石油、天然气、煤炭、轻工、环境、材料
理工C辑	机械、仪表、计量、电工、动力、建筑、水利工程、交通运输、武器、航空、航天、原子能技术、综合性工科大学学报
农业专辑	农业、林业、畜牧兽医、渔业、水产、植保、园艺、农机、农田水利、生态、生物
医药卫生专辑	医学、药学、中国医学、卫生保健、生物医学
文史哲专辑	语言、文字、文学、文化、艺术、音乐、美术、体育、历史、考古、哲学、宗教、心理
政治军事与法律专辑	政论、党建、外交、军事、公安、法律
教育与社会科学专辑	各类教育、社会学、统计、人口、人才、社会科学综合(含大学学报哲社版)
电子技术及信息科学专辑	电子、无线电、激光、半导体、计算机、网络、自动化、邮电、通讯、传媒、新闻出版、图书情报、档案
经济与管理	经济、商贸、金融、保险、投资、会计、管理

2. 检索方式

(1)初级检索方式

初级检索的功能是在指定的范围内,按单一的检索项检索,这一功能不能实现多检索项的逻辑组配检索。通过点击页面右上角的状态栏即可进入初级检索方式界面。

①选择查询范围 查询范围功能选项在左窗口下侧的检索导航栏中,通过它可指定检索进行的范围,这里分类列出了10个总目录,在每个总目录的下面又分别设有详细的子目录可供用户进一步缩小选择。

②选择检索项和检索模式　可以通过"检索项"右边的下拉列表选择一个将要检索的项目名,检索项为主题、篇名、关键词、摘要、作者、第一作者、单位、刊名、参考文献、全文、年、期、基金、中图分类号、ISSN、统一刊号。

模式选项分为两种:模糊匹配和精确匹配。当想检索出"著者"是"董华"的所有文献时,则可以通过精确匹配,检索出"董华"的全部文献,而不是通过模糊匹配,将"董秀华"、"董华秋"等这样名字的著者的文献也包括其中。这就是二者的区别所在。

③输入检索词　在"检索词"输入框中进行输入,当你想在一个检索项中同时输入两个或两个以上的检索词时,那么在检索词之间可以用逻辑运算符"+"、"*"进行连接。

④选择时间范围和文献来源　可以选择在一段时间内进行检索(如:选择从2002年到2007年)。

文献来源指的是想要检索的文献的来源,有4个选项可供选择:全部、EI来源刊、SCI来源刊及核心期刊。

⑤记录数和排序方法　记录数和排序两选择项是针对检索结果显示界面设定的。记录数可以自定义选择设定每页显示多少条记录。排序方法为对检索结果的排列,第一种无序:为检索结果无序排列;第二种相关度:以检索词在检索字段内容里出现的命中次数排序,出现检索词次数越多的文献排列越靠前;第三种更新日期:以更新数据日期最新排列,数据更新的日期越新的文献排列越靠前。

⑥检索　点击"检索"按钮,服务器会返回结果至右侧上部的窗口中。默认每页显示20条记录,超过20条可以翻页查看。

(2)高级检索方式

要进行高级检索,点击页面右上角的状态栏即可进入高级检索方式界面,见图9-1。

①选择检索项和输入检索词　检索项及检索词的选择输入方法跟初级检索中一样,这里不再赘述。

需要指出的是高级检索中总共可以指定6个检索项,6个检索项之间的连接方式共有5种选择:并且、或者、不包含、同句、同段。每一种方式说明如下:

a. 并且:相当于逻辑"与"的关系。指要求检索出的结果必须同时满足两个条件。

b. 或者:相当于逻辑"或"的关系。指检索出的结果只要满足其中任意一个条件即可。

c. 不包括:相当于逻辑"非"的关系。指要求在满足前一个条件的检索结果中不包括满足后一条件的检索结果。

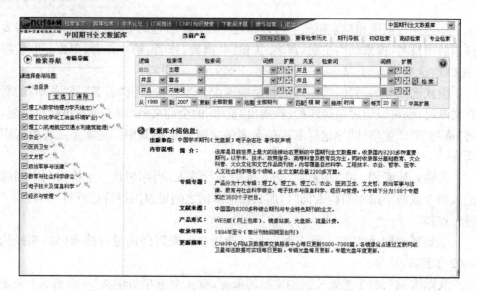

图 9-1 中国期刊全文数据库高级检索界面

d. 同句：两个检索词出现在同一句子中。

e. 同段：两个检索词出现在同一小节中。

②选择检索范围、时间范围及文献来源 这里的检索范围、时间范围及文献来源也跟初级检索中一样，可根据需要直接选择。

③选择记录数和排序方式 这里的记录数和排序方式也跟初级检索中一样，可根据需要直接选择。

④检索 点击"检索"按钮，服务器会返回结果至右侧上部的窗口中。默认每页显示 20 条记录，超过 20 条可以翻页查看。

（3）专业检索

通过点击页面右上角的状态栏，即可进入专业检索条件界面。

①选择检索范围 在窗口左边的检索导航栏目中指定检索范围，这里分类列出了 10 个总目录，在每个总目录的下面又分别设有详细的子目录可供用户进一步缩小选择。

②填写检索条件 专业检索比高级检索功能更强大，但需要检索人员根据系统的检索语法编制检索式进行检索。适用于熟练掌握检索技术的专业检索人员。本系统提供的专业检索分单库和跨库。单库专业检索执行各自的检索语法表，跨库专业检索原则上可执行所有跨库数据库的专业检索语法表，但由于各库设置不同会导致有些检索式不适用于所有选择的数据库。专业检索语法表见网站中的操作指南，在此略。

(4)二次检索

一次检索后可能会有很多记录是用户所不期望的文献,这时可在第一次检索的基础上进行二次检索,二次检索只是在上次检索结果的范围内进行检索的,可以多次进行。这样可以逐步缩小检索范围,使检索结果越来越靠近自己想要的结果。

①由初级检索、高级检索或专业检索产生检索结果。

②选择操作方式 操作方式有 3 种选择:并且、或者、不包含,用法同高级检索。

③输入检索词 这个跟在第一次检索中一样,首先选定一个检索项,然后输入对应的检索词即可。需要指出的是,在高级检索的二次检索中,可以对检索结果同时进行两个检索项的逻辑与、或、非的组合检索。专业检索的二次检索只需在检索项的输入框中输入自定义检索条件即可,拼写规则与专业检索完全一样。

④检索 点击"检索"按钮,服务器会返回结果至右侧上部的窗口中。

(5)期刊导航

通过点击页面右上角的状态栏,即可进入期刊导航检索界面。

3. 检索结果

如果用户想要浏览、下载和打印检索到的文章的全文,需要预先下载 CNKI 提供的专用全文浏览器软件 CAJ 或 AdobeReader 全文浏览器。系统将全文浏览器软件以压缩文件格式存放在 CNKI 主页中,用户可点击全文浏览器图标进行下载安装。

(1)原文浏览及下载

用户一般可以通过检索结果显示的篇名、作者、中文摘要、刊名等信息对检索出的文章进行初步筛选和取舍。如果要浏览和下载选中文章的原文,系统提供两种方法:一是直接点击结果显示页面左上方篇名前的"原文下载"图标;二是通过点击篇名打开下方的摘要显示窗口,然后点击窗口中" 推荐 CAJ 下载"或" PDF 下载"链接进行原文下载。如果选择"在文件的当前位置打开",全文浏览器会自动将全文以原貌的格式(caj)打开显示在页面上;若选择"将该文件保存到磁盘",则出现保存文件的窗口,系统会提示用户输入路径和文件名,确定后,全文文件会被存入磁盘的指定位置。

(2)原文打印

打印保存过的原文时,要首先找到保存的 caj 或 pdf 格式文件,双击选中的格式文件,全文浏览器会自动打开制定的文件。打印时可点击显示页上方工具条中的打印机图标,然后根据需要输入必要的打印参数,最后点击"确定"按钮,即可实现全文打印。打印当前正在浏览的全文时,可直接点击打印图标或从 IE 浏览器"文件"菜单中选择打印命令进行打印。

三、中文科技期刊全文数据库

1. 数据库概述

《中文科技期刊数据库》是由中文科技信息研究所重庆分所于1989年研建,是目前国内数据量最大的综合性文摘型数据库。自1989年以来,一直致力于报刊等信息资源的深层次开发和推广应用,集数据采集、数据加工、光盘制作发行和网上信息服务于一体;截止2013年2月,该库期刊总数12000余种,其中北大2011版核心期刊1981种,文献总量3720余万篇。重庆维普信息资源系统中的三个重要数据库是:《中文科技期刊全文数据库》、《中文科技期刊引文数据库》、《外文科技期刊文摘数据库》。其中《中文科技期刊全文数据库》是国内目前收录期刊最多的数据库,它收录了1989年以来国内社会科学、自然科学、工程技术、农业科学、医药卫生、经济管理、教育科学和图书情报8大专辑文献,分为数理科学、化学、自动化和计算机、天文和地球科学、生物科学、一般工业技术、建筑科学与工程、矿业工程、石油和天然气工业、冶金工业、航空航天、金属学与金属工艺、机械和仪表工业、能源与动力工程、医药卫生、原子能技术、电器和电工技术、电子学和电信技术、图书情报、农业科学、化学工业、轻工业和手工业、环境和安全科学、教育科学、水利工程、交通运输、经济管理、社会科学28个专题,并以每年200万篇的速度递增。任何用户均可免费访问该数据库中的题录和文摘信息,但需下载论文全文则要按页付费或授权使用,授权方式有提供镜像安装、网上包库和网上计费下载。

2. 检索方式

(1) 简单检索

①点击"传统检索"按钮即进入简单检索界面。

②选择检索入口　提供题名或关键词、题名、关键词、作者、刊名、第一作者、分类号、文摘、机构、任意字段等10个检索入口。

③限定检索范围　数据库提供分类导航、期刊导航、数据年限限制和期刊范围限制。

a. 学科分类导航

学科分类导航以《中国图书馆分类法》(第四版)为依据,每一个学科分类都可以按树形结构展开,利用导航缩小检索范围,进而提高查准率和查询速度。

b. 期刊导航

期刊导航以《中国图书馆分类法》为依据,将中刊库所收录的期刊进行分类,用户可根据需求将检索范围限定在某学科范围的期刊(或某一特定的期刊)内进行检索。

c. 出版年限限制

数据收录年限从 1989 年至今,检索时可进行年限选择限制,(如:选择从 1989 年到 2004 年)。

d. 期刊范围限制

本数据库的期刊范围包括:全部期刊、重要期刊、核心期刊,用户可以根据检索需要来设定适合的范围以获得更加精准的数据。

④简单检索及复合检索　简单检索即直接输入检索词,限定检索范围进行检索。

复合检索分为二次检索和直接输入检索表达式的检索。

a. 二次检索

用户一次检索的检索结果中可能会遇到检索结果不理想的情况,这时就可以考虑采用二次检索。二次检索是在一次检索的检索结果中运用"与、或、非"进行再限制检索,以得到理想的检索结果。

b. 直接输入检索表达式

在清楚检索条件并能熟练组织检索表达式的基础上,可通过直接输入检索式的方式进行检索。例如:需要查找关于"晶体生长"的由作者"刘英才"写的文章,可直接在任意字段中输入"K=晶体生长 * A=刘英才"来得到检索结果。

⑤辅助检索功能

a. 同义词检索

勾选页面左上角的"同义词",选择关键词字段进行检索,可查看到该关键词的同义词。检索中使用同义词功能可增加检全率。注意事项:同义词功能只适用于三个检索字段:关键词、题名或关键词、题名。

b. 同名作者检索

勾选页面左上角的同名作者,选择检索入口为作者(或第一作者),输入检索词"张三",点击"检索"按钮,即可找到作者名为"张三"的作者单位列表,用户可以查找需要的信息以做进一步选择。注意事项:同名作者功能只适用于两个检索字段:作者、第一作者。

c. 模糊和精确检索

在"检索式"按钮的右侧提供了"模糊"和"精确"检索方式的按钮,以便用户进行更准确的检索。该功能在选定"关键词"、"刊名"、"作者"、"第一作者"和"分类号"这 5 个字段进行检索时,该功能才生效。

(2)高级检索

①点击"高级检索"按钮即进入高级检索界面。

②向导式检索　向导式检索为读者提供分栏式检索词输入方法。除可选择逻

辑运算、检索项、匹配度外,还可以进行相应字段扩展信息的限定,最大限度地提高了检准率。

③直接输入检索式检索　读者可在检索框中直接输入逻辑运算符、字段标识等,点击"扩展检索条件"并对相关检索条件进行限制后点击"检索"按钮即可。

(3) 分类检索

分类检索相当于传统检索的分类导航限制检索,不同之处在于:这里采用的是《中国图书馆分类法》(第四版)的原版分类体系,分类细化到《中国图书馆分类法》(第四版)的最小一级分类,能够满足读者对分类细化的不同要求。

①点击"分类检索"按钮即进入分类检索界面。

②学科类别选择

a. 直接在左边的分类列表中按照学科类别逐级点开查找。

b. 运用左边方框中的搜索框对学科类别进行查找定位。这里采用的是模糊查找,如果检索结果有多个,则定位在第一个类别上。

③学科类别选中　在目标学科前的□中打上"√",并点 >> 按钮将类别移到右边的方框中,即完成该学科类别的选中。

④在所选类别中搜索　选中学科类别以后,在页面上方的检索框处选择检索入口、输入检索条件,即可进行在选中学科范围内的检索操作。

(4) 期刊导航

①点击"期刊导航"按钮即进入期刊导航检索界面。

②期刊查找

a. 按期刊名的第一个字的首字母字顺进行查找。

b. 按学科分类进行查找

点学科分类名称即可查看到该学科涵盖的所有期刊。按学科分类还可限制"核心期刊"、"核心期刊和相关期刊",选择"核心期刊"则只能查看到所选学科类别下涵盖的核心期刊。

c. 按刊名进行搜索查找

期刊搜索提供刊名和 ISSN 号的检索入口,ISSN 号检索必须是精确检索;刊名字段的检索是模糊检索;期刊搜索提供二次检索功能。

③期刊列表　期刊列表页面上提供的期刊信息有:刊名、ISSN 号、CN 号、核心期刊标记(有★标记的为核心期刊)。

④文章检索　点击期刊列表页面上的期刊名称,进入单个期刊的整刊浏览页面。整刊检索提供跨年检索和某年内按期浏览两种方式。

3. 检索结果

(1) 显示检索结果

检索结果显示有两种格式,即简单记录格式和详细记录格式。检索完成后,首先显示的是简单记录,点击简单记录的题名,即在下方显示出该记录的详细格式。

简单记录格式包括记录序号、题名、作者、刊名和出版年。

详细记录格式包括光盘号、题名、作者、机构、刊名、ISSN 号、CN 号、馆藏号、关键词、分类号和文摘。

中文科技期刊全文数据库在详细记录格式中还会出现全文链接,点击文章题名,可直接链接到全文。

(2)标记记录

在简单记录格式下,每条记录的序号前有一个复选框,对需要输出的记录在其复选框中点击"√"出现即完成对该条记录的标记。

(3)输出记录

在检索界面的右上方的复选框中,选择"标记记录"、"当前记录"或"全部记录"。"当前记录"是指在详细记录显示区中显示的内容;"标记记录"是指在题录显示区中做过标记的记录。选择后点击"下载题录",系统按用户的选择将记录以文本格式显示出来,此时可在文本显示状态下打印或保存。

(4)全文浏览

全文提供两种格式:VIP 格式和 PDF 格式(国际通用格式)。VIP 格式的全文需要安装维普公司的"维普浏览器"才能打开浏览;PDF 格式全文需要安装 Adobe Reader 阅读软件才能打开浏览。

四、万方数据资源系统数字化期刊全文数据库

1. 数据库概述

万方数据资源系统是 1997 年 8 月由中国科技信息研究所、万方数据集团公司联合开发的网上数据库联机检索系统,目前该系统主要包括五个子系统的数据库:科技信息子系统、商务信息子系统、数字化期刊子系统、学位论文全文子系统、学术会议全文子系统。数字化期刊子系统以刊为单位上网,保留了刊物本身的浏览风格和习惯。期刊全文内容采用 HTML 和 PDF 两种国际通用格式,方便读者随时阅读和引用。中国学术期刊全文数据库是我国最核心的数字化期刊出版联盟。以核心期刊为主线,内容涵盖哲学政法、社会科学、经济财经、科教文艺、基础科学、农业科学、医药卫生、工业技术等各个学科领域包含 100 多个类目,收录了 1998 年以来国内出版的近 7500 余种期刊,其中核心期刊近 3000 余种,核心刊的收齐率占 98% 以上,截至 2013 年 8 月论文总数量达 2455 万篇,每年约增加 200 万篇,每周两次更新。分为哲学、社会科学、经济财政、科教文艺、基础科学、医药卫生、农业科学、工业技术 8 大类 100 多个类目。

2. 检索方式

在万方数据库资源系统主页,选择"数字化期刊子系统"进入首页,该子系统提

供学科检索、地区检索和首字母检索三种方式。

（1）学科检索

按照期刊的学科分类是将期刊按照一定的学科进行分类,用户进入所选择的分类后,系统列出此类资源的所有期刊信息,用户在此页面上可以选择期刊进入,也可以再进行检索,即在此学科分类中检索满足条件的资源。数字化期刊子系统将所有期刊分为:哲学政法、社会科学、经济财政、科教文卫、基础科学、医学卫生、农业科学、工业技术八个大类,每个大类又细分若干个小类。检索时,在相关类目下找到所需刊物名称。

（2）地区检索

将期刊按照发行地进行分类,用户进入所选择的分类后,系统按照汉语拼音首字母列出此地区期刊所有刊名信息,用户可以进入某个期刊详细查看,也可在此页面上进行检索,即在此地区的期刊中检索满足条件的资源。

（3）刊名首字母检索

列出字母 A—Z,用户选择刊首字母,列出所有以此字母开头的期刊,用户可以点击某个期刊查阅具体内容,也可以在此页面上进行检索。

3. 全文浏览

数字化期刊子系统中的整个期刊全文内容都采用 HTML 制作编辑,用统一的编排格式上网,一篇文章一个页面。用户可以通过 IE 浏览器直接浏览、打印和下载。有的全文内容还同时提供与文章相对应的 PDF 格式文件,要对 PDF 格式文件进行全文浏览,需安装 Adobe Acrobat Reader 阅读器,再点击 PDF 文件名,便可浏览原样排版显示的期刊全文内容。

第三节 外文期刊论文及其检索

一、Elsevier Science(SDOS)期刊全文数据库

1. 数据库概述

SDOS(Science Direct Onsite)是由荷兰著名的学术期刊出版商 Elsevier Science 公司推出的名为 Science Direct 的电子期刊,Elsevier Science 公司出版的期刊是世界上公认的高品位学术期刊,大多数都是核心期刊,并且被世界上许多著名的二次文献数据库所收录。清华大学和上海交通大学与荷兰 Elsevier Science 公司合作设立镜像服务器,通过校园网提供 Elsevier 公司 1100 余种电子期刊全文数据库并通过网络提供服务。该数据库涉及众多学科:计算机科学、工程技术、能源科学、环境科学、材料科学、数学、物理、化学、天文学、医学、生命科学、商业及经

济管理、社会科学等。

2. 检索方法

(1)浏览途径

进入 SDOS 主页,点击"SDOS"按钮,即进入了 SDOS 浏览的主页,见图 9-2。

图 9-2　SDOS 浏览检索主页

系统提供的浏览页面是按字顺(Alphabetical List of Journals)和按分类(Category List of Journals)排列的期刊目录,用户可在此页面中选择浏览的途径(字顺或分类)。

通过字顺或分类的方法选中刊名后,单击刊名,进入该刊所有卷期的列表,单击所选中的年、卷和期,可以进一步浏览该期所有文章的题目,进而可浏览每篇文章的摘要或全文。单击目次页页面右侧的期刊封面图标,可连接到 Elsevier Science 出版公司网站上该期刊的主页(此为国外站点)。

在期刊浏览页上方设有一个检索框,可进行快速检索。

用户可在左侧检索框中输入检索词,再利用右侧下拉菜单选择检索字段。检索字段包括:"All Fields(所有字段)"、"Author Name(作者)"、"Article Title(文章标题)"、"Abstract(文摘)"等。需要特别注意的是这种快速检索方式,可限制在特定的期刊种类或以某一字母开始的期刊中。如点击某一类期刊,系统链接到下一个页面,这时进行的快速检索,就是针对这一类期刊进行的。

(2)检索途径

①简单检索

点击页面右上侧的"Simple Search"或"简单检索",进入简单检索界面。简单检索界面有检索词输入框和使用下拉菜单选择检索字段的限定框。检索字段包括"Any Field(所有字段)"、"Title(文章标题)"、"Abstract(文摘)"、"Author's Name(作者)"、"ISSN(国际标准期刊号)"、"Journal Title(期刊名)"等。输入检索词后,点击"Submit Query"按钮,开始检索。检索结果有两类信息,一类是期刊题名,在题名下有该刊目次页(Table of Contents)的超链接和相关性排序分(Score);另一类是期刊论文题录,显示论文标题、出处、作者、相关性排序分("Score")。另外在检索结果页面的左上角有搜寻相关文件按钮,通过搜寻相关文件按钮可检索到与该类内容类似的文章。

单击期刊题名下的"Table of Contents"按钮,可浏览目次信息;单击论文题录下的"Abstract"按钮,可浏览该文章的标题、作者、作者单位、关键词、文摘等进一步信息;单击"Article Full Text PDF"按钮,即可看到论文全文(PDF格式)。

②高级检索

如果需要进行更详细的检索,在简单检索的界面或检索结果的界面中,点击右上侧的"Expanded Search"或"扩展检索"进入高级检索界面。

高级检索界面分为上下两个区,即检索策略输入区和检索结果的限定区。在检索策略输入区,有两个检索框,这两个检索框可以是"AND(逻辑和)"、"NOT(逻辑非)"和"OR(逻辑或)"的关系。检索字段比简单检索界面增加了"ISSN(国际标准刊号)"、"PII(Published Item Identifier,出版物识别码)"、"Search in Author Keywords(作者关键词)"等。

检索结果的限定区包括:"Journal Categories(学科分类)"、"Article Type(文章类型)"、"Language(语种)"、"Limit dates(时间限定)"、"Documents per page(每页显示的文献数量)"、"Sort documents by(排序)"等,可进行更精确的检索。

说明:论文类型(article type)的限定中,"Article"表示只显示论文;"Contents"表示只显示期刊题名;"Miscellaneous"表示只显示其他题材的论文。

3. 检索结果保存与下载

不管采用哪种检索方式,检索后都会得到检索结果一览表,首先显示的是检索结果的数量和目录页,包括篇名、刊名、卷期、日期、页数、作者、文摘、相关分和查找相关文件按钮。

单击每篇文章篇名前面的复选框进行标记,选择结果后,点击"display marked"按钮,显示标记过的记录。

点击每篇文章后的"Bibliographic Page"按钮,即可看到该文章的文摘、关键词、作者单位、出版物识别码、国际统一刊号、引文等信息。点击"Article Full Text PDF",可以看到用 PDF 格式显示的该文全文,用户可以对它进行保存和打印。

二、Kluwer 全文电子期刊数据库

1. 数据库概述

Kluwer Acdemic Publisher 是荷兰具有国际性声誉的学术出版商,它出版的图书、期刊一向品质较高,备受专家和学者的信赖和赞誉。Kluwer Online 是其出版的 800 种期刊的网络版,专门基于互联网提供 Kluwer 电子期刊的检索、阅览和下载全文服务。目前,由 CALIS 管理中心研制开发系统,面向 CALIS 院校提供服务的 Kluwer Online 镜像服务站已在北大图书馆建立并开通。Kluwer Online 全文电子期刊的学科覆盖有:材料科学、地球科学、电气电子工程、法学、工程、工商管理、化学、环境科学、计算机和信息科学、教育、经济学、考古学、人文科学、社会科学、生物学、数学、天文学/天体物理学/空间科学、物理学、心理学、医学、艺术、语言学、运筹学/管理学、哲学等 24 种学科 800 余种。其中大部分期刊是被 SCI、SSCI 和 EI 收录的核心期刊,是科研人员的重要信息源。

2. 检索方法

(1)期刊浏览与检索

①按字母浏览　将所有期刊按字母顺序排列起来,用户可以按刊名逐卷逐期地直接阅读自己想看的期刊。

②按学科浏览　将期刊按下列 24 个学科类目分类,每一学科分类的刊名再按字母顺序排列。

③刊名检索　可以在检索条件输入框中输入刊名关键词,按刊名进行简单检索。然后再选择想看的期刊按卷期浏览。

④二次检索　按上述的几种方式进行检索或浏览之后,在显示的期刊列表中可以进一步限制进行二次检索。

(2)篇目检索

①简单查询

a. 简单查询有一个检索条件输入框和选择检索字段的下拉框,确定一个或几个检索词输入到该文本框中,不必考虑词序和区分大小写。词与词之间默认的逻辑关系是 AND,它的含义是检索结果中必须含有所有检索词。

b. 可以检索所有字段(将字段区域设定为"全面"),也可以将检索词限定在某一个字段中出现。包括:篇名、作者、文摘、刊名。

c. 限制检索:通过限制出版日期、限制文献种类,可以把检索结果限制在一定范围内,从而达到快速查准的目的。点击相应的下拉箭头进行选择,文献种类包括

论文、目次、书评、索引及其他,如果不改变这两项设置,系统默认的检索范围是全部文献。

②复杂查询

a. 复杂查询有多个检索条件输入框,可以输入一个检索条件进行简单查询或输入多个检索条件实现多个检索字段的组合检索。

b. 可检索字段和简单查询基本相同,增加了国际统一刊号(ISSN)、作者关键词(指作者给出的关键词,即文中的关键词部分 keywords,与某些数据库或电子期刊的全文关键词检索不同。)、作者单位三个检索入口。

c. 多个检索条件默认的逻辑关系为 AND,表示检索必须同时满足多个检索条件。点击相应下拉框,可以根据需要改变为 OR、NOT。

d. 检索限制:通过限制出版日期、限制文献种类,可以把检索结果限制在一定范围内,从而达到快速查准的目的。点击相应的下拉箭头进行选择,文献种类包括论文、目次、书评、索引及其他,如果不改变这两项设置,系统默认的检索范围是全部文献。

③检索作者姓名

a. 如果能够确定作者的姓名,可以这样输入:姓氏在前,名字在后,中间加逗号间隔。如:White, Robert 表示检索姓 White,名 Robert 的作者。系统将逗号前面确定为姓,逗号后面确定为名。这样可以快速准确地查询特定的作者姓名。

b. 如果没有检索结果,或没有相关作者,也可以用模糊检索。比如输入一个字,如 Robert,只要姓名中出现 Robert,无论是姓还是名,都检索出来。

c. 输入两个或以上的字,中间不加逗号:如 Robert White,只要姓名中 Robert 和 White 同时出现,无论姓 Robert 还是姓 White,都检索出来。

d. 复姓及有前缀的姓名,中间不加逗号,如:J. P. van der Meer 只要每个字同时出现在姓名里,即检索出来。

e. 复姓及有前缀的姓名,中间加逗号,如:van der Meer, J. P. 确定为 Van der Meer 为姓,J. P. 为名。

f. 姓名中间允许加 * 表示截断,如:输入 M * Smith 或 Smith, M *,将把 Mark Smith, Michale Smith, M. L. Smith 检索出来。

3. 检索结果的显示保存与下载

①检索后,首先显示的是检索结果的数量和篇名目录页,每一条记录包括篇名、作者、刊名、ISSN 号、出版年月、卷期、起止页码以及连到全文的链接。

②点击篇名后,将显示该篇目的详细内容,包括作者单位和文摘。点击作者,系统自动检索数据库中同一作者的所有相关文章。点击刊名,显示该期刊同一卷期的篇名目录。

③每篇文章篇名的前面允许标记记录,以便只选择想要的篇目进行打印和下载,标记结束后,点击页尾的"浏览",即只出现标记过的记录;若检索结果不止一个页面,可以逐页标记,最后在任一页点击页尾的"浏览";进入标记记录浏览后,可用浏览器的"后退"功能返回检索结果页面,增选记录,再点击页尾的"浏览",已标记过的不需重选;浏览格式可以选择简单格式(只包括篇目的基本信息)和详细格式(显示文摘)。利用 IE 浏览器的保存和打印功能进行下载或打印。注意:标记多篇文章一次性显示、保存、打印的功能只适用于文章篇目。文章的全文部分只能逐篇显示、保存、打印。

④Kluwer 电子期刊的文件全部采用 PDF 文件格式,可以存盘、打印,但使用前必须下载 Aodobe Acrobat Reader 软件。

三、Springer Link 全文电子期刊数据库

1. 数据库概述

德国施普林格(Springer-Verlag)是世界上著名的科技出版集团,Link 是施普林格出版社和它的合作公司推出的科学、技术和医学(STM)方面的在线信息资源。目前,Springer Link 可访问的期刊种数有 1610 余种,其中可访问的全文刊为 1100 种,全文年限回溯至 1997 年。Springer 期刊的学科范围包括:行为科学、生命科学、商业与经济、化学和材料科学、计算机科学、地球和环境科学、工程学、人文社会科学和法律、数学、医学、物理和天文学。

2. 检索方法

系统提供浏览与检索两种方式,其中检索有文章检索及期刊检索,浏览有按刊名字顺浏览及按学科分类浏览。可以在其中选择使用方式或按学科分类直接查找期刊。

主页上还显示了登录信息和系统检测到的使用者的 IP 地址。当遇到问题需要帮助时,这些信息有助于我们的客户服务人员和技术人员确定问题所在。

(1)文章检索

①基本检索

输入关键词:在"Search For"后的文字输入框内输入关键词,关键词可以是一个单词也可以是多个单词。

关键词之间的逻辑关系:可以在关键词之间输入逻辑运算符(当选择"Boolean Search"时;此时若不输入逻辑运算符,则默认的逻辑运算关系为"与"AND);也可以让系统用检索者选择的默认逻辑关系进行检索(当选择"All Words"时,检索全部关键词;当选择"Any Words"时,检索任意一个或多个关键词;当选择"Exact Phrase"时,全部输入的内容按词组进行精确查找)。

逻辑运算符:当选择"Boolean Search"为检索策略时,输入"AND"表示逻辑"与"、输入"OR"表示逻辑"或"、输入"NOT"表示逻辑"非"。"＊"截词符(前方一致):用于关键词的末尾,以代替多个字符。

优先级运算符"("、")":可使系统按照检索者要求的运算次序,而不是默认的逻辑运算优先级次序进行检索。"Order By"选项:用于设置检索结果的排序方式,选择"Recency",检索结果将按出版时间排序,新近出版的排在前,较早出版的排在后;选择"Relevancy",检索结果将按照与检索关键词的相关度(或称:符合度)排序,相关度高的排在前。

"Within"选项:设置检索范围,选择"Full Text"时在全文、文摘和篇名中检索;选择"Abstract"时在文摘和篇名中检索;选择"Title"时只在篇名中检索。

②高级检索

点击基本检索页面中的"Show Advanced Options"按钮可显示出高级检索选项。

限定文章的出版时间:最早出版时间和最晚出版时间都必须填写,格式为:月/日/年。如:"12/01/2001"或"6/1/02"等。可以选择"Entire Range of Publication Dates"选项以取消出版时间限定。

将检索范围限定在选定的期刊内:要选择期刊,用鼠标在期刊列表中(按刊名的字母顺序排列)点击要检索的期刊名,再点击"Include Selected"按钮,即可将期刊添加到已选中期刊列表中。要取消选择,点击已选中期刊列表中的期刊名,然后点击"Exclude Selected"按钮,即可取消选择。可以点击"All Publications"选项以取消期刊范围限定。

(2)期刊检索

期刊检索的方法与文章检索类似,但要简单些。

可以用"Within"选项限定期刊检索的检索范围。在期刊简介和期刊名中检索或只在期刊名中检索。

(3)浏览方法

①期刊浏览 可以按浏览期刊刊名的字顺浏览,点击要浏览的刊名,可以看到数据库收录该刊的年、卷、期等信息,继续点击,依次可以浏览某卷期的文章目录及全文,其显示及其他功能与期刊检索相同。

②主题浏览 按学科分类目录浏览,由学科分类目录查找所需的期刊,进而查找所需的文章。点击主题名称可显示属于该主题的全部期刊清单,进而点击要浏览的刊名,可以看到数据库收录该刊的年、卷、期等信息,继续点击,依次可以浏览某卷期的文章目录及全文,其显示及其他功能与期刊检索相同。

3. 检索结果显示

这里主要讲文章检索的检索结果显示。

①简要信息　文章检索的检索结果页面显示符合检索条件的文章清单，可以用翻页键浏览检索结果。可以在文章名之前的小方框内打钩，以选中这篇文章。可以点击"Filter Selected Items"只显示选中的文章。点击文章名可查看文章的详细介绍。

②详细信息　用文章详细信息画面中的翻页键可以翻看上一篇或下一篇文章。如果已经选择了"Filter Selected Items"则使用翻页键时只能翻看已选中的文章。

在文章详细信息画面中有全文下载提示，它说明全文收录情况。对于有全文的文章可以看到下载按钮"Open Full text"按钮。

所有全文以 PDF 文件格式提供。要浏览全文必须先安装 Adobe 公司的 Acrobat Reader 软件。

安装 Acrobat Reader 浏览器后，点击"Open Full text"按钮可以打开 PDF 格式的全文。

用 Acrobat Reader 提供的功能可以对 PDF 文件进行操作。如：查找文字、复制文字、存盘、打印等。

文章检索的二次检索：在检索结果页面的"For："之后的文字输入框中输入检索关键词，即可对检索结果进行二次检索。

思考题

1. 《全国报刊索引数据库》有哪些检索方法？
2. 《中文科技期刊全文数据库》与《中国期刊全文数据库》的检索方法有哪些不同？
3. 《Elsevier Science(SDOS)期刊全文数据库》有哪些检索方法？
4. Springer Link 电子期刊包括哪些学科范围？
5. 比较 Elsevier 数据库和 Kluwer 数据库的收录范围和检索方式？

第十章 专利文献及其检索

第一节 专利基础知识

一、专利及其类型

1. 专利

在建立了专利制度的国家,某一发明创造由发明人或设计人向专利主管部门提出申请,经审查后批准授予在一定年限内享有独占该发明创造的权利,并在法律上受到保护,任何人不得侵犯,这种法律保护、技术专有的权利称为专利。目前,人们对"专利"一词的理解有两方面的含义,一是指取得专利权的某项发明创造;二是指公开的专利文献。

专利权是由国家专利主管部门依据专利法授予申请人的一种实施其发明创造的专有权。专利权属于知识产权保护的对象,具有排他性、时间性和地域性。排他性是指未经专利权人的同意,其他任何人都不能使用该专利制造和销售其产品。时间性是指在一定期限内有效,即在法律规定的专利期限届满后,专利权就自行终止,该发明创造归社会所有,任何人都可自由使用、制造和销售。地域性是指一个国家颁发的专利权,仅在该国境内有效,如果需要在别国获得保护,就必须向别国申请专利。

2. 专利的类型

从被保护的发明创造的实质内容来看,专利的种类包括发明专利、实用新型专利和外观设计专利3种。

(1) 发明专利

按照我国专利法的规定,发明是指对产品、方法或者其改进所提出的新的技术方案。所谓的产品是指工业上能够制造的各种新制品,包括有一定形状和结构的固体、液体、气体之类的物品;所谓的方法是指对原料进行加工,制成各种产品的方法,如药品的制造方法等。

专利法所说的发明是一种解决技术问题的方案。这种方案一旦付诸实践,便可解决技术领域中的某一具体问题,单纯的设想或愿望不是专利法意义上的发明。发明与发现字面上虽然差不多,却是两个完全不同的概念。发现是对自然规律或本质的揭示,而发明是对揭示的自然规律或本质的具体应用,是自然界中原来并不存在的东西。我国发明专利保护期限为20年。

(2)实用新型专利

实用新型专利是对产品的形状构造或者其结合所提出的适于实用的新的技术方案。实用新型专利的保护范围要比发明专利窄得多。发明专利对所有新的产品和方法都给予保护,而实用新型专利只保护有一定形状和结构的产品。如果是无确定形状的产品,如气态、液态、粉末状颗粒状物质或材料以及工艺、方法等技术发明则不属于实用新型专利的保护范围。

实用新型专利比发明专利在技术水平的要求上要低一些,大都是一些比较简单或改进性的技术发明。根据我国专利法第二十二条第三款的规定,发明必须有"突出的实质性特点和显著的进步",而实用新型只需有"实质性特点和进步"。我国实用新型专利保护期限为10年。

(3)外观设计专利

外观设计是指对产品的形状、图案、色彩或者其结合所作出的具有美感并适用于工业上应用的新设计。

与发明和实用新型以技术方案本身为保护对象不同,外观设计注重的是产品的形状、图案、色彩或者组合,它是对产品的装饰性或艺术性的外表设计。一件外观设计专利只用于一类产品,若有人将其用于另一类产品上,不视为侵犯外观设计专利权。我国外观设计专利保护期限为10年。

二、专利申请与审查

1. 获得专利权的条件

一项发明创造要想获得专利权,必须具备新颖性、创造性、实用性,也称专利"三性"。

(1)新颖性

是指在申请日以前没有同样的发明或者实用新型在国内外出版物上公开发表过,在国内公开使用过或者以其他方式为公众所知,也没有同样的发明或者实用新型由他人向专利主管部门提出过申请并且记载在申请日以前公布的专利申请文件中。

(2)创造性

是指同申请日以前已有的技术相比,该发明有突出的实质性特点和显著的进步,该实用新型有实质性特点和进步。

（3）实用性

是指该发明或者实用新型能够制造或者使用,并且能够产生积极效果。实用性要求发明或实用新型必须具有多次再现的可能性。

新颖性、创造性、实用性是一项发明创造获得专利权的必要条件。并不是只要符合专利"三性"的发明创造都可获得专利权。对于违反国家法律、社会公德或者妨害公共利益的发明创造,不授予专利权。

2. 专利申请

一项发明创造完成之后,并不能自动获得专利权,还必须由申请人向专利局提交专利申请文件。我国专利法规定,申请发明或实用新型专利的申请文件包括:请求书、说明书及其摘要、权利要求、附图等文件;申请外观设计专利的申请文件包括:请求书以及外观设计的图片或者照片等文件。

请求书是申请人请求专利局授予其发明创造专利权的书面文件。申请人可以根据专利局统一印制的表格,按照规定要求,有选择地填写表上的项目。

说明书是具体说明发明或者实用新型的实质内容,它要求对发明或者实用新型作出清楚完整的说明,使任何一个具有该专业一般技术水平的技术人员能够根据说明书的内容实现该发明或者实用新型,必要时应当有附图。

摘要是发明或者实用新型说明书的简明文摘,它包括发明或者实用新型的名称,所属技术领域,需要解决的技术问题,主要技术特征和用途。

权利要求书是专利申请文件的核心部分,专利制度的特征之一就是给予专利权人一定时间内对其发明创造的独占权,而确定这一权利范围,主要是依据权利要求书所表述的发明或实用新型的技术特征范围。因此,权利要求书是确定专利保护范围的重要法律文件。我国专利法规定:"权利要求应当以说明书为依据,说明要求专利保护的范围",说明书中叙述过的发明或者实用新型的技术特征,只有在权利要求书中体现出来,才能得到专利保护,如果说明书阐明的关键技术特征在权利要求书中没有反映出来,就不能得到专利保护。而权利要求书中说明的发明或者实用新型的技术特征,必须在说明书中找到依据,才能成为有效的权利要求。

3. 专利审查

各国专利法都规定,对申请专利的审查,一般要经过申请、审查、批准和公布等程序,目前专利的审查制度有以下3种。

①形式审查制　只对专利申请做一般性格式审查(如申请手续、文件是否齐全等),不做实质性(三性)审查,即给予公布,并授予专利权。这种审查制审批及时,公布快,但专利质量较差,技术可靠性较低。

②实质性审查制　除了需要对专利申请做形式审查处,还需要进行实质性内容审查,即新颖性、创造性和实用性审查。专利批准后,将审查结果进行公布并授

予专利权。这种审查制的专利质量较高,技术可靠性较强,只出版一次专利说明书。但审批时间长,专利申请案积压严重。

③延迟审查制　对专利先做形式审查,即公布专利申请说明书,并对专利申请进行临时性保护。申请人自申请日起 3 年内(各国规定的期限不同)可随时提出实质性审查请求,经专利局审查批准后,再一次公布专利说明书。这种审查制由于及早公布专利技术,使人们可及时地获得专利信息,有利于技术发展,并避免了专利申请的积压现象。但审查时间较长,专利说明书从申请到批准公布需要出版若干次。

三、专利文献

所谓专利文献,狭义上是指专利说明书、权利要求书、说明书附图、说明书摘要等;广义上是指各种专利申请文件、专利公报、专利分类表、专利索引、专利题录、专利文摘、专利证书等。

1. 专利文献的特点

(1)数量庞大,内容广泛

在专利文献的各种出版物中,专利说明书出版量大,世界上年出版量 100 万件以上,约占世界每年科技出版物的 1/4。目前,专利说明书总累计已达 4000 万件以上。这数以千万件的文献汇集了极其丰富的信息,从日常生活用品到尖端科技,几乎涉及了人类生产活动的所有技术领域。据世界知识产权组织统计,世界上每年发明创造成果的 90%～95%能在专利文献中查到,而且许多发明成果仅仅出现于专利文献中。专利文献是许多技术信息的重要来源。

(2)出版迅速,时间性强

由于大多数国家都采取了先申请制、早期公开和延迟审查制,使得发明人抢先申请专利、尽早公开发明变得至关重要。因此专利文献成为报道新技术最快的一种信息源。

但从另一方面考虑,各国都规定了专利权的有效期限,一般是从申请日或公告日算起,最短的 3～5 年,最长的 20 年,如美国和日本的新专利法都规定专利权的期限自申请日起 20 年,中国发明专利有效期 20 年,实用新型和外观设计专利有效期为 10 年。这也就是说,专利文献的法律价值也受到时间的约束。

(3)内容可靠,技术含量高

由于专利说明书的撰写要求严格,在阐明发明的准确性方面超过一般科技文章。而对于世界上大多数采用审查制或部分审查制的国家来说,申请人提交的说明书内容力求符合新颖性、创造性和实用性的要求。再者,由于申请专利需要花费较大的精力和费用,大多数申请人也只会选择最有价值的发明创造去申请专利。

因此专利文献内容可靠,技术含量高。

(4)著录规范,便于交流

各国对专利说明书的著录格式要求基本相同。专利文献的著录项目统一使用国际标准代码标注,使用统一的分类体系,即国际专利分类法,对说明书内容的撰写要求也一致。这就大大方便了人们对世界各地的专利说明书的阅读和使用。

2. 专利文献的价值

(1)技术价值

根据专利法规定,授予专利权的发明和实用新型,必须具备新颖性、创造性和实用性;其专利说明书详细阐述了发明内容以及该发明技术领域中现有技术水平和存在问题,提出实施发明的各种方案和最佳选择,加之专利文献报道遍及应用科学各个技术领域并早于其他文献数年或十多年面世。因此,专利文献一直被人们公认为是一种内容多、范围广的重要技术情报源,它对制定科研课题和开发新产品、解决具体技术难题、开展技术预测和评价技术成果有着重要作用。

(2)法律价值

专利文献是一个国家专利局为审查一项申请是否符合专利条件而进行调查和比较的主要技术档案资源;揭示了对该发明的权利保护范围、归属、有效期等法律状况,为了解专利情报提供了有效的情报源。它能在技术和产品的进出口贸易中,了解该技术是否属于专利技术,在哪些国家申请了专利,专利权归谁所有,该专利是否有效等,这样即可避免浪费,也可以保证在进出口谈判中占领有利地位。

(3)经济价值

专利文献也是一种可靠的经济情报源。一个企业的专利拥有数量,除了反映该企业技术水平的高低,还能反映经济实力的大小。同样一项发明向多少国家申请了专利,即可反映专利权人的营销策略,又可估价该发明的实用价值。利用专利文献既可了解竞争对手的动态情况,也可以为制定营销策略、开辟新市场提供可靠的依据。

第二节 国际专利分类法

专利制度实施以来,专利文献的数量不断增加,许多国家为了管理和使用这些专利文献,相继制定了各自的专利分类体系。目前,世界上主要的专利分类体系可归纳为以下几种:《国际专利分类表》、《美国专利分类表》、《英国专利分类表》和英国德温特出版公司编制的分类体系。不同的专利分类体系在编制原则、体系结构、标识方式和分类规则等方面存在较大差异,这对检索同一技术主题在世界范围内的专利文献很不方便。随着专利制度的国际化发展,从20世纪50年代开始,人们逐步认识到需要制定一个国际统一的专利分类法。《国际专利分类表》就应运而生。

《国际专利分类表》(International Patents Classification,简称 IPC)是根据欧洲理事会 16 个成员国于 1954 年 12 月在巴黎签订的《关于发明专利国际分类欧洲协定》而制定的。1968 年 2 月诞生了第一版国际专利分类法,并于 1968 年 9 月 1 日起公布生效。IPC 诞生后,许多非欧洲理事会国家也全部或部分采用,其在国际专利信息活动中的使用价值也随着时间的推移愈加明显。1971 年 3 月 24 日,在世界知识产权组织和欧洲理事会共同主持下的保护工业产权巴黎联盟成员国外交会议上,签订了《关于国际专利分类法的斯特拉斯堡协定》(即《"IPC"协定》,该协定于 1975 年生效),确定由世界知识产权组织负责执行国际专利分类协定的各项业务。至今已有 70 多个国家和 4 个国际组织采用这种分类方法。国际专利合作条约(PCT)、欧洲专利公约(EPC)及我国等国家和组织一开始就采用 IPC。美国和英国目前虽然仍用本国专利分类法,但在专利文献上同时标注与本国分类相应的国际专利分类号。

一、《国际专利分类表》的分类原则

专利分类法的分类主要有两种原则,一是按功能分类,二是按应用分类。国际专利分类表则综合这两种分类原则的优点,确定采用按功能分类为主,功能和应用相结合的原则,既考虑发明的功能,又兼顾发明的实际应用。如:B05 一般喷射或雾化是功能分类,专用的喷雾则是应用分类,如:A01M21/00 除草用喷雾、A62C31/00 灭火用喷雾、F16N7/34 润滑用喷雾。国际专利分类表的使用指南规定,实用于两个以上技术领域的发明,应该优先分在功能分类的位置。

功能分类原则是根据发明的内在性质或功能将发明进行分类,并在分类表中设置了相应的分类位置,称其为功能分类位置。分类时,某项发明在技术上不受其使用范围的影响。应用分类原则是根据发明的特殊用途或应用范围将发明进行分类,并在分类表中设置了相应的分类位置,称其为应用分类位置。

二、《国际专利分类表》类目结构

1968 年第一版国际专利分类表面世以来,国际专利分类表每 5 年修订一次。现在使用的是第八版国际专利分类表,该分类表 2006 年 1 月 1 日起生效使用。

在专利文献上表示国际专利分类及版次时,简写成 Int. cl_n,n 为表示分类版次的阿拉伯数字(第一版没有数字表示)。如 Int. cl_8 表示使用的是第八版国际分类表。

国际专利分类表中的内容包括了与发明专利有关的全部技术内容,其分类方

法是以等级层叠形式,将发明的技术内容按部、大类、小类、大组、小组,以及小组中的小圆点的个数逐级分类,组成一个完整的分类体系。

1. 部(section)和分部(Sub-Section)

部(Section)是分类系统的一级类目,分为 8 个部,用大写字母 A—H 表示。部下面还有分部(Sub-section),分部只有类目,不设类号,是"部"下的一个简单标题划分。下面是 8 个部以及括号内相应分部的类目名称。

A 部:人类生活需要(农业,食品与烟草,个人或家用物品,保健与娱乐)

B 部:作业;运输(分离与混合,成型,印刷,交通运输)

C 部:化学;冶金(化学,冶金)

D 部:纺织,造纸(纺织或未列入其他类的柔性材料,造纸)

E 部:固定建筑物(建筑,钻进或采矿)

F 部:机械工程;照明;采暖;武器;爆破(发动机或泵,一般工程,照明与加热,武器与爆破)

G 部:物理(仪器,核子学)

H 部:电学

2. 大类(Class)

大类(Class)是分类系统的二级类目,类号由部的字母符号加两位阿拉伯数字组成。例如:A 部:人类生活需要;

分部:个人与家用物品;

大类:A41 服装;

大类:A42 帽类制品。

3. 小类(Sub—class)

小类(Sub—class)是分类系统的三级类目,类号由大类号加上一个大写字母(A、E、I、O、U、X 除外)组成。例如:

大类:A47 家具;家庭用的物品或设备;

小类:A47B 桌子;写字台;柜橱;

小类:A47C 椅子;沙发;床。

4. 组(Group)

组(Group)是分类系统的四级类目,组包括主组和分组(也称为大组和小组)。主组类号由小类号加上一至三位阿拉伯数字(通常三位数字为奇数),然后是一条斜线"/",斜线后再加两个零表示。分组类号是在主组的类号斜线"/"后换上"00"以外的至少两位阿拉伯数字组成。例如:

H	04	N	5	/	26
部	大类	小类	主组		分组
(电学)	(电信技术)	(传真,电视)	(电视系统)		(电视摄像机)

每一版的国际专利分类表都配有一本单独出版的《关键词索引》(Official Catchword Index)。通常,检索者在不熟悉所查技术领域的分类情况下,可以借助《关键词索引》并结合使用 IPC 分类表,确定分类范围和准确的分类号。

第三节 中国专利文献及其检索

一、中国专利说明书种类

我国自 1985 年 4 月 1 日实行专利法后,在专利申请受理后的审查程序的不同阶段,出版了大量不同类型的专利说明书。1993 年 1 月 1 日以前,我国专利法规定对专利申请采取了两种审批制度:一是对发明专利申请,实行早期公开、延迟审查的制度,即在发明专利提出申请后 18 个月内,经初步审查合格后,给予公开,出版发明专利申请公开说明书(单行本);对提出实质审查请求的,经实审合格,出版发明专利申请审定说明书(单行本);二是对实用新型和外观设计专利申请实行初步审查(又称形式审查)的制度,即在这两种专利提出申请后,初步审查合格便公告出版实用新型专利申请说明书(单行本);对外观设计专利申请不出版说明书单行本,仅在专利公报上进行公告。为了减少重复出版,对授权的三种专利,专利局一般不再出版专利说明书。如果经异议或无效程序,对发明专利申请审定说明书或实用新型专利申请说明书作出较大修改,才出版相应的经修改后的发明专利说明书或实用新型专利说明书。

1993 年 1 月 1 日起,我国专利法作了修改,取消授权前的异议程序,增加了授权后的撤销和无效程序。因此,对实质审查合格的发明专利申请,专利局即授予发明专利权,出版发明专利说明书,不再出版审定说明书;对初步审查合格的实用新型和外观设计专利申请,在授予专利权的同时,公告出版实用新型专利说明书,不再出版实用新型专利申请说明书;在外观设计专利公报上公告外观设计专利,不再公告外观设计专利申请。

根据我国现在实行的专利审查制度,在审查程序的不同阶段出版 3 种类型说明书:

1. 发明专利申请公开说明书

专利局对发明专利申请进行初步审查后出版这种说明书。

2. 发明专利说明书

专利局对发明专利申请进行实质审查并批准授权后出版这种说明书。

3. 实用新型专利说明书

专利局对实用新型专利申请进行初步审查并批准授权后出版这种说明书。

二、中国专利说明书的内容

中国专利说明书采用了国际上通用的专利文献编排方式,即每一件说明书单行本依次是由说明书扉页、权利要求书、说明书和附图(如果有的话)所组成。说明书扉页的内容依次包括:著录事项、说明书摘要和附图(如果有的话)。扉页上的著录项目包括:专利申请日期、申请号、公开(告)号、公布日期、分类号、发明人、申请人、专利权人、代理人姓名、地址、发明名称等,对享有优先权的专利申请,其扉页上还包括优先权申请日、申请号、及申请国。

三、中国专利说明书的编号

中国专利说明书的编号体系包括:
申请号——在提交专利申请时给出的编号;
专利号——在授予专利权时给出的编号;
公开号——对发明专利申请公开说明书的编号;
审定号——对发明专利申请审定说明书的编号;
公告号——对实用新型专利申请说明书的编号;
　　　　　对公告的外观设计专利申请的编号;
授权公告号——对发明专利说明书的编号;
　　　　　　对实用新型专利说明书的编号;
　　　　　　对公告的外观设计专利的编号。

中国专利说明书的编号体系从 1985 年开始到现在共分成 4 个阶段,前三个阶段编号体系如下:1985～1988 年为第一个阶段(见表 10-1),1989～1992 年为第二阶段(见表 10-2),1993 年以后为第三阶段(见表 10-3)。

表 10-1　1985～1988 年的编号体系

专利种类	编号名称	编号示意图
发　明	申请号 (专利号)	88 1 00001
实用新型		88 2 10369
外观设计		8 3 00457
发　明	公开号	CN 88 1 00001A
	审定号	CN 88 1 00001B
实用新型	公告号	CN 88 2 10369U
外观设计	公告号	CN 88 3 00457S

表 10 - 2 1989~1992 年的编号体系

专利种类	编号名称	编号示意图
发 明	申请号 （专利号）	89 1 03229.2
实用新型		90 2 04457.X
外观设计		91 3 01681.4
发 明	公开号	CN 1030001A
	审定号	CN 1003001B
实用新型	公告号	CN 2030001U
外观设计	公告号	CN 3003001S

表 10 - 3 1993~2004 年 7 月 1 日编号体系

专利种类	编号名称	编号示意图
发 明	申请号 （专利号）	93105342.1
实用新型		93200567.2
外观设计		93301329.X
发 明	公开号	CN 1087369A
	授权公告号	CN 1020584C
实用新型	授权公告号	CN 2131635Y
外观设计	授权公告号	CN 3012543D

说明：

①表中 3 种专利申请号都是由 8 位或 9 位数字组成,小数点前 8 位数中,前两位表示申请年份,88 指 1988 年;第三位数字表示专利种类,1 代表发明,2 代表实用新型,3 代表外观设计;后五位数字是当年内该类专利申请的序号,小数点后为计算机校验码。

②表中专利号和申请号相同。

③表中公开号、审定号、公告号(授权公告号)前冠以 CN 为国际通用国别代码。表 10 - 1 中有年代 88 字样,其余表均取消,1、2、3 仍分别代表 3 种专利,后面号码均为序号,大写字母为各种专利说明书的类型。

2004 年 7 月 1 日以后为第四阶段。由于中国专利申请量的急剧增长,原来申请号中的当年申请的顺序号部分只有 5 位数字,最多只能表示 99999 件专利申请,在申请量超过 10 万件时,就无法满足要求。于是,国家知识产权局不得不在 2003

年10月1日起,开始启用包括校验位在内的共有13位(其中的当年申请的顺序号部分有7位数字)的新的专利申请号及其专利号。

为了满足专利申请量的急剧增长的需要和适应专利申请号升位的变化,国家知识产权局制定了新的专利文献号标准,从2004年7月1日起启用新标准的专利文献号(见表10-4)。

表10-4　2004年7月1日以来的编号体系

专利种类	编号名称	编号示意图
发　明	申请号(专利号)	200310102344.5
实用新型		200320100001.1
外观设计		20033010000.6
发　明	公开号	CN 1 00378905A
	审定号	CN 1 00378905B
实用新型	公告号	CN 2 00364512U
外观设计	公告号	CN 3 00123456S

3种专利的申请号由12位数字和1个圆点以及1个校验位组成,按年编排,如200310102344.5。其前4位表示申请年代,第5位数字表示要求保护的专利申请类型:1代表发明,2代表实用新型,3代表外观设计。第6位至12位数字(共7位数字)表示当年申请的顺序号,然后用一个圆点分隔专利申请号和校验位,最后一位是校验位。

自2004年7月1日开始出版的所有专利说明书文献号均由表示中国国别代码CN和9位数字以及1个字母或1个字母加1个数字组成。3种专利按各自的流水号序列顺排,逐年累计;最后一个字母或1个字母加1个数字表示专利文献种类标识代码。

四、中国专利检索工具

1. 书本式专利文献检索工具

(1)《专利公报》

中国专利公报是中国专利局的官方出版物,专门公布和公告与专利申请、审查、授权有关的事项和决定。专利公报是查找中国专利文献,检索中国最新专利信息和中国专利局业务活动的主要工具书。

中国专利公报分为《发明专利公报》、《实用新型专利公报》和《外观设计专利公报》三种。自1990年起,三种公报均为周刊。

《发明专利公报》的主体是报道申请公开、申请审定(1993年1月1日前)、专利权授权和专利事项变更的内容及索引。申请公开部分，著录每一件专利申请的IPC分类号、申请号、公开号、申请日、优先权、申请人、发明人、发明名称、摘要及附图等内容，也就是说明书扉页上的内容。款目按IPC号字母数字顺序编排。申请审定和专利授权部分无文摘，其他著录项目除个别变动外，与申请公开部分相同。这三部分分别编制了IPC索引、申请号索引和申请人(专利权人)索引，以及公开号(公告号)/申请号对照表，提供从国际专利分类、申请人(专利权人)和公开号(公告号)检索中国专利的途径。

此外，在《发明专利公报》的专利事务部分，还通报实质审查、申请的驳回与撤回、变更、专利权的继承和转让、强制许可、专利权的无效宣告和终止等事项。《实用新型专利公报》和《外观设计专利公报》只有申请公告(1993年1月1日前)、专利权授予和专利事务等部分以及相应的索引。编排体例与《发明专利公报》相似。

(2)《中国专利索引》

《中国专利索引》是《专利公报》中索引的年度累积本，分为分类年度索引和申请人、专利权人年度索引两个分册。各分册都包括发明专利、实用新型专利和外观设计专利三部分。

分类年度索引的款目按IPC号顺序排列。检索者根据检索课题所属的国际专利分类号，可由此索引查出有关专利的公开号(公告号)、申请人(专利权人)、发明名称及《专利公报》刊登的卷期号。

申请人、专利权人年度索引按申请人或专利权人姓名或译名的汉语拼音字母顺序排列。检索者根据申请人或专利权人的姓名或译名，可由索引检索出其专利申请的公开号(公告号)、IPC号、发明名称及《专利公报》刊登卷期号。

2. 中华人民共和国国家知识产权局网站(http://www.sipo.gov.cn)

中华人民共和国国家知识产权局网站是国家知识产权局对国内外公众进行信息报道、信息宣传、信息服务的网站。该网站提供多种与专利相关的信息服务。包括概况、新闻动态、法律法规、国际合作、专利管理、信息化工作、政策理论、宣传培训、会议论坛等栏目。该网站提供了有关专利申请、专利审查、专利保护、专利代理、PCT介绍、集成电路布图设计、文献服务、图书期刊、专利信息产品、专利培训、专利知识与专利工作问答等方面的详细信息，数据中心还提供各种统计信息，并建立了与知识产权相关政府网站、国内政府网站、地方知识产权局网站、知识产权服务网站、国外知识产权网站、知识产权司法网站、国家知识产权战略网、中国生物多样性知识产权网、国际保护知识产权协会中国分会等网站的链接，是用户通过Internet查找专利信息的重要途径。

国家知识产权局网站中的专利数据库收录了1985年中国专利法实施以来公

开的全部中国发明、实用新型、外观设计专利的题录、文摘、说明书全文和法律状态信息,是检索中国专利的权威数据库。该数据库每周三更新一次。

进入国家知识产权网站,点击主页右方的"中国专利检索",进入专利数据库检索界面(如图10-1),数据库提供16个检索字段,分别是申请(专利)号、名称、摘要、申请日、公开(公告)日、公开(公告)号、分类号、主分类号、申请(专利权)人、发明(设计)人、地址、国际公布、颁证日、专利代理机构、代理人和优先权。检索时可选择一个或多个检索字段,在对话框中输入相应的检索词,有些检索字段还允许进行复杂的逻辑运算。各检索字段之间全部为逻辑"与"运算。

图10-1 中国专利数据库检索界面

在检索界面输入框的上方有"发明专利"、"实用新型专利"、"外观设计专利"三种选择。检索时首先根据需要选择检索范围,然后在检索界面中选择检索字段的对话框中输入检索条件,所有检索条件输入完备,点击输入框下面的"确定"按钮,系统将执行检索并进入检索结果显示页。在检索结果显示页,根据检索条件,列出该检索式在相应数据库中命中的记录数。检索显示专利申请号及专利名称信息。点击相应的专利类型可直接进入命中的相应类型专利的显示页面。每页最多显示10条记录。在显示页的下方,可以查看目前所在页码及总页数,还可以快速跳转到指定页码或直接回到检索结果的首页、上一页、下一页。点击任一条记录的专利名称项,将进入专利题录和摘要信息显示页。

如查找"可调电阻器"专利,在"专利检索"提供的名称字段中输入"可调电阻器"一词,可选择"发明专利"和"实用新型专利"两种,检索结果显示三条专利,点击其中一条,在题录、摘要显示页的左侧列出专利说明书全文总页数。点击说明书页码的链接,就可以看到该专利说明书的全文。

专利说明书全文为 TIF 格式文件,查看全文应安装相应的浏览器。在数据库检索界面下方有全文浏览器安装工具条。也可以使用操作系统自带的图像浏览软件或其他可阅读 TIF 格式文件的软件阅读说明书全文。

3. 万方数据资源系统专利数据库

万方数据资源系统科技信息子系统的专利技术类数据库收录 1985 年中国专利法实施以来公开的中国发明、实用新型、外观设计专利的题录、文摘信息。登录万方数据资源系统,点击科技信息子系统,在专利技术类数据库栏目中提供发明专利、实用新型专利、外观设计专利 3 种数据库选择。数据库提供 3 个检索对话框,每个对话框提供包括全文、专利名称、发明人、申请人、主申请人地址、申请号、申请日期、审定公告号、审定公告日、分类号、主分类号、文摘、代理机构、代理人等 14 个检索字段选择,各对话框之间可进行"与"、"或"、"非"的布尔逻辑运算。

4. 中国专利信息网(http://www.patent.com.cn)

中国专利信息网由国家知识产权局专利检索咨询中心于 1997 年 10 月开发建立,该网站的中国专利数据库收录了 1985 年以来公开的全部中国发明、实用新型和外观设计专利的题录和文摘信息。可通过简单检索、逻辑检索、菜单检索 3 种方法检索题录(包括法律状态)、文摘和权利要求信息,并浏览和打印发明、实用新型专利全文扫描图形。访问该网站需先进行用户注册。该网站提供世界 174 个国家、地区和组织的专利网站链接。

5. 中国知识产权网(http://www.cnipr.com)

中国知识产权网是由国家知识产权局专利文献出版社于 1999 年 10 月创建的知识产权信息与服务网站。该网站的专利数据来源于每周出版的电子版《专利公报》。数据库收录了 1985 年中国专利法实施以来公开的全部中国发明、实用新型和外观设计专利,设有发明、实用新型、外观设计专利数据库和法律状态数据库。该数据库提供"基本检索"和"高级检索"两种方法。该网站提供 70 个国内专利网站及 10 个国外知名专利网站的链接。

第四节 外国专利文献及其检索

一、德温特世界专利检索体系

德温特公司(Derwent Publication Ltd.)创建于 1951 年,是英国一家专门从事专利文献报道的出版机构。该公司从成立到现在,出版的一整套专利检索体系,德温特专利检索体系包括两大部分(索引与文摘)、6个系统(WPI,GMPI,CPI,EPI,EPA,Others),约20个支系、300多个分册。主要刊物如图10-2。

德温特体系、法国
- 索引部分
  - (1)P分册 ⎫
  - (2)Q分册 ⎬ 周刊,共4个分册
  - (3)S—X分册 ⎪
  - (4)A—N分册 ⎭
    - (1)专利权人索引
    - (2)IPC索引
    - (3)登记号索引
    - (4)专利号索引
  - (5)累积索引(CI):上述四个分册内容的累积,季刊、年刊、多年累积等
  - (6)优先案索引:四主题综合,周刊、季刊(累积)
  - (7)登记号对照索引:1985年起,月刊
- 文摘部分
  - 分类文摘:
  - (1)综合与机械专利索引(GMPI):P、Q两主题
    $P_1—P_3$、$P_4—P_8$、$Q_1—Q_4$、$Q_5—Q_7$ 共4个分册
  - (2)电气专利索引(EPI):S、T、U、V、W、X共6个分册
  - (3)化学专利索引(CPI):A、B、C、D、E、F、G、H、I、J、K、L12个分册
  - (4)电气专利文摘(EPA):EPI的累积本
  - 分国文摘(WPA):
  - 分别报道英国、德国、比利时、美国、欧洲专利局、PCT、日本、荷兰、俄罗斯等国的四主题专利
- 其他
  - (1)电气专利代码手册(季刊)
  - (2)电气专利分类手册(月刊)
  - (3)化学基本专利杂志(BAT)
  - (4)化学专利分类小手册(月季)
  - (5)化学反应文献服务月刊(CRDS)
  - (6)生物技术文献半月刊

图 10-2 德温特专利检索体系主要出版物示意

1. 索引部分

(1)《世界专利索引》(World Patents Index Gazette,简称 WPIG) WPIG 创建于1974年,周刊,以题录形式快速报道世界各主要专利国家的专利文献,称之为题录周报。

WPIG 按德温特学科分类,分成综合、机械、电气、化工4个分册。每个分册的名称及其所涉及的主题内容包括:

P:General 综合分册 报道农业、食品、轻工、医药和一般的工业加工工艺与设备以及光学、摄影等方面的专利;

Q:Mechanical 机械分册 报道运输、建筑、机械工程与元件、动力机械、照明、加热等方面的专利;

S—X:Electrical 电气分册 原名为R分册,1988年第36周起改现名。报道

仪器仪表、计算机和自动控制、测试技术、电工和电子元器件、电力工程和通信等方面的专利。

A—M:Chemical 化工分册　原名为 CH 分册。1988 年第 36 周起改现名。报道一般化学与化学工程、聚合物、药品、农业、食品、化妆品、洗涤剂、纺织、造纸、印刷、涂层、照明、石油、燃料、原子能、爆炸物、耐火材料、硅酸盐及冶金等方面的专利。

WPIG 的上述四个分册都是由以下四种索引组成的：
Patentee Index　　专利权人索引
IPC Index　　国际专利分类索引
Accession Number Index　　登记号索引
Patent Number Index　　专利号索引

以上四种索引是为满足查找专利文献的不同需要而编制的,因此也就给用户提供了四种检索世界专利的途径。

(2) 累积索引(Cumulative Index,简称 CI)　由于 WPIG 的四种分册是周刊,不便于追溯检索,因此,德温特公司以缩微形式出版了 5 种 WPIG 累积索引,它们是：

a.《专利权人索引》(Patentee Index):分四部分出版,即 CH(A—M)、P、Q、R(S—X);

b.《国际专利分类索引》(IPC Index):分四部分出版,同上；

c.《登记号索引》(Accession Number Index):分三部分出版,即 CH(A—M)、P+Q、R(S—X);

d.《同族专利索引》(Patent Number Family):分两部分出版,即 CH(A—M)、P+Q+R(S—X);同族专利索引用于从专利号检索相同专利；

e.《优先权索引》(Priority Index):分两部分出版,即 CH(A—M)、P+Q+R(S—X);

WPIG 累积索引累积的时间从一个季度到 10 年不等。

2. 文摘部分

德温特公司出版的文摘部分主要有分类本和分国本两种,分别按照分类和国家报道世界专利文献。这里主要介绍分类文摘。

德温特公司出版的分类文摘也均为周刊。为区别于 WPIG 题录周报,称之为文摘周报。

德温特对其所收录专利文献的 35 个国家(地区)、组织和刊物具有主要国家和次要国家之分,一般说来,在文摘周报中只报道主要国家的专利文摘,对次要国家的专利则只在 WPIG 中以题录的形式报道。因此,并非 WPIG 所有题录在文摘周

报中均可找到相应的文摘。目前,德温特出版的分类文摘周报主要有三大系列:

(1)《化学专利索引》(《Chemical Patents Index》,简称 CPI) CPI 创刊于 1970 年,文摘型周刊。其前身为《Central Patents Index》(中心专利索引),1986 年起易为现名。

(2)《电气专利索引》(《Electrical Patents Index》,简称 EPI) EPI 创刊于 1980 年,文摘型周报。主要以文摘的形式报道世界有关电气领域的专利文献。

(3)《综合与机械专利索引》(《General & Mechanical Patents Index》简称 GMPI) GMPI 创刊于 1975 年,文摘型周刊。其前身为《世界专利文摘》(《World Patents Abstracts》,简称 WPA)的前四个分册。过去的 WPA 分类文摘含有 7 个分册,即:P_1-P_3、P_4-P_8、Q_1-Q_4、Q_5-Q_7、S—T、U—V、W—X。1988 年第 36 周起改为现名,并只包括 4 个分册,即:P_1-P_3、P_4-P_8、Q_1-Q_4、Q_5-Q_7,而将 S—X 各分册的内容并入 EPI,但分国本的 WPA 仍沿用旧名出版。

GMPI 主要以文摘的形式报道世界有关综合与机械领域的专利文献。WPIG 中的 P、Q 的各个分册在内容上与 GMPI 的 4 个分册分别相应。

(4)《电气专利摘要》(《Electrical Patents Abridgements》,简称 EPA) EPA 于 1975 年创刊,是电气类专利的累积本,EPA 所报道的专业领域和地区同 EPI,用 84 个分册来报道电气类专利文摘。文摘部分的著录基本同于 EPI,但编排却不相同。它按德温特自编的 EPA 类号排(该类表不同于 EPI),类号下再按登记号顺序排。EPA 没有辅助索引。它主要用于电气类专利的普查,其使用方法也基本同于 EPI。

德温特专利检索体系中上述六种主要检索刊物及其各分册都自成体系,可以单独使用。文摘周报目前有 CPI、EPI、GMPI3 个系列,3 个系列中的各分册又均有各自的辅助索引,而 EPA 主要是电气类专利的累积本。由于报道范围和出版速度不同,德温特公司又出版了一个总索引 WPIG。WPIG 无论在出版速度,还是在报道的内容和国家,都比文摘周报要快得多,广泛得多,因而从检索最新世界专利的角度看,无疑具有更大的价值。

3. 德温特专利网络信息检索(http://www.patentexplorer.com)

德温特公司 1997 年 11 月最新在互联网上推出的专利服务站点,收录了 1974 年以来美国专利文献 200 万条,1978 年以来欧洲专利文献 100 万条,是互联网上第一家用全文和图像方式同时提供美国和欧洲专利服务的系统。Patent Explorer 上的检索全部免费,并允许用户保存检索结果,同时提供一整套文献传送服务。

二、其他国外专利数据库

1. 世界知识产权数字图书馆网站(http://ipdl.wipo.int)

世界知识产权数字图书馆(Intellectual Property Digital Library,简称 IPDL)

由世界知识产权组织于1998年建立,主要收录有PCT国际专利公报数据库、PCT国际专利全文图形数据库、马德里快报数据库、海牙快报数据库、健康遗产测试数据库和专利审查最低文献量科技期刊数据库。系统中信息更新时间有的每天更新,有的每周更新,有的每月更新。

2. 欧洲专利局网站(http://ep.espacent.com)

欧洲专利局网站是由欧洲专利局、欧洲专利组织成员国及欧洲委员会共同研究开发的专利信息网上免费检索系统。该网站提供了自1920年以来世界上50多个国家公开的专利题录数据库及20多个国家的专利说明书。该网站是检索世界范围内专利信息的重要平台。该系统中各数据库收录专利国家的范围不同,各国收录专利数据的范围、类型也不同。在该网址的主页面里有4个不同数据库的链接点:Search in European(EP)patents、Search in PCT(WO)patents、Search in Japanese(JP)patent 和 Search in worldwide patents。

EP各成员国数据库,收录欧洲各成员国和欧洲专利局最近24个月公开的专利。WO数据库,收录世界知识产权组织最近24个月公开的专利。以上数据库使用原公开语言检索近两年公开的专利,提供有专利全文扫描图像,在此之前的专利文献可通过世界范围专利数据库检索。JP专利数据库,收录1976年10月以来的日本专利,首页扫描图像始于1980年,专利名称和文摘为英文,由于翻译方面的原因,数据库的更新较慢,一般在专利公开6个月内上载到数据库中。世界范围专利数据库,收录71个国家5000多万件专利。在世界范围专利数据库所收录专利的国家中,收录题录、摘要、全文扫描图像、IPC及ECLA分类信息的只有英、德、法、美少数几个国家,大部分国家只收录题录数据而未提供全文扫描图像。

3. 美国专利商标局网站(http://www.uspto.gov)

美国专利商标局网站是美国专利商标局建立的政府性官方网站,收录美国自1790年实施专利法以来至最近一周的所有美国专利。其中,1976年1月至目前的专利提供全文检索功能,可获得HTML格式的专利说明书及权利要求书,并提供专利全文扫描图像链接。1790年至1975年12月的专利只能通过专利号和美国专利分类号检索,并通过链接查看专利全文扫描图像。

4. 加拿大国家知识产权局网站(http://cipo.gc.ca)

该网站是由加拿大国家知识产权局建立的政府官方网站,可通过英语、法语免费检索加拿大专利信息。该数据库收录了1920年以来的加拿大专利说明书文本及扫描图形信息。可提供4种检索途径:基本检索、专利检索、专利号检索、布尔检索和高级检索。1978年8月15日以前授权的专利未收录文摘和权利要求信息,只能通过专利号、标题、发明人、分类号进行检索。

5. 澳大利亚知识产权局网站(http://ipaustralia.gov.au)

该网站提供澳大利亚1975年以来公开的专利申请的免费检索。点击网站主页上的"Search Database",系统提供 4 个数据库:新专利方案数据库(New Patent Solution Datebase)、专利主机题录数据库(Patents mainframe bibliographic datebase)、澳大利亚公开专利数据库(AU Published Patent Date Searching)和专利说明书全文数据库(Patent specifications)。

6. 日本特许厅工业产权数字图书馆(http://www.jpo.go.jp)

该网站提供 1976 年以来公开的日本专利及 1993 年 1 月以来日本专利的法律状态信息。专利信息每月更新,专利法律状态信息每两周更新。通过关键词、公开号等字段进行检索。数据库支持英、日两种语言检索。英文界面提供日本专利的英文摘要信息,日文界面提供日本专利说明书全文信息。

7. 韩国专利数据库网站(http://kipris.or.kr/englisn/index,html)

该网站由韩国知识产权信息中心于 1998 年开始建立,于 2000 年 1 月开始通过互联网向公众提供免费专利检索服务。数据库提供韩国专利、商标等知识产权的韩文信息,并提供美国、日本、欧洲专利的英文摘要信息。首次访问该数据库的用户需要进行用户注册。

思考题

1. 中国专利有哪几种类型?授予专利权的发明创造必须具备什么条件?
2. 什么是专利制度?如何在我国申请专利?
3. 中国专利文献检索途径有哪些?
4. Internet 上有哪些免费专利数据库?

第十一章 标准文献及其检索

第一节 概 述

一、标准文献概述

1. 标准

标准是科学技术和经济管理研究工作成果的一种表现形式,是生产科研活动中对产品、工程及其他技术基础上的质量、品种、检验方法及技术要求等所作的统一规定,是有关方面共同遵守的技术依据和准则。

2. 标准文献

标准文献一般是指由技术标准、管理标准及其他具有标准性质的类似文件所组成的特种文献体系。广义的标准文献是指包括除标准原始文件以外的一切标准化的书刊、目录和手册等。狭义的标准文献是指"标准"、"规范"、"技术要求"等。

标准文献是反映标准的技术文献,是一种重要的情报源,它反映了一个国家、一个部门、一个地区、一个行业的生产、技术和管理水平。世界上现有几十万件国际标准和国家标准,每年还以较快的速度增长。因此,积极采用标准和了解标准,对一个国家的进步和发展起着重要的作用。

二、标准文献的类型

1. 按标准内容划分

(1)基础标准　是指在一定范围内作为其他标准的基础并普遍使用,具有广泛指导意义的标准。如有关名词、术语、符号、代号、标志、单位等方面标准。

(2)产品标准　规定产品的品种、系列、分类、参数、型号尺寸、技术要求、试验等。

(3)方法标准　指以试验检查、分析、统计、计算、测定、作业等各种方法为对象而制定的标准。

(4)辅助产品标准　包括工具、模具、量具、夹具、专用设备及其部件的标准等。

(5)安全标准　指以保护人和物的安全为目的而制定的标准。

(6)卫生标准　指为保护人的健康,对食品、医药及其他方面的卫生要求而制定的标准。

(7)环境保护标准　环境保护标准是指为保护环境和有利于生态平衡对大气、水质、土壤、噪声、振动等环境质量、污染源、检测方法及其他事项而制定的标准。

2. 按使用范围划分

(1)国际标准　是指国际间通用的标准。如:国际标准化组织标准(ISO)、国际电工委员会标准(IEC)等。

(2)区域标准　是经世界某一地区的若干国家标准化机构协商一致颁布的标准。如:全欧标准(EN)、欧洲计算机制造商协会标准(ECMA)等。

(3)国家标准　是指一个国家的全国性标准化机构颁布的标准。如:我国国家标准(GB)、美国国家标准(ANSI)、英国国家标准(BS)等。

(4)专业标准　是指某一专业团体对其所采用的零部件或原材料、完整的产品及有关工艺设备所制定的标准。如:美国材料与试验协会标准(ASTM)、美国石油学会标准(API)。

(5)企业标准　由公司企业自己规定的统一标准,在该公司企业内施行。如:美国波音飞机公司标准(BAC)。

3. 标准成熟程度划分

(1)法定标准　也称正式标准,是指具有法律性质的必须遵守的标准。

(2)推荐标准　是制定和颁布标准的机构建议优先遵循的标准。

(3)试行标准　指内容不够成熟,尚有待在使用实践中进一步修订、完善的标准。

(4)标准草案　指审批前由草拟者或提出机构供讨论并征求有关方面修改意见的标准稿件。

标准文献除了以标准命名外,还常以规范、规程、建议等名称出现。国外标准文献常以 Standard(标准),Specification(规格、规范),Rules、Instruction(规则),Practice(工艺),Bulletin(公报)等命名。

三、标准的认证注册制度

标准的认证注册制度,是指目前世界上许多国家实行的"ISO9000 系列标准的认证注册制度",是利用标准对产业或者服务的质量及其保证体系进行全面考评的全新制度。近年来首先在欧洲迅速开展起来。在欧洲经济共同体(EC)各国,认证注册制度由强制认证、任意认证和企业认证注册等形式。

1. 强制认证

强制认证是一种有政府机关参与,由第三方认证机构进行的认证形式,规定强制认证的产品,利用强制性标准进行企业认证注册,产品必须附有欧洲的认证标志才能在 EC 市场上销售。强制认证的考评内容包括欧洲产品标准的考评以及与 ISO9001,ISO9002,ISO9003 质量体系相适应的考评。

2. 任意认证

任意认证是企业自主申请,由第三方民间认证机构独立进行考评的一种认证形式。认证的考评内容是产品与认证机构所采用的产品标准的符合性,或者企业的质量体系与 ISO9000 系列标准的相适应性。

3. 企业认证注册制度

企业认证注册制度只是对企业质量体系与 ISO9000 系列标准的相适应性进行考评。为了提高我国产品质量和产品在国际市场上的竞争力,我国已规定自 1993 年 1 月 1 日起,国际标准在我国与国家标准享有同等效力。在近年来我国国家标准制定的过程中,直接引用或参照国际标准制定的越来越多。对引用的国际标准均在标准文本中注明。在 ISO9000 系列标准发布后,我国先是于 1998 年颁布了等效标准 GB/T10300 系列标准,后于 1992 年颁布了等同标准 GB/T19000 系列标准。

1991 年 5 月,我国正式颁布《中华人民共和国产品质量认证管理条例》。成立了中国方圆标志认证委员会,英文名称为 China Certification Committee for Quality Mark,简称 CQM。CQM 是国家技术监督局设立的第三方国家认证机构,使用国家标准的认证证书和方圆认证标志。我国产品质量认证标志分两种,标志图案为外方内圆(见图 11-1)。

图 11-1 两种认证标志

说明:①安全认证标志,实行安全认证的产品,必须符合我国《标准化法》中有关强制性标准的要求;②合格认证标志,实行合格认证的产品,必须符合《标准化法》规定的国家标准或者行业标准的要求。

四、标准文献的分类

1. 国际标准文献的分类

《国际标准分类法》(简称 ICS)是 1991 年 ISO 组织完成制定的,它主要用于建立国际标准、区域性标准、国家标准及其他标准文献的目录结构,并作为国际标准、区域性标准和国家标准的订购系统的基础,也可用作数据库和图书馆中标准及文献的分类。

ISO 从 1994 年开始在标准上采用 ICS 分类法。目前,ICS 的最新版本(第 4 版)已正式出版。1996 年,ISO 中央秘书处对 ICS 的使用进行了调查,调查范围包括所有 ISO 成员和 6 个国际和区域性标准组织。在返回调查表的 79 个 ISO 成员中,有 52 个采用 ICS;23 个准备采用;4 个因能力所限,不准备采用。在 6 个国际和区域性标准组织中,有 5 个采用了 ICS,1 个准备采用。另外,有 34 个成员将 ICS 翻译成了 26 种文字,有 24 个成员正式出版了 ICS。

ICS 采用三级分类,第一级由 41 个大类组成,第二级分为 405 个二级类目,第三级为 884 个三级类目。分类法采用数字编号,第一级和第三级采用双位数,第二级采用 3 位数表示,各级类目之间以实圆点(中文版采用短横线)相隔。

我国自 1995 年开始对 ICS 进行分析,将其与中国标准分类法进行了对照,于 1996 年出版了 ICS 的中文版,该版本是在 ICS 的结构下,根据我国国情适当补充而形成的。目前,与 ICS 第 4 版相对应的 ICS 中文版也即将出版,该中文版中仍增加了一些适合我国国情的条目。至今为止,我国在标准分类上仍采用 ICS 与中国标准分类法并行的办法,随着我国标准化工作与国际的接轨,ICS 将最终取代中国标准分类法。

2. 我国标准文献的分类

1984 年国家标准局编制了适合我国国情的标准文献专用的《中国标准文献分类法》(试行),它用于除军工标准外的各级标准和有关标准文献的分类。其分类体系结构以专业划分为主,由一级类目和二级类目组成。一级类目设有 24 个大类,先从人类基本生产活动排序,后划分工业生产和人类生活需要,其大类序列如下:

A 综合	B 农林、林业
C 医药、卫生、劳动保护	D 矿业
E 石油	F 能源、核技术
G 化工	H 冶金
J 机械	K 电工
L 电子技术、计算机	M 通信、广播
N 仪器、仪表	P 建筑
Q 建材	R 公路与水路运输
S 铁路	T 车辆
U 轮船	V 航空、航天
W 纺织	X 食品

Y 轻工、文化与生活用品　　　　Z 环境保护

第二节　国内标准及其检索

一、概况

我国的标准化工作从1956年制定全国统一的标准开始,1978年5月国家标准总局成立和1979年7月"中华人民共和国标准管理条例"的颁布,标志着我国标准化工作进入了一个新的发展时期。1978年9月中国标准化协会(CAS),加入了国际标准化组织(ISO),并参加了其中的103个技术委员会。1975年参加了国际电工委员会(IEC)。信息产业部代表中国于1978年参加了国际电信联盟(ITU)。中国曾任ISO理事会、技术管理局、IEC执委会和管理局的成员。中国每年派出几百名专家出席ISO、IEC组织的各种技术会议,并与许多国家进行了标准化交流和学习。

二、我国标准的等级编号

1. 标准的等级

我国的标准分为国家标准、行业标准、地方标准和企业标准4级。

(1)国家标准　这是对全国经济、技术发展有重大意义的,必须在全国范围内统一和实施的标准。

(2)行业标准　指行业的标准化主管部门发布的某一行业范围内统一和实施的标准。

(3)地方标准　指在没有国家标准和国家标准不能满足需要的情况下,依据某地区的特殊情况在该地区范围内统一的标准。目前地方标准很少,绝大部分都下放给企业。

(4)企业标准　指由企业或上级有关机构批准发布的标准,是为了不断提高产品质量、强化竞争能力、适用企事业单位的标准。

2. 标准编号

根据规定,我国国家标准及行业标准的代号一律用两个汉语拼音大写字母表示,编号由标准代号＋顺序号＋批准年代组成。

(1)国家标准　其代号有3种:

GB XXXX—XX　　强制性国家标准

GB/T XXXX—XX　　推荐性国家标准

GB/* XXXX—XX　　降为行业标准而尚未转化的原国家标准

(2) 行业标准 用该行业主管部门名称的汉语拼音字母表示,机械行业标准用 JB 表示,轻工行业标准用 QB 表示等等。例如 JT/T 280－2004 是指交通行业 2004 年颁布的"路面标线涂料标准"。

(3) 地方标准 由"DB"(地方标准代号)加上省域、市域编号,再加上专业类号(以字母表示)及顺序号和标准颁布年份组成地方标准编号。例如 DB42/T 182－2006 湖北省质量技术监督局颁发的"采花毛尖"标准。

(4) 企业标准 其代号用汉语拼音字母和阿拉伯数字两者兼用组成。以 Q 为分子,以企业名称的代码为分母再加顺序号、年号表示。例如 Q/MST 6－2007 是佛山市南海区美膳堂保健食品厂的"维生素果味饮料"标准。

我国行业标准信息列表如下(表 11－1)。

表 11－1 中华人民共和国行业标准一览表

行标名称	代码	行标名称	代码
包装行业标准	BB	供销合作行业标准	GH
船舶行业标准	CB	民用航空行业标准	MH
测绘行业标准	CH	煤炭行业标准	MT
工程建设推荐性标准	CECS	民政行业标准	MZ
城建行业标准	CJ	农业行业标准	NY
城建行业工程建设规程	CJJ	轻工业行业标准	QB
新闻出版行业标准	CY	汽车行业标准	QC
档案行业标准	DA	航天行业标准	QJ
地震行业标准	DB	气象行业标准	QX
电力行业标准	DL	商业行业标准	SB
地质行业标准	DZ	水产行业标准	SC
核工行业标准	EJ	石油化工行业标准	SH
纺织行业标准	FZ	电子化工行业标准	SJ
公安行业标准	GA	水利行业标准	SL
广播电影电视行业标准	GY	商品检验行业标准	SN
航空行业标准	HB	石油行业标准	SY
化工行业标准	HG	铁道行业标准	TB
化工行业工程建设规程	HGJ	土地行业标准	TD
海洋行业标准	HY	文化行业标准	WH

(续表)

行标名称	代码	行标名称	代码
环保行业标准	HJ	外贸行业标准	WM
海关行业标准	HS	物资行业标准	WB
机械行业标准	JB	卫生行业标准	WS
建材行业标准	JC	稀土行业标准	XB
建筑行业标准	JG	黑色冶金行业标准	YB
建筑行业工程建设规程	JGJ	烟草行业标准	YC
交通行业标准	JT	通信行业标准	YD
金融行业标准	JR	有色冶金行业标准	YS
教育行业标准	JY	医药行业标准	YY
旅游行业标准	LB	邮政行业标准	YZ
劳动行业标准	LD	中医药行业标准	ZY
林业行业标准	LY		

三、我国标准文献的检索

1. 书本式标准文献检索工具

利用书本式标准文献检索工具查找国内标准文献,主要可采用分类途径和标准号途径。

(1)《中国国家标准汇编》

该汇编是一部大型综合性国家标准全集。自1983年起,按国家标准顺序号以精装本、平装本两种装帧形式陆续分册汇编出版。它在一定程度上反映了新中国成立以来标准化事业发展的基本情况和主要成就,是各级标准化管理机构,工矿企事业单位,农林牧副渔系统,科研、设计、教学等部门必不可少的工具书。收入我国每年正式发布的全部国家标准,分为"制定"卷和"修订"卷两种编辑版本。"制定"卷收入上年度我国发布的、新制定的国家标准,顺延前年度标准编号分成若干分册,封面和书脊上注明"20××年制定"字样及分册号,分册号一直连续。各分册中的标准是按照标准编号顺序连续排列的,如有标准顺序号缺号的,除特殊情况注明外,暂为空号。"修订"卷收入上年度我国发布的、被修订的国家标准,视篇幅分设若干分册,但与"制定"卷分册号无关联,仅在封面和书脊上注明"20××年修订—1,—2,—3,……"字样。"修订"卷各分册中的标准,仍按标准编号顺序排列(但不连续);如有遗漏的,均在当年最后一分册中补齐。个别非顺延前年度标准编号的新制定的国家标准没有收入在"制定"卷中,而是收入在"修订"卷中。自 1996 年起,《中国国家标准汇编》仅出版精装本。

(2)《中华人民共和国国家标准目录总汇 2009》(上、下)

该书由国家标准化管理委员会编,由中国标准出版社出版。本书收录截至 2008 年年底批准、发布的全部现行国家标准信息,同时补充被代替、被废止国家标准目录及国家标准修改、更正、勘误通知等相关信息。分上、下册出版,内容包括四部分:国家标准专业分类目录,被废止的国家标准目录,国家标准修改、更正、勘误通知信息以及索引。第一部分国家标准专业分类目录,按中国标准文献分类法(CCS)编排,收录截至 2008 年底前批准、发布的现行国家标准信息,条目共 22918 项。本书目录中列出了 CCS 大类的代号(字母)及正文所在页码,在本部分的每大类前,设页列出该大类的二级类目分类号及类名。本部分的"类号"指 CCS 的分类号。"代替标准"中的国家标准,其属性参照国家标准清理整顿的结果及《中华人民共和国强制性国家标准目录》信息整理。

(3)《中华人民共和国强制性地方标准和行业标准目录 2005》

该书由国家标准化管理委员会编,收录截止到 2005 年 4 月底以前全国各省、自治区、直辖市的标准主管部门发布的强制性地方标准目录和国务院有关部门发布的强制性行业标准目录,全书分上下两篇,强制性地方标准目录,以《地方标准管理办法》中规定的各省、市、自治区的行政区划代码为顺序和标准顺序号依次排列。强制性行业标准目录,按行业标准名称代号的拼音字母顺序依次编排各类行业标准,每个行业的标准按标准顺序号编排。

(4)《中国国家标准分类汇编》

该汇编收录截止 1992 年发布的各类标准。按专业分类,共计 15 卷,每卷分若干分册。一级类设为卷,每个二级类内按标准顺序号排列。例如:机械卷(J)有 26 分册,电工卷(K)有 16 分册,电子与信息技术卷(L)有 26 分册。

(5)《中国标准化年鉴》

由中华人民共和国国家技术监督局(原由国家标准局)编辑出版,1985 年创刊,以后逐年出版一本,内容包括我国标准化事业的现状、国家标准分类目录和标准号索引 3 部分。

2. 万方数据资源系统的中外标准信息数据库(http://www.wanfangdata.com.cn)

万方数据资源系统的科技信息子系统提供中外标准信息检索。包括中国国家标准、行业标准、国际标准、欧洲以及美、英、德、日等国家的标准共 14 个数据库,23 万多条数据。其中国内标准(包括台湾地区标准)涉及机械、冶金、化工、石油、轻工、纺织、矿业、土木、建筑、农业、交通、环保等行业的近 9 万条记录;国际标准包括国际标准化组织(ISO)发布的所有标准,以及国际电工委员会(IEC)制定的国际电工标准,总数为 1.5 万条;其他各国标准包括英、美、德、法、日各国发布的标准及欧洲区域标准,总数近 10 万条摘要信息(见图 11 - 2)。

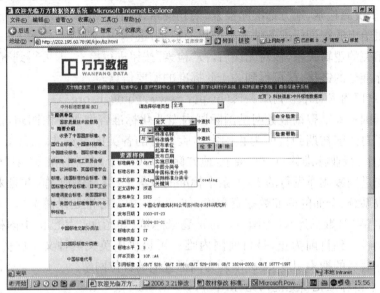

图 11 - 2　万方数据资源系统标准数据库检索界面

数据库提供了直观、方便、易用的组配检索入口,用户需通过下拉菜单点选所要检索的字段,输入相应检索词,便可以组配成比较复杂的检索表达式。

此外万方数据资源系统还推出《中国标准全文数据库》,收录了我国发布的全部国家标准、某些行业的行业标准以及电气和电子工程师技术标准,并可以下载全文。

3. 我国常用标准机构服务网站

(1)中国标准服务网(http://www.cssn.net.cn/index.jsp)

中国标准服务网是国家级标准信息服务门户,是世界标准服务网(http://www.wssn.net.cn)的中国站点。中国标准化研究院标准馆负责网站的标准信息维护、网员管理和技术支撑。中国标准化研究院标准馆收藏有 60 多个国家、70 多个国际和区域性标准化组织、450 多个专业学(协)会的标准以及全部中国国家标准和行业标准共计约 60 多万件。此外,还收集了 160 多种国内外标准化期刊和 7000 多册标准化专著,与 30 多个国家国际标准化机构建立了长期、稳固的标准资料交换关系,还做一些国外标准出版机构的代理,从事国外和国际标准的营销工作。

中国标准服务网采用网员制服务形式,非网员用户只能查到相关的题录信息。

只有填写相关信息进行缴费注册后才能浏览到全文信息。

打开 IE 浏览器,进入 http://www.cssn.net.cn 网站,选择主页面上的标准检索。则打开一个关于各种方式查询标准的界面,其中包括标准分类检索、标准高级检索、电子资源检索、地方标准库检索、期刊检索、图书检索。

按照给出的查询标准条件和查询界面提示,选择"中文标题"栏输入"关键词",并选择相关的逻辑关系,核对无误后,按"检索"按钮进行检索,即可得到查询结果,再打开标准号的链接,就可得到关于此标准的摘要信息。

(2)中国国家标准咨询服务网(http://www.chinagb.org/)

中国国家标准咨询服务网是国际国内专业化标准咨询服务性网站,该网站现已完成了自建国初期到目前为止国家出版发行的各类国家标准(含废止与修订)29000 余个、行业标准约 90000 余个、地方标准 12000 个、企业标准 50 多万个、国际及国外先进国家颁布发行的 10 万余个标准的收集、分类、整编工作;并且采用 Web 技术制成系统、全面的标准数据资源库,如:《中国国家标准题录总览》、《中国国家标准文本 WEB 数据库》、《中国行业标准题录总览》等光盘产品已由中国标准出版社正式出版。到目前为止,是目前国内唯一可提供中英文两种文字服务的网站。并被国际著名的搜索引擎 Google 列为国标查询的首位网站。

(3)中国标准化研究院网站(http://www.cnis.gov.cn/)

中国标准研究中心是国内唯一的国家级标准化研究机构,是我国重要的标准化研究和开发基地,对发展和开拓中国的标准化科学事业肩负着重要的责任。该中心是在原中国标准化与信息分类编码研究所、中国技术监督情报研究所和国家质量技术监督局管理所的基础上,经国家质量技术监督局同意并报中央编办批准,于 1999 年 10 月 12 日组建,同年 12 月 27 日正式挂牌成立。中国标准研究中心设有质量与环境研究室、基础标准化研究室、能源与资源标准化研究室、信息技术标准化研究室、信息分类编码标准化研究室、计算机辅助技术标准化研究室、技术监督理论研究室和情报研究室 9 个研究部门;设有生产许可证审查中心、全国组织机构代码管理中心、中国物品编码研究中心、国家质量技术监督局信息中心和标准馆。丰富的标准信息为用户提供了极大的方便。

第三节　国际标准及其检索

国际标准是由国际标准化组织采用的标准或在某些情况下由国际标准化团体采用的技术规范。国际标准包括国际标准化组织(ISO)和国际电工委员会(IEC)制定的标准及国际标准化组织认可的其他 27 个国际组织制定的一些标准。

一、国际标准化组织(ISO)及其标准文献检索

1. 概况

ISO 国际标准是由国际标准化组织统一颁布的标准。国际标准化组织成立于 1947 年,其宗旨是在全世界促进标准化及有关活动的发展,以便于国际物资交流和服务,并扩大知识、科学、技术和经济领域中的合作。国际标准化组织是世界上最大的国际标准化机构,是非政府性国际组织,每个国家只能有一个团体被接纳为成员。ISO 总部设在瑞士日内瓦。

国际标准化组织有 25 个创始成员国,中国是 ISO 创始成员国之一,也是最初的 5 个常任理事国之一。由于中华民国政府未按章交纳会费,1950 年被 ISO 停止会籍。1978 年 9 月中国以中国标准化协会名义参加 ISO,1985 年改由中国国家标准局参加,1989 年又改由中国国家技术监督局参加。2001 年机构改革后,国家标准委代表中国参加该组织的活动。

ISO 标准每 5 年重新修订审定一次。使用时要注意选用最新标准版本。

ISO 标准号的结构形式为:标准代号+顺序号+年份,如 ISO 17584—2005 表示 2005 年颁布的有关制冷剂特性的标准。

ISO 标准的分类按制定标准的技术委员会(TC)的名称设立类目。现分为 146 个大类,分类号由字母加数字组成。

2. 国际标准检索工具

国际标准化组织编辑出版的《国际标准化组织标准目录》(ISO CatalogueXXXX 年)是检索 ISO 标准的主要工具。它由中英文对照标准条目、索引和附录组成。每条标准包括:标准号、发布日期、中文名称、英文名称、版本号、TC/SC 号和国际标准分类号(ICS)。索引包括标准序号索引和 TC 索引。附录包括截至上一年 12 月底为止的国际标准化组织公布的全部撤销标准号、发布日期、撤销日期、制定该标准的 TC 号及被替代的标准号和发布日期。每年还出版 4 期补充目录。ISO 目录主要包括 5 个部分:

① 技术委员会序号目录(Technical Committee Order)
② 作废标准目录(Withdrawals)
③ 标准号序表(List in Numerical Order)
④ 国际十进分类号/技术委员会序号索引(UDC/TC Index)
⑤ 主题索引(Subject Index)

1993 年以后,ISO 目录使用国际标准分类表(International Classification for Standards),简称 ICS。

其主要内容调整为:

(1)主题分类目录(List of Standards Classified Subject) 它实际上是目录的正文部分,按 ICS 标准分类表编排。

(2)字顺索引(Alphabetical Index)　该索引采用文中关键词(Keyword－in－Context，KWIC)对标题中除禁用词外的每个词都进行排检。

若利用字顺索引检索，则在3个检索词下都可以检索到该标准，由给出的页码和标准号可以在分类目录中查到其他的信息。

(3)标准序号索引(List in Technical Committee Order)　该索引是根据标准号顺序排列，包括标准号、TC号、标准在分类目录中的页码。

(4)技术委员会序号目录(Technical Committee Order)　该目录先按TC归类，再按标准号顺序排列。

(5)作废标准目录(Withdrawals)　该目录列出已作废标准的标准号，按序排列，并列出所属技术委员会序号及作废年份，最后标出现行标准的标准号及制定年份。

(6)《ISO技术规则》　由国际标准化组织编辑出版，年刊，报道4000多份可视为国际标准的文件和已达到委员会草案(CD)阶段和国际标准草案(DIS)阶段的全部文件。

3. 国际标准化组织网站(http://www.iso.org)

ISO官方网站"ISO在线"于1975年开通，网站设置了12个栏目，包括：ISO简介、ISO的技术工作、ISO的联系方式、标准和世界贸易、世界标准服务网络、ISO标准目录、ISO 9000和ISO 14000、新闻与商务等。

"ISO标准目录"栏目包含有ISO国际标准数据库，该库收录了有关基础科学、社会科学、自然科学、农业、医学、土木工程、环境工程等方面计20000余条国际标准的题录，包括已发布的ISO标准信息、ISO作废标准和其他ISO出版物以及订购信息；另外，"ISO 9000和ISO 14000"栏目专门介绍基于ISO 9000系列标准的质量管理和质量认证的详细出版信息，以及基于ISO 14000系列标准的环境管理方面的信息。

"ISO在线"有英、法两种语言版，其英文版网址为：http://www.iso.org/iso/en(见图11－3)。

4. 检索方法

ISO国际标准数据库有"基本检索"、"扩展检索"和"分类检索"3种方式，其中"基本检索"只需在其主页上部"Search"后的检索框内输入检索要求，然后点击"GO"按钮即可。在ISO主页上部选项栏中最左侧的"ISO Store"处单击进入该栏目，再点击"Search and Buystandards"，则进入"分类检索"界面。该页面列出ICS的全部97个大类，通过层层点击分类号，最后就可检索出该类所有标准的名称和标准号，点击"标准号"，即可看到该项标准的题录信息和订购标准全文的价格。

为了既快又准地找到所需标准，提高检索效率，应采用"扩展检索"方式。单击

第十一章 标准文献及其检索

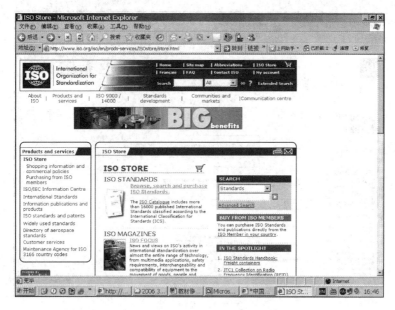

图 11-3 国际标准化组织网站界面

ISO 主页上部选项栏中"GO"右侧的"Extended Search"即进入"扩展检索"界面。"扩展检索"界面的上部为"检索区",在其下面的两个区域内分别点选不同的选项,可对检索范围和检索结果的排序方式进行限定。"检索区"内设置了若干检索字段,用户可检索其中某个字段,也可进行多字段组合检索,此时系统默认在字段间作"与"运算。

二、国际电工委员会(IEC)及其标准文献检索

1. 概况

1906 年 10 月成立的国际电工委员会(International Electrotechnical Commission,简称 IEC)是世界上成立最早的专门国际标准化机构。它的网址是 http://www.iec.ch。

IEC 的宗旨是促进电气、电子工程领域中标准化及有关问题的国际合作,增进国际间的相互了解。为此,IEC 出版包括国际标准在内的各种出版物,并希望各成员国在本国条件允许的情况下,在本国的标准化工作中使用这些标准(见图 11-4)。

IEC 标准的编号是:IEC+顺序号+制定(修订)年份。

例如:IEC434(1973)为飞机上的白炽灯的 IEC 标准。

IEC 网站提供电力、电子、电信和原子能方面的工程技术信息。

2. 检索工具

IEC 标准的主要检索工具是《国际电工委员会标准目录》(IEC Catalogue of

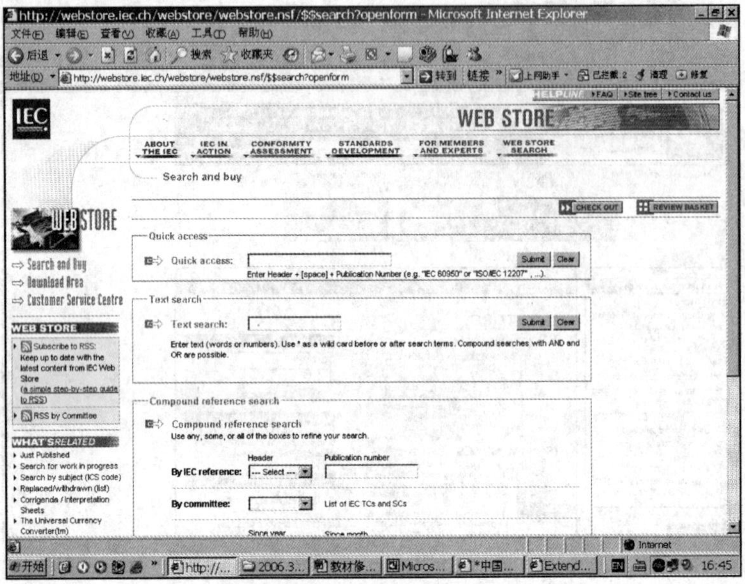

图 11-4 IEC 国际标准检索界面

Publications),该目录为年刊,由 IEC 中央办公室以中英文对照的形式编辑出版。它由两大部分组成:①标准序号目录(Numerical List of IEC Publications)。该目录按标准号顺序排列。不仅包括现行标准,而且包括作废标准,现行用黑体印刷,废弃标准均给出替代标准。②主题索引(Subject Index),按主题词字顺排列,主题词分两级。其对应的中文版检索工具是《国际电工标准目录》,该目录正文按 IEC 技术委员会(TC)号排列,后附有标准序号索引,其检索方法与《IEC Catalogue of Publications》相仿。

三、IEEE 标准

IEEE 于 1963 年由美国电气工程师学会(AME)和美国无线电工程师学会(IRE)合并而成,是美国规模最大的专业学会,由 17 万名从事电气工程、电子工程和有关领域的专业人员组成,分设 10 个地区和 206 个地方分会,设有 31 个技术委员会。IEEE 标准组织(http://standards.ieee.org/)提供美国电气电子工程师学会和英国电气工程师学会出版的近 9 种标准的全文信息。用户可以检索、浏览、下载或打印与原出版物版面完全相同的文字、图表、图像和照片的全文信息。IEEE 提供的标准内容包括电气与电子设备、试验方法、元器件、符号、定义以及测试方法等。从 IEEE/IEE Electronic Library (IEL) 数据库中可检索相关标准。(见图 11-5)

第十一章　标准文献及其检索

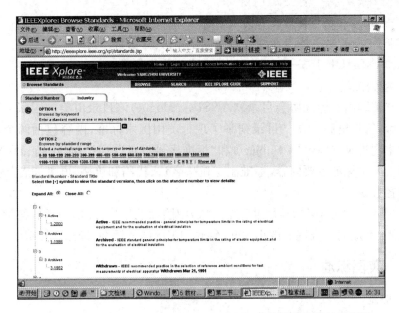

图 11-5　IEEE/IEE Electronic Library（IEL）数据库标准检索界面

第四节　有关国家的标准检索

一、美国国家标准

1. 概况

美国国家标准（http://www.ansi.org）是由美国国家标准协会（American National Standards Institute，简称 ANSI）颁布的标准。该协会建于 1918 年，和其他国家不同，协会本身很少制定标准，大部分是该协会从本国 72 个专业团体所制定的专业标准中择取对全国具有重要经济意义的标准，经 ANSI 各专业委员会审核后作为国家标准，并给出 ANSI 标准代号及分类号，目前 ANSI 标准有 1 万余件。

2. 美国国家标准分类

ANSI 标准采用字母与数字相结合的混合标记分类法，目前共分为 18 个大类，每个大类下再细分若干个小类，并用一个字母标记一个大类，用数字表示小类。

3. 美国国家标准号的构成

（1）ANSI 自行制定的国家标准

ANSI＋分类号＋小数点＋序号＋年份

如：ANSI A108.02－2005　（一般要求：材料、环境和工作质量）

(2)专业标准经审批后提升为国家标准

ANSI＋断开号＋原专业标准号＋制定年份＋(修订年份)

如：ANSI/UL 153－2005　(便携式电灯安全标准)

4. 检索工具

(1)《美国国家标准协会目录》(ANSI Catalogue)该目录由美国国家标准协会编辑出版,每年出版一次。目录列举了现行美国国家标准,内容包括两个主要部分,即"主题目录"(List by Subject)和"标准序号目录"(List by Designation)。在各条目下列出标准主要内容,标准制定机构名称、代码和价格,可供读者从主题和序号途径查找。

(2)《'95美国国家标准目录》(中文版)中国标准化综合研究所编,科学文献出版社出版,不定期。报道了截止1994年底的美国国家标准,按标准号编排。

二、英国标准

1. 概况

英国标准(British Standard,简称BS,网址为http://www.bsi－global.com),由创建于1901年的英国标准学会(British Standards Institution,简称BSI)负责制定。英国标准(BS)在世界上有较大影响,因为英国是标准化先进国家之一,并为英国联邦国家采用,所以英国标准受到国际上的重视。英国标准5年复审一次,现行标准近万件。

BS标准的标准号构成：

标准代号(BS)＋顺序号＋分册号＋制定(修订)年份

例如：BS 2000－168－2005(石油及其产品试验方法——润滑脂滚动轴承性能测定)

2. 检索工具

(1)《英国标准学会目录》(BSI Catalogue)

年刊,该目录由英国标准学会编辑发行。刊登现行英国标准及其他英国标准协会的出版物。

(2)《英国标准目录(1992)》(中文版)

按《中国标准分类法》分类编排,共收录标准11000余条,是检索英国标准的必备工具,由目录和索引两部分组成,供读者从分类标准号途径进行检索。

三、德国国家标准

1. 概况

德国标准化学会的主要工作是从事制定德国标准(DIN)。东西德统一,DIN

标准已取代了东德国家标准(TFL),成为全德国统一的标准。网址为http:www.beuth.de。

DIN标准编号:DIN+顺序号+年份

例如:DIN 13176—2005(医疗器械——器官夹持钳)

2. 检索工具

(1)《DIN-Katalog for Teehnische Regcln》德英对照,每年出版一次,目录正文按专业分类编排,目录后附有顺序号索引和德文、英文的主题索引。

(2)《德国标准目录1990》(中文版)北京技术监督情报研究所出版。该目录分75个大类,在目录前有中文分类表,为读者查阅提供了方便。

四、法国标准

1. 概况

法国标准有:正式标准(NF)、试行标准(EXP)、标准化参考文献(RE)和标准分册(FD)4种。一般而言,法国标准是自愿采用的,但约有200条标准是强制性的。网址为http://www.afnor.fr/portail.asp。

NF标准编号:NF+字母类号+数字小类号+顺序号+年份

例如:NF 252—020—2005(地理信息——元数据)

2. 检索工具

(1)《Catalogue des Normes Francaises》

每年出版1次,报道法国现行标准,其正文按大类的字母顺序排列。

(2)《法国标准目录》

(中文版)由科学技术文献出版社出版。

五、日本工业标准

1. 概况

日本工业标准(Japanese Industrial Standards,简称JIS,网址为http://www.jsa.or.jp),是由成立于1949年的日本工业标准调查会(Japanese Industrial Standards Committee,简称JISC)负责制定,由日本标准协会发行。现行JIS标准近万件,每隔5年审议一次。

日本工业标准为国家级标准,除药品、食品及其他农林产品另制定专业技术规范或标准外,内容涉及各个工业领域,包括技术术语及符号,工业产品的质量、形状及性能;试验、分析与测量,设计、生产、使用及包装运输等方面。

日本工业标准采用字母与数字相结合的混合标记分类法,用一个字母表示一个大类,共17个大类,大类下面用数字细分为146个小类。标准号的构成为:

标准代号(JIS)＋字母类号＋数字代号＋标准序号＋制定年份

例如:JIS Q9005－2005(质量管理体系——持续增长指南)

2. 检索工具

(1)《日本工业标准总目录》(JIS总目录)　由日本标准协会编辑出版,每年出一版。供读者从分类途径和主题途径进行检索。

(2)《日本工业标准年鉴》(JIS Yearbook)　由日本标准协会出版,它实际上是一本英文版的年度总目录。我国有不定期的中文译本。

思考题

1. 我国标准文献检索工具主要有哪些?
2. 获取标准文献的途径有哪些?

第十二章　学位论文、会议文献和产品样本及其检索

第一节　学位论文及其检索

一、概述

学位论文(Thesis 或 Dissertation)是高等院校和科研院所的学生为获得学位资格(博士、硕士和学士)而撰写的学术性研究论文。英国习惯称之为 Thesis,美国习惯称之为 Dissertation。学位论文有博士论文、硕士论文和学士论文,检索过程中人们通常所说的学位论文仅限于硕士和博士学位论文。

学位论文具有如下特点:

1. 论文质量有保障

每位研究生在确定自己的研究课题、撰写学位论文时,都得从课题的先进性、创造性、实用性及可行性等方面进行论证;其次,学位论文是在导师的严格审核和直接指导下,用 2~3 年时间才完成的科研成果,同时还必须经过院校或研究所的专家评审答辩后才能通过。

2. 内容具有独创性

学位论文是通过大量的思维劳动而提出的学术性见解或结论,探讨的问题比较专深,阐述的问题系统详细,一般都具有一定的独创性,且学位论文所附的参考文献多而全面,有助于对相关文献进行追踪检索。

3. 出版形式特殊,系统收集较难

学位论文的目的只是供审查答辩之用,一般都不通过出版社正式出版,而是以打印本的形式储存在规定的收藏地点,且每篇论文打印的数量也不多,因此搜集起来比较困难。

我国学位论文的收藏单位,国务院学位委员会指定国家图书馆、中国科学技术信息研究所和中国社会科学院文献情报中心图书馆负责分别收藏所有学科博士论文及其摘要,以及自然科学学士、硕士论文及其摘要。随着网络技术的发展,学位论文逐步以二次文献和全文对外开放,这不仅为获取学位论文的信息提供了便利,

而且为进一步获取学位论文的全文提供了可能。目前,国内学位论文数据库主要有 CALIS 高校学位论文文摘及全文数据库、万方数据资源系统中国学位论文数据库(CDDB)、CNKI 中国优秀博硕士学位论文全文数据库(CDMD)等。

二、国内学位论文的检索

1.《中国学位论文通报》

该刊由中国科技信息研究所编辑,科技文献出版社出版,创刊于 1984 年,收录国内博硕士学位论文,双月刊,是对我国自然科学领域的学位论文进行报道的文摘型检索工具。该刊正文部分按中图法分类号排序,文献款目的著录有:分类号、顺序号(文摘号)、论文题目、授予学位、文种、学位授予单位、页数、授予年月、文摘、图表及馆藏号。该刊只有分类检索途径,另在次年第一期上编有上年度机构索引和分类索引,可集中检索。

该刊于 1993 年停刊,代之发行的是《中国学位论文书目数据库》。目前我国部分高校已在中国教育与科研网(CERNET)上建立了"中国高等学校学位论文检索信息系统"。

2.《CALIS 高校学位论文文摘与全文数据库》

该数据库是中国高等教育文献保障系统(CALIS)全国工程中心通过对分散在各大学中各学科的学位论文文献信息进行收集、整理、建库、上网,使原始的论文信息获得升值而建设的一个集中检索、分布式全文获取服务的 CALIS 高校博硕士学位论文文摘与全文数据库。旨在为国内外希望获取高校学术信息的用户提供一个方便的查询途径,从而推动高校教学、科研交流和促进发展的作用。截止 2013 年 9 月,共收录博硕士学位论文数据逾 384 万条,其中中文数据约 172 万条,外文数据约 212 万条,内容覆盖自然科学、社会科学、医学等各个学科领域。

该数据库检索系统提供简单检索和高级检索两种检索方式,用户可从题名、论文作者、导师、作者专业、作者单位、摘要、分类号、主题等不同角度进行检索,还可以通过逻辑"与"、"或"、"非"以及精确匹配等方式进行组配检索,对检索结果的相关信息可提供"浏览"和"发送 Email"两种处理方式。目前该数据库使用 IP 登录方式控制使用权限,参与建设的单位采用共建共享的方式,通过 CERNET 访问该库。如图 12-1。

3.《CNKI 中国优秀博硕士学位论文全文数据库》(CDMD)

《中国优秀博硕士学位论文全文数据库》(CDMD)是中国知识基础设施工程的系列产品之一,由中国学术期刊(光盘版)电子杂志社与清华同方光盘股份有限公司共同研制。CDMD 具有覆盖学科广,资源最完备,收录质量高,连续动态更新,使用方式灵活等特点,是我国较具权威的优秀博硕士学位论文全文数据库,并可实

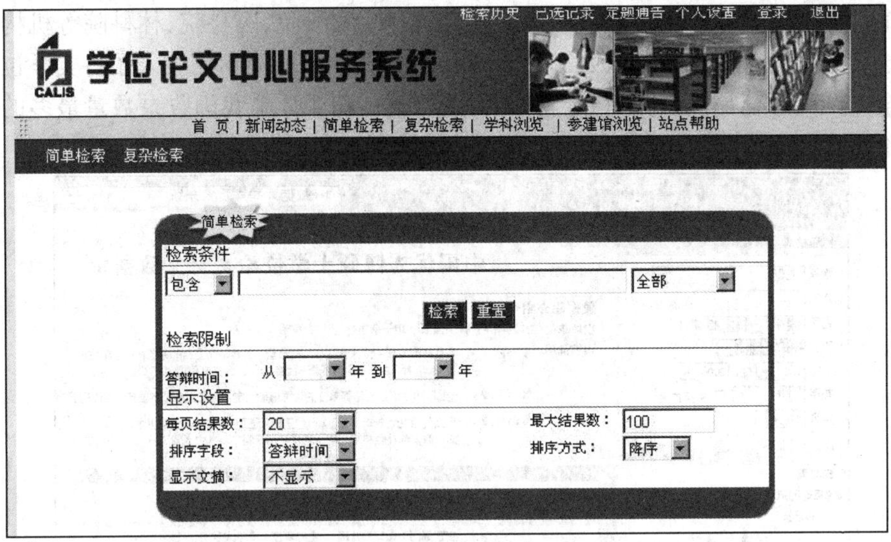

图 12-1　CALIS 高校学位论文数据库检索界面

现一站式文献信息检索。

CDMD 是目前国内相关资源最完备、收录质量最高、连续动态更新的中国博硕士学位论文全文数据库。收录从 1984 年至今的博硕士学位论文，截止 2012 年 10 月，共收录博硕士学位论文全文文献 170 万多篇。覆盖基础科学、工程技术、农业、医学、哲学、人文、社会科学等各个领域。产品分为十大专辑：基础科学、工程科技Ⅰ、工程科技Ⅱ、农业科技、医药卫生科技、哲学与人文科学、社会科学Ⅰ、社会科学Ⅱ、信息科技、经济与管理科学。十大专辑下分为 168 个专题。这些学位论文分别来自全国 404 家培养单位的博士学位论文和 621 家硕士培养单位的优秀硕士学位论文。211 工程院校已经全部收齐。该库集题录、文摘、全文文献信息于一体，可实现一站式文献信息检索(One-stop Access)。数据库每日更新，其专辑光盘每季度更新。

CDMD 提供分类导航、初级检索及高级检索等检索功能，可通过主题、题名、关键词、摘要、作者、作者单位、导师、第一导师、导师单位、网络出版投稿人、论文级别、学科专业名称、学位授予单位、学位授予单位代码、目录、参考文献、全文、智能检索、中图分类号、学位年度、论文提交日期、网络出版提交时间等途径进行检索，检索结果可按更新日期及相关度进行排序，如图 12-2 所示。

4.《万方数据资源系统中国学位论文数据库》

《万方数据资源系统中国学位论文数据库》(Chinese Dissertation Database，简称 CDDB)由国家法定的学位论文收录权威机构——中国科技信息研究所提供，委托万方数据加工建库。内容涵盖人文社科、理学、医药卫生、农业科学、工业技术等各个学科领域,以 211 重点高校、中科院、工程院、农科院、医科院、林科院等机构的精选博士、硕士论文为主,收入率达 95% 以上。截至 2012 年,已收录了各类学位论文全文 261 万篇,并且每年稳定新增 30 余万篇。CDDB 是我国收录数量最多的学位论文全文库。

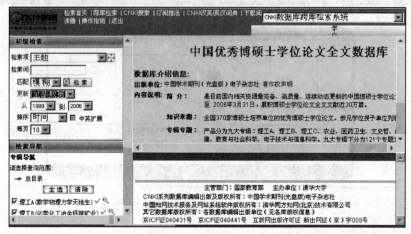

图 12-2 中国优秀博硕士学位论文全文数据库检索界面

CDDB 检索系统提供了个性化检索、高级检索和字典检索 3 个检索功能模块,可利用论文题名、作者、作者专业、导师姓名、授予学位、授予学位单位、授予学位时间、分类号、关键词、文摘、论文页数等入口进行检索,还可使用布尔检索,相邻检索,截断检索,位置检索,全文检索等进行检索,检索结果可按升序或降序排列。从侧面展示了中国研究生教育的庞大阵容以及中国科学研究的整体水平和巨大的发展潜力。如图 12-3 所示。

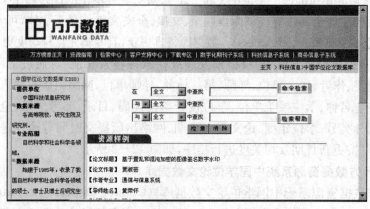

图 12-3 中国学位论文全文数据库检索界面

三、国外学位论文的检索

1.《国际学位论文文摘》

《国际学位论文文摘》由美国大学缩微胶卷国际公司（University Microfilms International,简称 UMI）出版,月刊。本刊收录了美国和世界范围内 550 所高等院校和科研单位提交给 UMI 的博士论文文摘,文摘由著者提供,不超过 350 个单词,文摘内容详细论述原始研究成果。文摘分三辑：

（1）人文与社会科学,月刊

主要报道美国和加拿大的 400 多所大学的人文和社会科学方面的博士论文。

（2）科学与工程,月刊

主要报道美国和加拿大 400 多所大学的自然科学和工程技术方面的博士论文。

（3）欧洲学位论文文摘,季刊

主要报道世界范围各大学的博士论文和博士后论文,包括社会科学和自然科学两个部分。

《国际学位论文文摘》向读者提供了三条检索途径：分类途径,主题途径,著者途径。

①分类途径　按这一检索途径查阅《国际学位论文文摘》时,首选查目次表,从中选取欲查的类目。在目次表上类目名称右侧给出该类目所在期刊中的起始页码,按页码查正文文摘,逐条阅读选出合乎课题要求的文摘条目。

②主题途径　从分析检索课题入手,选择好欲查内容的关键词,再把关键词译成规范的英文。从每期末附的"关键词索引"（Keyword Index）中查找,根据索引中给出的页码或文摘号再去查文摘正文部分。从中选出合乎检索课题意图的文献。

③著者途径　《国际学位论文文摘》各分辑都附有"著者索引"（Author Index）,此外,各辑还编有年度著者索引。在读者熟悉某一著者姓名的情况下,可使用这一途径。

若想阅读《国际学位论文文摘》原文,可根据订购号等信息与 UMI 联系复制和通过国际互联网订购；或通过我国国内的收藏单位,如北京图书馆（收藏有自然科学和社会科学方面的博士论文）,中国科技信息研究所和社会科学信息所（分别收藏自然科学和社会科学方面的博士和硕士论文）等单位借阅或复制。

2.《美国博硕士学位论文文摘与全文数据库》（PQDD）

PQDD（ProQuest Digital Dissertations）是美国 ProQuest 公司（原 UMI 公司）出版的博硕士论文数据库。ProQuest 公司是美国国会图书馆（美国国家图书馆）和加拿大国家图书馆指定的收藏全美和全加拿大博硕士论文的机构。PQDD 收录了欧美1000余所大学的200多万篇学位论文,是目前世界上最大和最广泛使用的学位论文数据库。内容涉及商业管理、社会与人文科学、科学与技术、金融与税务、医药学等广泛领域。数据库收录年限自1861年开始,其中1980年以后的博士论文包含350字左右的文摘,1988年以后的硕士论文包含150字左右的文摘,另外UMI购买了180多万篇论文的缩微、印刷或电子格式的学位论文全文,因此这些论文全文可以通过不同的渠道向UMI获取,或通过国内各种原文传递渠道获得,此外用户可以免费浏览1997年以后数字化论文的前24页。数据库更新为每周更新。

2002年底,CALIS与ProQuest公司合作,正式引进ProQuest博硕士学位论文文摘与全文数据库。CALIS的各高校成员图书馆和研究所均可共享ProQuest的信息服务。

2005年第四季度,PQDD系统平台由原来的专用检索平台逐步向ProQuest统一检索平台移植,最终目标是通过统一平台实现所有ProQuest资源产品一站式检索。

(1)PQDD文摘库的检索

PQDD文摘库提供基本检索和高级检索两种检索方式。

①基本检索方式 基本检索界面提供3个检索词输入框,用户可选择关键词(Keyword)、作者(Author)、题名(Title)、文摘(Abstract)、授予学位(Degree)、导师(Advisor)、语种(Language)等12个可检字段,通过逻辑"与"、"或"、"非"进行匹配,并可实现年代限制检索。

②高级检索方式 PQDD文摘库的高级检索方式支持字段限制检索、布尔逻辑运算、位置运算、截词检索、词组/短语检索、嵌套检索以及自动忽略噪音词等功能。其检索界面分为检索式输入框和检索式构造辅助提问窗口两部分。可以在检索式输入框中输入用户自己构造的检索式,也可以通过检索式构造辅助提问窗口构造检索式。

a. 选择Keywords+Fields按钮提供基础的检索界面。主要用于增加关键词及其限制检索字段的方式辅助检索提问式的构造。

b. 选择Search History按钮,可查看已检索过的检索式及其检索步骤和命中数量,并可以采用已得到的检索步骤作为检索词与其他检索条件组合构成新的检索式。

c. 单击Subject Tree按钮,用于辅助通过学科范畴来对检索进行限制。PQDD将所收录的学位论文划分为12个大类,分别为人文与社会科学,交流与艺术,教育,语言、文学与语言学,哲学、宗教与神学,社会科学,科学与工程,生物科学,地球与环境科学,保健科学,物理学,心理学。

d. School Index 是关于入库论文的授予学位单位的索引。只要在输入框中输入被检索学校名称的一部分,即可查看数据库中是否收录有该学校的学位论文,还可以查看该学校的全称。

③检索结果的输出　输入正确的检索表达式后,系统便将检索结果呈现给用户。检索结果显示命中的论文题目、作者、学校名称、年代、原文总页数、原文索取号等信息。

PQDD 提供 3 种检索结果获取方式:打印(Print List)、E-mail 发送(E-mail List)和下载(Down Load),用户可根据需要选择其中一种方式获取检索结果。

(2)PQDD 全文库的检索

PQDD 全文库提供基本检索和高级检索两种检索方式,其检索方式与文摘库基本相同,但目前只收录了 1998 年以后的博硕士学位论文全文,且只能以 PDF 格式显示原文。

PQDD 全文库现有 CALIS 镜像站点和上海交大镜像站点,页面已经汉化,高校用户可通过 CALIS 成员图书馆进入系统并获取服务。

3. 其他国家的学位论文检索

(1)《国际博硕士论文数字化图书馆》(NDLTD)

NDLTD 全称是 Networked Digital Library of Theses and Dissertatons,是由美国自然科学基金支持的一个网上学位论文共建项目,为用户提供免费的学位论文文摘,还有部分可获取的免费学位论文全文,以便加速研究生研究成果的利用。目前全球有 170 多家图书馆、7 个图书馆联盟、20 多个专业研究所加入了NDLTD,其中 20 多个成员已提供学位论文文摘数据 7 万条,可链接到的论文全文约有 3 万篇。

网址:http://www.ndltd.org(国外站点)

　　　http://ndltd.calis.edu.cn(我国镜像)

(2)《英国高等院校学位论文索引》(Index to Theses in Great Britain and Ireland)

该数据库收录了 1976 年以来英国高等院校学位论文的索引信息,至 2005 年,数据量已近 46.5 万篇,此数据库为收费检索,其中很多博士学位论文的全文由英国大不列颠图书馆收藏。

网址:http://www.theses.com/

第二节　会议文献及其检索

一、概述

会议文献是指在各种学术会议上宣读的论文、产生的记录及发言、论述、总结等形式的文献,包括会议前参加会议者预先提交的论文文摘,在会议上宣读或散发的论文,会上讨论的问题、交流的经验和情况等经编辑加工而成的正式出版物。

会议文献具有学术性强、内容新颖、质量高等特点,许多重大发现往往在学术会议上首次公之于众,会议文献可以充分反映出一门学科、一个专业的研究水平和最新成果。因此,会议文献是了解世界各国科技发展水平和动向的重要信息源。

就会议的范围而言,有国际性的、区域性的、全国性的、地区性的及基层性的;就其类型而言,有学术会议、学术报告会、专题研讨会等,目前全世界每年召开的国际性会议有上万个,会议文献数量的增长之快是其他如图书、期刊等文献所不能及的。

会议文献的发表时间有先有后,出版形式多种多样。按出版时间的先后,大致有3种。

1. 会前文献

会前文献主要有会议论文预印本和论文摘要,前者是论文的全文,后者是文摘。它们有的只发给与会者,有的也公开发行。

2. 会间文献

会间文献又称会中资料。包括开幕词、闭幕词以及其他讲话、会议记录、会议决议、行政事务和情况报道性文献等。

3. 会后文献

会后文献指经过修订、补充的会议论文经主办单位等机构编辑、出版的文献,主要有图书、期刊两种形式。图书形式的会议录是一些学会定期召开的会议按丛书方式出版的会议文献,其内容比较系统、完整,但出版速度较慢。会后文献还有许多发表在期刊上,比如专刊、特刊,或在期刊上零星发表,这些占会议文献总数的40%。它们的报道迅速及时,但不够集中、完整。

二、国内会议文献的检索

1.《中国学术会议文献通报》

1982年创刊,1986年起改为月刊,由中国科技信息研究所编辑出版,是查找我国召开的学术会议及其论文的主要检索工具。

该刊以文摘、简介、题录形式报道国内会议论文,内容涉及电子技术、计算机、航天航空、机械、建筑等领域,资料来自全国重点学会举办的各种专业会议。目前它已建成数据库,可通过中国科技信息研究所的联机系统进行检索。该刊每期报道文献约2000条,论文按会议名称集中排列,由此可了解会议的全貌。每期末附有"会议论文主题索引"和"会议名称分类索引",检索者可分别按学科类别和有关主题查找对口会议及其论文。并可根据文摘款目提供的中国科技信息研究所馆藏号索取借阅。从1990年起每期的会议论文主题索引改为年度索引。

2.《CNKI中国重要会议论文全文数据库》(CPCD)

《中国重要会议论文全文数据库》(CPCD)是中国知识基础设施工程的系列产品之一,由中国学术期刊(光盘版)电子杂志社与清华同方光盘股份有限公司共同研制。收录1998年以来我国各级政府职能部门、高等院校、科研院所、学术机构等单位的会议论文集。CPCD内容覆盖所有学科,包括理工、农业、医药卫生、文史哲、经济政治法律、教育与社会科学综合等各个方面,分十大专辑、168个专题和近3600个子栏目。每年新增约1500本论文集、10万篇论文及相关资料,截止到2006年已收录会议论文58万篇。该库有网络和光盘两种版本,网上数据每日更新,光盘数据每季度更新。

该数据库检索系统提供简单检索、高级检索与二次检索。使用者可通过从主题、题名、论文作者、摘要、关键词、作者机构、第一责任人、全文、会议名称、会议录名称、主办单位、会议地点、参考文献、年、基金、中图分类号、学会、主编、编者、出版单位、ISSN、ISBN、统一书刊号等途径进行检索,并可选择检索不同的分数据库、检索时间范围以及每页显示的记录条数。CNKI注册用户可下载全文,一般用户可检索到论文题名、作者、摘要、作者机构、会议名称、会议时间、会议录名称和编者等相关信息。CPCD检索方法与CNKI其他数据库相同。如图12-4所示。

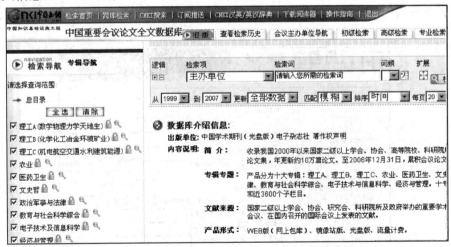

图12-4 CNKI中国重要会议论文全文数据库检索界面

3.《万方数据资源系统中国学术会议论文全文数据库》(ACIC)

《中国学术会议论文全文数据库》(Academic Conferences in China,简称ACIC)是万方数据资源系统的子数据库,始建于1995年,数据均来源于中国科研信息研究所,收录年代自1985年开始,收录范围是国家级学会、协会、研究会组织召开的全国性学术会议论文及在中国召开的国际会议论文。其收录会议级别高、数量多、扩容速度快,是目前国内收集学科最全、数量最多的会议论文数据库,便于用户及时掌握科研、生产最新进展。

ACIC数据范围覆盖自然科学、工程技术、农林、医学等领域,每年涉及上千个重要的学术会议。数据库目前分为两大系统:其一,《中国学术会议论文全文数据库:中文版》主要收录1998年以来由国家级学会、协会、研究会组织、部委、高校召开的全国性学术会议论文,会议名录数量近5000个,论文数量约33万篇,论文正文为中文;其二,《中国学术会议论文西文全文数据库》主要收录1998年以来由国家级学会、协会、研究会组织和部委、高校在中国境内召开的国际性会议论文,会议名录数量近400个,论文篇数约4.7万篇,论文正文多为英文。

ACIC具有强大的检索功能,提供了多种访问全文的途径:可按会议分类浏览、会议论文检索、会议名录检索。如图12-5所示。

常用的检索方法有:个性化检索、字典检索,高级检索、分类检索和数据库浏览(全库浏览和分类浏览)。会议论文的检索字段有:全文、论文题名、作者、会议名称、会议时间、主办单位、母体文献、分类号、关键词、文摘。会议名录的检索字段有全文、主办单位、会议名称、会议地点、会议时间、母体文献、出版单位、分类号。并支持布尔检索、截词检索、字段检索、位置检索等检索技术。服务方式可将数据库资源备份到用户本地,用户可以随时随地无限制地多次下载和使用,并且可以根据需要自由选择数据库进行组合或集团购买。

图12-5 中国学术会议论文全文数据库检索界面

三、国外会议文献的检索

1.《世界会议》(WM)

《世界会议》(World Meetings,简称 WM)由美国世界会议情报中心(世界会议数据集中公司)编辑,按季发行。它的特点是预报两年内即将在全世界 100 多个国家和地区召开的学术会议消息,其报道的学术会议涉及自然科学、工程技术、医学和社会学等多个领域。按其报道的地区与内容分为 4 个分册:

《世界会议:美国与加拿大》(World Meetings: United States and Canada),1963 年创刊、预报两年内美国和加拿大两国将要召开的各种世界性会议。

《世界会议:美国与加拿大以外》(World Meetings: Outside United States and Canada),1968 创刊、预报美国和加拿大以外其他国家和地区两年内将要召开的各种学术会议。

《世界会议:医学》(World Meetings: Medicine),1978 年创刊,预报两年内医学方面将要召开的世界会议。

《世界会议:社会与行为科学,人类服务与管理》(World Meetings: Social and Behavioral Sciences, Human Services and Management),1971 年创刊,预报两年内将要召开的社会科学、行为科学、教育与管理方面的国际会议。

《世界会议》对世界数千个会议进行预报,每辑的编辑方法、著录格式、索引类型都相同,报道分为两部分:正文部分和索引部分。

(1) 正文部分

正文部分按会议登记号顺序编排,著录有会议地点,主办单位,参加人数,截止日期,论文出版情况,联系人等会议基本信息。

(2) 索引部分

《世界会议》共有 6 种索引:

①关键词索引(Keyword Index) 按会议名称和内容的关键词或词组字顺排列而成,著录有会议地点、会议召开时间及会议登记号。

②会议日期索引(Date Index) 按会议召开时间的顺序排列而成,并列出会议召开地点、关键词及会议登记号。

③会议地点索引(Location Index) 按会议召开地点的国名和城市名称字顺排列,其后列出关键词、会期及会议登记号。

④会议文集索引(Publication Index) 按会议关键词或词组字顺排列,著录有出版情况及会议登记号。

⑤会议截止日期索引(Deadline Index) 按向会议提交论文全文或摘要截止期限的时间顺序排列,著录有主要关键词及会议登记号。

⑥会议主办单位索引(Sponsor Directory and Index) 按会议主办单位的名称字顺编排,其后列出会议主持者、主办单位地址和该单位近两年内将要举办的各种会议的登记号。

(3)《世界会议》的检索方法

《世界会议》提供了6种途径,其检索途经示意图见图12-6。

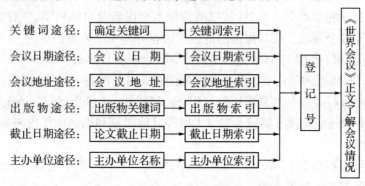

图12-6 《世界会议》检索途径示意图

2.《会议论文索引》(CPI)

美国《会议论文索引》(Conference Papers Index,简称 CPI),是专门检索会议文献的主要检索工具之一,创刊于1973年,其前身为《会议报导》(Current Programs)。1978年改为现名,由美国坎布里奇科学文摘社(Cambridge Scientific Abstracts,简称 CSA)编辑出版,月刊。CPI 分17个专题与学科,报道世界各国召开的在学术会议上发表的论文题录。主要报道化学、物理、地球科学、工程技术以及生命科学、医学等方面的会议文献,每年报道量约为12万篇。

(1)《会议论文索引》由正文和索引两部分组成。

①正文部分 正文部分是按学科和专题类目字顺编排的,每个类目下又按该会议登记的顺序号排列,检索者可通过有关类目查找所需的会议文献线索。

②索引部分 每期有两种索引,即主题索引和著者索引。

a. 主题索引(Subject Index) 主题索引是直接抽取每篇会议论文题目中具有实质意义的词作主题词,按字顺列于首位,作为检索的入口词。后面列出篇名中具有说明意义的说明语,供检索者从主题途经检索文献线索用。

b. 著者索引(Author Index) 《著者索引》的用途与编排与其他检索工具一样,此处不再介绍。在年度索引中,《会议论文索引》包括5种索引,即主题索引、会议日期索引、会议地址索引、著者索引和主题分类索引。

(2)《会议论文索引》的检索方法

①利用《会议查询表》(Conference Locator)检索。每期《会议论文索引》正文

前编有《会议查询表》,用于检索最新几期有关会议论文。

②利用《主题索引》(Subject Index)检索。先根据检索需要确定主题词,然后利用《会议论文索引》中的《主题索引》,按字顺查找。采用此种方法能较准确地查到会议文献线索,因此是一种重要的检索途经。

③利用《主题分类索引》(Index by Major Subject Classification)检索。该索引是在17个类目下列出属于各类学术会议的名称。只要检索者了解会议论文的分类,即可在相应的类目下查出有关会议的全部论文线索。

④利用《著者索引》(Author Index)检索。这种方法比较简单,只要已知会议论文著者,即可按《著者索引》查找。

⑤利用《会议日期索引》(Index by Date of Meeting)检索。如果已知开会时间,可利用此索引检索。

⑥利用《会议地址索引》(Index by Conference Location)检索。如果已知或估计会议在什么地方召开,即可用此索引检索。

目前,CSA已经开发了自己的网络平台 CSA Internet Database Service,网址为 http://www.csa.com,其中收录了1982年以来的会议文献。该网站提供多库检索及相关因特网资源的浏览,可以记录检索历史,保存检索策略,每日更新,可帮助用户及时了解最新的研究成果。

3. 《科学技术会议录索引》(ISI Proceedings)网络数据库

ISI proceedings 是美国《科学技术会议录索引》(Index to Scientific & Technical Proceedings,ISTP)的网络版,由美国科技信息所(Institute for Scientific Information,简称ISI)编辑出版。ISI Proceedings 包括以下两个子数据库:科学技术会议录索引(Index of Scientific & Technical Proceedings,ISTP),收录所有科技领域的会议文献,内容涉及农业、环境科学、生物化学与分子生物学、生物技术、医学、工程、计算机科学、化学和物理学等。收录了1990年以来的190万篇会议论文;社会科学及人文科学会议录索引(Index to Social Science & Humanities Proceedings,ISSHP),涵盖社会科学、艺术和人文科学领域的会议文献,包括心理学、社会学、公共卫生、管理、经济、艺术、历史、文学和哲学。收录了1990年以来的20万篇会议论文。

(1)检索途径与方法

ISI Proceedings 的主界面,它提供简易检索和全面检索两种检索模式。

①简易检索(Easy Search) 简易检索提供主题(Topic)、作者(Person)、作者地址(Place)3种途径,检索结果不超过100条记录。

首先应选择数据库,可选择 ISTP 或 ISSHP,检索时间范围在数据库名称右侧显示,如果不选,则默认为在两个数据库中同时检索。然后再选检索途径:主题

(Topic)、作者(Person)或作者地址(Place)。

a. 主题检索。如需检索某一主题的信息,可键入关键词或词组,并可用布尔逻辑运算符如 AND、OR、NOT、SAME 相连。主题检索自动在索引论文题目、摘要和关键词中与检索词进行匹配。输入检索式后,再选择排序方式,然后点击 Search 按钮即可。检索结果按相关度或时间排序。

b. 作者检索。按作者检索时,输入姓的全称,然后空格,再输入名的首字母缩写。如 Zhang Yuejin,应输入 Zhang YJ。由于姓名中有时姓在前,有时姓在后,为了查全,在检索时只输入作者的姓。

c. 作者地址检索。在作者地址栏中输入相应的词或词组,用于检索某一单位或某一区域作者发表的会议文献。

②全面检索(Full Search)　全面检索提供普通检索选项,返回记录条数可预选设定。如果按最新日期或相关度排序,系统默认检索结果为 500 条记录,如果按第一作者、题名或会议名称排序,则为 300 条记录。

a. 选择数据库。与简易检索途径一样。

b. 确定检索时间范围。可通过单选按钮选择"This week's up—date"、"All years"或"Year selection",分别检索最近 1 周更新的数据、所有年份或所选年份的数据,然后点击 General Search 按钮,进入普通检索界面。

c. 选择检索途径。进入普通检索界面后,通过主题、作者、出版物或作者地址途径进行检索,检索结果数量可预先设定。

・主题检索途径。在论文的标题、文摘或关键词字段中进行检索,检索词不分大小写,可用 AND、OR 或 SAME 等逻辑算符组配,用 * 或? 作为通配符。

・来源文献名称检索途径。在检索界面的来源文献名称检索字段上方有 Source List 链接,可从中直接拷贝来源文献名称进行检索,也可用逻辑算符和截词符组配检索式。

・会议信息检索途径。会议信息字段包括会议名称、会议地点、会议主办者和会议日期,通常用 AND 运算符连接几个词即可检索到某一特定会议。

・作者检索途径。与简易检索相同。

・地址检索途径。与简易检索相同。

d. 限定与类别选项。普通检索时可进行语言或文献类型的限定。检索结果排序可按 ISI 加工数据日期由近及远排序;或按检索词与文献的匹配程度由高及低排序;或按一作者的首字母顺序排列;或按会议录名称的首字母顺序排列;或按会议名称的首字母顺序排列。

e. 禁用词。禁用词是不能在主题字段独立作为检索词的一些常见词,如分词、前置词和代词等。

f. 截词符和通配符。"*"号和"?"号用于检索 Web of Proceedings 记录中检索词的复数或不同拼写形式,通配符可用于简易检索或普通检索的任意字段。

g. 检索算符。可运用逻辑算符 AND、OR、NOT 和 SAME 组配检索式,以扩展或限制检索范围。SAME 表示检索词必须出现在同一句子中。如在同一字段中运用了不同的算符,则在检索中的运算优先顺序依次为:SAME,NOT,AND 和 OR。此外,使用括号可以改变优先级,括号中的检索词优先进行运算。

(2)检索结果

①显示检索结果　可用简单记录格式浏览检索结果,一屏仅可显示 10 条记录。在检索结果列表中点击文献标题,可浏览该文献的全记录。

②保存并调用检索式　普通检索的检索式可以保存下来,以后可以调用。只有检索式能保存下来,选择的数据库、数据库年份不会保存下来。

a. 保存检索式。在检索页面上输入检索式,然后点击 Save Query 按钮。再指定一个文件名,后缀为.htm 或.html,即可保存检索式。

b. 调用保存过的检索式。在普通检索(General Search)页面上,输入保存检索式的路径和文件名,或者浏览文件名,选择保存过的检索式。当输入了保存检索式的文件名时,点击 Open Query,在浏览器中打开检索式,再点击 Search 按钮执行检索。

③标记/输出记录　点击记录左边的复选框,使之出现"√"即对这条记录做了标记,或点击 Mark All 按钮,选择本页显示的所有记录,然后点击 Submit 按钮提交标记的记录,再点击工具栏中的 Marked List 按钮,可显示已标记记录屏(Marked List 按钮仅在标记记录并点击 Submit 按钮或点击 Mark All 按钮后才出现在工具栏中),在该界面下用户可以进行打印、保存、输出记录或订购全文的操作。若从标记列表中删除标记某条记录,可点击标记记录左边的复选框,去掉"√",或者点击 Unmark All 按钮清除所有标记记录。若要清除所有标记记录,开始一个新的检索,应点击 Home 按钮,再点击 New Session 按钮。

4. OCLC 检索系统中的有关会议数据库

(1)国际学术会议论文索引数据库(PapersFirst)

该数据库收录世界范围内各类学术会议上发表的学术论文的索引信息,每两周更新一次。其内容覆盖了自 1993 年以来在"大英图书馆资料中心"会议文库中所收集的所有大会、专题讨论会、博览会、讲习班、学术报告会上以及其他会议上所发表的论文。

(2)国际学术会议录索引数据库(ProceedingsFirst)

ProceedingsFirst 是 PapersFirst 的相关库,收录了世界范围内举办的各类学术会议上发表的论文的目次表。可通过该库检索"大英图书馆资料提供中心"的会议录。此外,还可根据所列出的某一学术会议所提交的论文了解各次会议的概貌和当时的学术水平。

第三节　产品样本及其检索

一、产品样本概述

产品样本一般是指厂商为推销其产品而印发的商业宣传品,是对已经定型投产的产品的构造、性能、规格、用途、使用方法等的具体说明。近年来,由于各国贸易额日益扩大,产品样本的内容与形式不断丰富,数量也不断增加。目前,全世界每年出版的产品样本约50万种。这些不同类型的产品样本不仅从不同侧面反映了各国厂商的生产、工艺和管理水平,而且在一定程度上为我们提供了先进的技术情报,体现了产品的发展趋势。由此可见,产品样本是一种兼容技术情报、产品情报、市场情报和管理情报的实用情报源。

1. 产品样本的特点

(1)技术比较成熟,数据比较可靠

由于产品一旦进入商品流通领域立即产生经济效益,因此,一般厂家为了建立和保持本厂的社会信誉,扩大产品销售,其出厂产品是经过多次试验的,或在生产过程中不断加以改进的,质量基本保证的定型产品。产品样本是产品进入市场的宣传品,它所报道的产品的技术是比较可靠的;特别是大型和特大型产品样本所报道的产品一般是质量较高的。

(2)材料具体,形象直观

产品样本报道的都是产品的具体材料,如品名、型号、规格、主要技术数据、用途、价格等,并附有文字说明或图表,图文并茂。产品样本一般不报道产品的理论问题。

(3)出版及时,传递迅速

商业机构、商业集团、厂商为了扩大产品销售,在产品出厂之前首先出版产品样本,并通过各种渠道迅速地散发到四面八方。中小型产品样本多为赠阅;大型和特大型产品样本多为正式出版,有的内部出售,有的公开发行。

(4)时效性强,更新快

在科学技术迅速发展、市场经济竞争激烈的当今社会里,技术的日新月异和产品的更新换代已成为社会发展的一个重要特征。产品的强烈的时效性和寿命的相对缩短,必然反映在产品样本方面,迫使产品样本也加快更新。一般产品样本二至三年就要更新一次,有的每年更新一次。因此,在利用产品样本检索时,必须选择它的最新版。

2. 产品样本的种类

产品样本形式多样,种类繁多,按其内容可分为:

(1) 产品样本

①单项产品样本。是介绍某一产品的样本,大多以活页的形式印发。这种样本在产品资料中所占比例相当大,数量也最多。其内容包括产品型号、名称、技术规格、构造原理、性能特点和用途等。一般附有产品外形,有的还有内部结构图片等。是进行产品设计和订货时极有参考价值的资料。

②产品一览表。是一种对某一企业产品系统介绍的出版物,一般只有几页,多以照片为主,使人一目了然。文字介绍比较简单,一般只介绍产品型号、名称及主要数据等。

③产品样本集。是某一行业各厂商的产品样本、说明书经分析、选择、分类等加工而汇编而成的,是单项产品样本的汇集。它对分析产品趋势、生产动态和工艺水平,对进行产品性能参数的对比分析,对新产品的造型设计,对国外先进技术和设备的引进工作都有一定的参考和借鉴作用。

(2) 产品目录

只介绍产品名称、型号、简要技术数据和用途,通常附有产品外形图照及规格,文字说明多半较简单,能对产品品种提供较为系统的资料。

(3) 产品说明书

也称使用说明书。说明书是设备装配使用中不可少的参考资料,它包括机械、仪器设备的构造、装配、操作、试验、使用方法的详细介绍,以及故障排除、调整等情况的说明,有的还有图纸。是一种具体实用的科技资料。

二、产品样本的检索

由于产品样本的出版混乱,收藏分散,管理不当等原因,给产品样本的检索和索取都造成一定的困难。但仔细分析、归纳起来,产品样本的收集还是有源可究,检索也是有章可循的。

1. 国内主要收藏单位

查阅产品样本,首先要熟悉收藏产品样本的服务单位。目前,国内收藏单位,主要有3类:

(1) 情报机构

主要有中国科技信息研究所、上海科学技术情报研究所、各专业和各地情报研究单位的样本文献馆。

中国科技信息研究所样本部是目前国内最大的产品样本收藏中心和服务中心。该馆有常设的样本阅览室,收藏20多个国家和地区10多个专业的产品样本20余万件。

上海科技情报所样本陈列室收藏产品样本22万余件。化工部科技情报所国外500余家公司的产品目录和产品样本2.6万余件。机电部机械科技情报所收藏机械产品样本17万余件。轻工部科技情报所收藏国外日用生活用品样本4.4万件。

(2)贸易机构

如：中国国际贸易促进委员会、各类产品进出口公司、各地区进出口公司的产品样本资料室，其中以中国国际贸易促进委员会国外新产品样本中心为目前国内最大的国外产品样本搜集中心。

(3)专门的样本图书馆

目前部分地市科技情报研究所相继成立了专门收藏国外产品样本的机构，如，常州市样本图书馆、哈尔滨市国外产品样本陈列馆、汕头市产品样本介绍中心、武汉市国外产品样本陈列馆。

2. 产品样本的分类

目前，国内产品样本没有统一的分类方法和分类法，各收藏单位主要根据本系统的管理要求，参照相关分类法来对产品样本进行分类，主要的分类方法有：①中国图书资料分类法；②中国科学院图书馆图书分类法；③国际专利分类法；④自编分类表等。其中中国图书资料分类法的使用面较广。

3. 主要产品样本检索途径和工具

产品样本的检索途径有：①按产品样本的学科体系查找；②按产品样本的主题范围查找；③按产品样本的名称查找；④按产品样本的出版单位查找。掌握以上几种检索途径，就可以得心应手地查到自己所需的产品样本资料。

下面介绍几种主要产品样本检索工具

(1)《美国的MCS目录》

MCS(Master Catalog Service)，是美国情报处理公司的重要产品之一。该公司经多年积累，将全部产品目录进行了科学分类，共分为30个大类，有四级类目，大小类目共6万个。MCS共收录了28066家大公司的产品样本资料，有260万多页，800多盒缩微胶卷。MCS重点介绍各公司的概况及产品规格、标准、报价等。这些公司及产品均占美国主要公司及产品的80%以上。MCS每两个月更新一次。

(2)《美国对华出口商》

由美国跨国联系和发展公司出版。该书按专业分为28章，介绍了900多家与中国进行贸易的美国著名公司的新产品、新技术和服务项目，附有公司索引和中英文产品索引。

(3)《外国公司分类指南》

由中国国际贸易促进委员会国外新产品样本介绍中心、香港大公报和香港文化出版社3个单位合作出版发行，分别于1981~1982年、1983~1984年、1985~

1986年出版3册。这本《指南》按专业分类,介绍了世界著名公司和有兴趣与中国贸易的各国公司的基本情况。该《指南》还附有"外国、港澳公司驻华机构名录",书后还附有英文和中文的"公司索引"、"读者询问卡",供读者询问和索取各种资料之用。

(4)《来华技术座谈资料和新到国外产品样本收藏目录》

上海科技情报所样本陈列室编辑出版,报道该所收藏的国外来华举办技术讲座时赠送的资料和国外产品样本,还介绍新到的国外产品样本集。该目录按机械、电子技术、仪器仪表、化学化工、医疗卫生、交通运输、土木工程、冶金、材料和其他等13个类目排列。

(5)《世界百万厂商产品集》

上海科技情报所1989年编辑出版。该产品集涉及世界34个国家近百万家厂商的3万余种产品,内容遍及工业、农业、矿业、机械、电子、化工、材料、药物、食品、包装、纸张、办公机械和日用消费品等,是查找国外厂商和产品的检索工具。

(6)《机械产品目录》

机械工业部编,机械工业出版社出版。该目录编入的范围为机械工业部归口、经鉴定合格产品,还包括部分引进产品,共分34册出版,各分册主要内容有编制说明、产品介绍(型号、名称、技术数据、用途等)、厂家名录等,是检索国内机械产品的重要工具。

(7)《中国化工产品目录》

该目录是化工部对全国化工企业进行普查,收集了数十万份数据表格整理出版的检索国内化工产品的重要工具。目前已建立"全国化工产品数据库"。

(8)《中国电子仪器样本》

该书编辑部编,电子工业出版社出版。本书原名《中国电子测量仪器样本》,自1985年创办以来,每两年出版一次,分20个大类,3000个品种,介绍各种产品用途、特点、主要技术性能、参考价值等,是检索我国电子仪器产品的重要工具。

思考题

1. 试述学位论文的特点和检索方法?
2. 会议文献有哪几种出版类型?ISSHP属于哪种类型的检索工具?可检索哪些范围的会议文献?
3. 试述产品样本的重要作用和搜集方法?

第十三章 网络信息资源检索

第一节 网络信息资源基础知识

一、网络及网络信息资源的概念

网络也就是人们所称的计算机网络。是指将分散在各处,却具有独立功能的多台计算机终端及其附属设备,通过通信设备和线路连接起来,运用功能完善的通信软件按照网络协议进行数据通信,以实现资源共享的系统。

网络信息资源是指以电子数据的形式将文字、图像、声音、动画等多种形式的信息存放在光、磁等非印刷质的载体中,并通过网络通信、计算机或终端等方式再现出来的信息资源总和。

在实际工作中,人们与计算机和计算机网络的联系越来越密切,因特网的出现可以说是计算机网络系统优越性的最充分的体现。互联网络也就是我们平时所讲的互联网(Internet)。这是一种遍布全球的网络,是各个计算机信息网络平台的总网络,是成千上万信息资源的总称,简言之,是网间之网。从技术角度看 Internet 是一个互相衔接的 IP 网,由成千上万的局域网、企业网及全球性计算机网络的实时互联,且所有的互联都是通过 TCP/IP 来实现。计算机网络一般可分为广域网(WAN)和局域网(LAN)。

广域网又称远程计算机网络,一般不受地区的限制,范围可延伸到全国或全球。它是利用公共电话网、电报网、租用线路或专用线路,把远程计算机或终端设备连接起来,实现远程计算机间的通信。

局域网是一般在一个相对较小范围的特定区域内部建立起来的通信网络。

二、网络信息资源的类型

网络信息资源包罗万象,广泛分布在整个网络之中,从不同的角度可将其划分为多种类型。由于网络检索工具都有各自的收录范围,因此了解网络信息资源的类型有助于进行检索工具的定位。

1. 按照所采用的网络传输协议划分

(1)www 信息资源

www(World Wide Web)信息资源,也称为 Web 信息资源,采用超文本传输协议(HyperText Transfer Protocol,HTTP)在 www 客户端和服务器端之间传输,建立在超文本、超媒体等技术的基础上,集文本、图像、图形、声音等为一体,以网页的形式存在于 Internet 上。

(2)Telnet 信息资源

Telnet 信息资源是指在远程登录协议 Telnet(Telecommunication Network Protocol)的支持下,用户计算机经由 Internet 与远程计算机连接,并在权限允许的范围内检索和使用远程计算机系统中的各种硬件、软件资源。

(3)FTP 信息资源

FTP 信息资源是借助于文件传输协议(File Transfer Protocol,FTP),以文件方式在联网计算机之间传输的信息资源。

(4)用户服务组信息资源

网上各种各样的用户服务组是 Internet 上最受欢迎的信息交流形式,包括新闻组(Usenet News Group)、邮件列表(Mailing List)、专题讨论组(Discussion Group)等。

2. 按照网络信息资源的组织方式划分

信息组织是将无序状态的特定信息,根据一定的原则和方法,使其成为有序状态的过程,其目的在于将无序信息变为有序信息,方便人们有效利用和传递信息。面对纷繁、无序的网络信息,人们采取了多种方式对其进行组织。目前使用较为普遍的网络资源组织方式主要有以下 4 种。

(1)文件方式

文件(File)是一种较为古老的信息组织方式,适用于网络信息资源。以文件方式组织网络信息资源比较简单方便。除文本信息外,还适合存贮程序、图形、图像、图表、音频、视频等非结构化信息。

(2)超文本/超媒体方式

超文本/超媒体方式是一种新型的信息管理组织方式,不仅注重所要管理的信息本身,而且更加注重信息之间关系的建立与表示,是将网络信息按照相互关系非线性存贮在许多的节点(Node)上,节点间以链路(Link)相连,形成一个可任意连接的、有层次的、复杂的网状结构。

(3)数据库方式

数据库是对大量的规范化数据进行管理的技术,它将要处理的数据经合理分类和规范化处理后,以记录形式存贮于计算机中,用户通过关键词及其组配查询,就可以找到所需信息或其线索。如《中国学术期刊全文数据库》等。

(4) 网站

网站(Web Site)是网络信息资源的重要组成部分,既是信息资源开发活动中的要素,又是网络中的实体。

3. 按照网络信息资源的内容划分

(1) 网络数据库

网络数据库就是借助于 Internet,以 Web 为检索平台提供信息检索服务的数据库,它是数据库技术和 Web 技术结合的产物。如万方系统的数据库系列、OCLC 的数据库系列、INSPEC 网络数据库等。

(2) 网络出版物

网络出版物就是以数字代码形式将文字、图像、声音、视频等信息存贮在磁、光电介质上,通过 Internet 高速传播,并通过计算机或者类似设备阅读使用的出版物,包括电子图书、电子期刊和电子报纸等。

(3) 社会信息

社会信息主要是各种机构和个人发布的分散性的数据、资料、新闻、服务等多方面的涉及各个领域的信息,范围很广,内容庞杂,而且免费对所有的网络用户开放,如政府机构部门的政策、服务信息、社会新闻、生活娱乐信息、机构名录、产品目录、广告信息、商机信息、股市信息、专题评论等。

(4) 软件资源

软件资源主要是指通过网络免费提供给用户使用的各种应用程序,它们以文件形式存在,帮助用户实现某些应用功能,如杀毒、解压、聊天、系统维护、多媒体播放、文件传输、程序编辑等。

(5) 其他类型的信息

这种类型的信息包括网络论坛交流信息、电子公告、网络日志等其他存在于 Internet 上的信息。

三、网络信息检索的特点

由于网络信息检索借助于网络通信、信息处理等技术的发展,出现了许多不同于传统信息检索的特点。具体特点如下。

1. 检索范围涵盖整个 Internet

Internet 是一个全球性、开放性的网络,由分布在世界各地的主机联网构成。因此网络信息检索在检索空间上比传统信息检索大大拓宽,可以检索 Internet 上所有领域、各种类型、各种媒体的公开信息资源,远远超过了手工、联机和光盘检索可利用的信息源。

2. 传统检索方法与全新网络检索技术相结合

网络信息检索沿用了许多传统的检索方法和技术，如布尔逻辑、截词检索、限定检索等。借助于网络信息技术的发展，网络信息检索还采用了许多新的检索技术，如自然语言检索、超文本/超媒体检索等。但是这些检索技术在不同检索工具中的实现方式存在很多差异，需要用户在检索前详细了解其具体的检索规则。

3. 用户界面友好且操作方便

网络信息检索工具直接以终端用户为服务对象，一般都采用图形窗口界面，交互式作业，检索途径多，提供多种导航功能，可做书签标记，保留检索历史。检索者无须专门的检索技巧和知识，只要在检索界面按一定规则输入检索式或者"顺链而行"，就可获得检索结果。

4. 用户透明度高

网络信息检索对用户屏蔽了 Internet 上的各种系统平台、应用程序、数据结构、文件格式、通信传输协议等多方面的物理差异，使用户只需一步检索就可获取多个信息源、多种类型、多种形式的网络信息，感受检索系统的透明度。

5. 信息检索效率不高

由于网络信息缺乏规范和统一管理，动态性强、雷同率高，而且存在很多的垃圾信息。目前的网络检索工具在信息收集、分析和标引等方面也存在许多的不足之处，极大地影响了网络信息检索的查全率和查准率，尤其是通过搜索引擎进行网络信息检索的查准率很低，信息冗余度高。不过，随着智能代理技术、数据挖掘技术、知识发现技术、自然语言理解技术等在网络信息检索中的应用，网络信息检索的效率已经大大改观。

四、网络信息检索的一般方法

要在浩如烟海的网络信息资源中找到自己所需的信息，可以按照以下几种方法进行。

1. 浏览方式

（1）随意浏览

这是在 Internet 上发现信息和信息线索的最原始方法。当没有明确的检索目的和要求的情况下，随意查看，或者选择与所需信息相近的内容作为检索依据，"顺链而行"，从一个网页"行至"其他相关的网页，一轮轮扩大检索范围，获取相关信息。这种方式适合目的性不强的检索，其检索结果具有不可预见性。网络用户可以在平时的网络漫游中将一些感兴趣的优秀网站，添加到收藏夹，以备将来使用。

（2）分类体系浏览

即通过浏览网络资源指南的分类体系获取相关信息。网络资源指南是专业人员基于对网络信息资源的产生、传递与利用机制的广泛了解,对网络信息资源分布状况的熟悉,对网络信息资源进行采集、评价、组织、过滤和控制,从而开发出的可供用户浏览和检索的多级主题分类体系,Yahoo! 就是一个综合性的网络资源主题指南。

2. 查询方式

查询主要是指通过输入检索条件,从大量的信息集合中检索信息的方式。这种方式比较快捷、简单,能够准确、快速地在 Internet 上进行所需信息的定位,直接返回所需信息或者所需信息所在的主机名、域名或者网址等。

第二节　主要搜索引擎及其使用

在"信息的海洋"里,每个人需要的信息都只是极小的一部分,而如何在茫茫的信息海洋中找到你所需要的那一部分,就要通过搜索。在庞大的信息库中,如果没有合理的方法来搜索,就会有如大海捞针。

一、搜索引擎的概念

搜索引擎(Search Engine)实际是个专用的 www 服务器,它存有庞大的索引数据库,收集了全世界上百万甚至上千万个 www 主页的文字信息。为了收集这些信息,有个自动搜索程序沿着 www 的超链,经常搜索整个 www 上的主页,然后为这些主页上的每个文字建立索引并送回集中管理的索引数据库,索引信息包括文档的 www 地址,每个文档中单字出现的频率、地址等。

因此,搜索引擎是用来对网络信息资源管理和检索的一系列软件,是一种在 Internet 网上查找信息的工具。它将各站点按主题内容组织成等级结构。用户可以依照这个目录逐层深入,直至找到所需信息。

二、搜索引擎功能

搜索引擎的第一个功能是收集信息建立索引数据库,并自动跟踪信息源的变动,不断更新索引记录,定期维护数据库。

搜索引擎的第二个功能也是最主要功能是提供网络的导航与检索服务。专家从茫茫网海中挑选质量较高的网页,以某种分类法进行组织,帮助用户快速地浏览查找所需的站点。搜索引擎提供的主题检索途径,将用户需求与索引数据库匹配,显示结果及网页索引信息,进而由 URL 链接出原始信息,使用户能够从网上纷繁复杂的信息中迅速筛选出符合用户需求的信息。

另外,搜索引擎还为用户提供多种信息服务,如:广告、免费的电子邮件、聊天室、地图等等。

搜索引擎是 Internet 上一类很直观、很实用的搜索工具,使用它们可以迅速地找到你所需要的信息。事实证明,网上访问最频繁的是搜索引擎的站点。通过搜索,大到一家公司的站点,小到某个人的电子信箱地址,都可以轻易找到。通过 FTP 搜索,你还可以在网上轻易下载到所需的软件。到目前为止,网上的搜索引擎已经有无数种。对常用搜索引擎的搜索语法了解得越多,搜索到的结果就会越精确,查找所需信息就越快,花的费用就越少。所以了解各种语法,可以给查询工作带来事半功倍的效果。

三、用搜索引擎查阅信息的具体步骤

1. 制定信息搜索策略

(1)首先确定提供相关信息的优秀信息源。确定信息源是很关键的一步,良好的开端是成功的一半。若起点没有找准,搜索结果可能会一无所获。

(2)检查信息源所提供的信息是否适中,所提供的信息量是否合适。信息量太多,搜索不便;信息量太少,则搜索不到足够的信息。

研究信息源所提供的搜索命令及搜索方法,制订搜索计划,然后开始进行搜索。

2. 信息搜索方法

许多搜索引擎提供搜索命令文档。当您使用某一网点进行搜索时,应该先研究一下搜索引擎提供的搜索命令、搜索方法及它的特色,这样才能明确如何在其上进行搜索并充分利用该网点的优势。例如,有些搜索网点允许用户在新一轮的搜索中利用上一次的搜索条件。当第一次搜索结果中满足条件的记录很多时,可以通过增加条件进行第二次搜索,这样能够节省大量的时间和上网的费用。

在搜索过程中,输入搜索条件是最关键的一步。若用户对自己的输入条件所期望的含义与搜索网点"理解"的含义不同。则所得到的搜索结果会与自己希望得到的相差甚远。当刚开始涉足某一搜索引擎时,建议用不同单词进行试验性搜索。然后研究搜索结果的前 5~10 个记录,注意它们的信息及索引,通过这种方式可大致了解这种服务的索引项是如何组织的,下一步就清楚该用什么关键词来搜索自己想要的信息了。

各种搜索引擎通常使用 AND、OR、NOT3 个布尔操作符来组合搜索项。使用 AND 操作符组合的搜索项,每项都必须出现在搜索结果中。使用 OR 操作符组合的搜索项,任一项出现在文档中,都是符合条件的。使用 NOT 操作符时一定要注意,不要把所希望查到的结果给筛选出去。

四、常用搜索引擎及其使用

搜索引擎作为探索网上资源宝库的一把金钥匙,到目前为止也发展到近千个,但由于每个搜索引擎的收录范围、查询技术、查询方法等都不尽相同,因而每个搜索引擎在查全率、查准率和易用性上也有差别。下面介绍几个常用的搜索引擎:

1. 关键词型搜索引擎

(1)常用英文关键词型搜索引擎简介

①Google(http://www.google.com)

Google 由两位斯坦福大学的博士生 Larry Page 和 Sergey Brin 在 1998 年创立。通过自己的站点提供网络信息检索服务,以及为信息内容供应商提供联合品牌的网络搜索解决方案,是目前最大的全球性搜索引擎。以搜索相关度高而闻名。检索界面简洁直观,操作便捷。每天提供 2 亿次查询服务。

Google 提供关键词检索和主题目录浏览检索两种方式。主题目录分类体系是依据 Open Directory 的类目体系构架,内容也是经由 Open Directory 的全球各地的义务编辑人员精心挑选和归类,再由 Google 著名的"网页级别"技术分析,将网页依照其重要性先后排列出,并通过网页介绍里的横线长度,来标明此网页的重要程度。关键词检索方式除了支持简单检索外,还提供性能优良的高级检索。在高级搜索中,用户通过检索文本框和下拉列表来确定检索条件,可从搜索结果、语言、文件格式、日期、字词位置、网域等几个方面限定检索范围。此外,Google 允许用户依照个人爱好设置"使用偏好",并保存以供将来使用。

②Lycos(http://www.lycos.com)

Lycos 于 1994 年 8 月开始在网上运行,目前是 Lycos 集团公司 Lycos network 服务的成员之一,是一个多功能搜索引擎。

Lycos 借助于自动搜索软件收集多种类型的资源,如网页、人名、企业名录、多媒体、音乐/mp3、讨论组、新闻、产品信息等,搜索结果精确度较高,尤其是搜索图像和声音文件的功能很强。此外,还提供游戏、电子邮件、音乐、购物、个性化 Lycos、新闻快讯等服务。关键词检索方式下可从 Web、人物、产品、新闻、讨论、黄页、多媒体等多种途径检索,检索方式分为基本检索和高级检索。

③Alta Vista(http://www.altavista.digital.com)

AltaVista 最早由 DEC 公司于 1995 年 12 月推出,目前隶属于 Overture 公司。曾经被认为是功能最完善、搜索精度较高的全文搜索引擎之一,大量的创新功能使它迅速到达当时搜索引擎的顶峰。

Alta Vista 第一个支持自然语言搜索,具备了基于网页内容分析的智能处理能力,第一个实现高级搜索语法,如 AND、OR、NOT 等,同时最早提供新闻组、图片、音视频文件的检索。该搜索引擎还提供英、汉、法、德、意、葡萄牙、西班牙语等语种的双向翻译。

(2) 常用中文关键词型搜索引擎简介

①百度(http://www.baidu.com)

百度于1999年底成立于美国硅谷，是目前全球最优秀、最大的中文信息检索与传递技术供应商。使用高性能的"网络蜘蛛"程序自动地在互联网中搜索信息，可使搜索器能在极短的时间内收集到最大数量的互联网信息。

百度在中国各地和美国均设有服务器，搜索范围涵盖了中国的大陆、香港、台湾、澳门地区，以及新加坡等华语地区、北美、欧洲的部分站点。基于每天上亿次的搜索数据，百度推出中文搜索风云榜，反映目前的搜索热点。

②天网(http://www.tianwang.com)

天网是由北大网络实验室研制开发，于1997年10月29日正式在Cernet上向广大Internet用户提供Web信息导航服务的中英文搜索引擎，目前不仅收集www资源，而且也收集FTP资源，因此是国内检索校园网FTP资源的主要工具。

天网提供的检索途径有网页、文件、目录、主题4种。检索www资源时，只需在主页的检索文本框中输入检索词即可，检索词之间默认关系为逻辑"与"，支持精确检索符("")，忽略常用的无意义的词和字符，不区分大小写。此外，天网还开发推出中国Web信息博物馆——中国网页历史信息存贮与展示系统，目前已经维护有10亿个以中文为主的网页，并以平均每月一千万个网页的速度扩大规模。

2. 目录型搜索引擎

(1) 常用英文目录型搜索引擎简介

①Yahoo！(http://www.yahoo.com)

Yahoo！是最早、最典型的目录型搜索引擎，起源于大卫·费罗和杨致远于1994年4月建立的网络指南信息库，目前收集了成千上万台计算机上的信息，建立了完整、合理的类目体系，提供金融信息检索、用户交流和多种产品于一体的服务。全球共有24个网站，12种语言版本的雅虎开通，Yahoo！中国于1999年9月正式开通。Yahoo！主题指南主要采用人工方式采集和存贮网站信息，将收集的信息分为14个主题大类，包括艺术与人文、商业与经济、电脑与因特网、教育、娱乐、政府与政治、健康与医药、新闻与媒体、休闲与运动、参考资料、区域、科学、社会科学、社会与文化，每一个大类下面又细分为若干子类，逐层搜索十分方便。

②Galaxy(http://www.galaxy.com)

Galaxy于1994年1月创建，其开发者是商业网络通信服务公司EINet，目前属于Logika公司，是因特网上最早按专题检索www信息的网络主题指南之一。收集的信息包括网页、网站、新闻、域名、公司名录、人名、股票指数等。将所收集网站分为购物、商业、人文、社会科学、宗教、工程和技术、家居、参考、社会团体、旅行、娱乐休闲、科学、体育、健康、政府和医学共 16 个大类。

Galaxy 除了主题目录浏览检索外,还提供关键词检索。关键词检索可以分为基本检索和高级检索,支持布尔逻辑运算符(AND、NOT,检索词间的默认关系为 AND)、精确检索(将检索词组用双引号括起)。检索结果按相关度排列,每条记录前会以一条长短不一的红线表示其相关度。

(2)常用中文目录型搜索引擎简介

①搜狐搜索(http://www.sogou.com/dir)

搜狐(sohu)是 1998 年推出的中国首家大型分类目录搜索引擎,到现在已经发展成为中国影响力最大的网络资源指南。共 16 个主题大类,5 万多细类。搜狐也提供关键词检索方式,可以按照网站、新闻、mp3、购物、图片、商机、软件 7 种途径进行检索。目前,搜狐推出搜狗第三代互动式搜索引擎,在用户输入一个查询词后,尝试理解用户可能的查询意图,给出多个主题概念的搜索提示,通过人—机交互过程,智能展开多组相关的主题概念,引导用户更快速准确定位自己所关注的内容。

②网易(http://www.163.com)

网易搜索引擎是 2000 年 9 月由网易公司推出的全中文网络信息检索服务,是目前国内唯一采用 Google 网页搜索技术的互动性开放式目录管理系统(ODP,open directory project),由众多的网民管理员建立和维护的主题指南。可直接在网易主页检索文本框中输入检索内容,然后从文本框右侧下拉列表所列的网站、网页、图片、时尚、mp3 几种检索途径中选择,获取所需信息。也可进入网易搜索引擎页面(http://search.163.com)进行检索 。

网易搜索引擎主页会首先列出最近的热门网站、热门网页、热门图片和音乐搜索。网易的企业黄页检索和城市检索是其较独特之处:专门开辟网易黄页界面(http://114.163.com),用户既可以直接输入检索词,确定检索省份来查询,也可按照行政区域图和行业类别目录来逐层单击检索;城市检索是以城市为检索词,获取该城市各个方面的信息。

③新浪(http://www.sina.com.cn)

新浪搜索引擎是新浪公司推出的面向全球华人的网上资源查询系统,提供网站、网页、新闻、软件、游戏、音乐、黄页等资源的查询服务。除了主题目录浏览检索,新浪也提供关键词检索,在新浪主页的文本框内输入关键词,选择网页、图片、新闻和 mp3 4 种检索途径之一,提交申请,获取检索结果。也可在新浪搜索引擎页面(http://cha.iask.com),从网页、分类目录、新闻、图片、音乐、网址和黄页 6 种途径检索。如果没有特别指定,系统默认查询次序依次为:目录搜索、网站搜索、网页检索。

3. 集合型搜索引擎

(1)常用英文集合型搜索引擎简介

①Mamma(http://www.mamma.com)

Mamma自称为"搜索引擎之母",可同时调用14个常用的独立搜索引擎,包括OpenDirectory、LookSmart、business.com、about.com等主题指南,Google、MSN、Gigablast、Teoma、EntireWeb等关键词搜索引擎,以及FindWhat、Kanoodle等收费搜索引擎。可查询网页、新闻、黄页、人物、股票指数、图像和声音文件等资源。其检索界面简洁友好,既可同时调用全部后台搜索引擎,也可自行控制选择,设置使用偏好,设定检索时间、每页可显示的记录数、网站简介的长短等。

②Dogpile(http://www.dogpile.com)

Dogpile隶属于InfoSpace公司,提供网页、图片、音视频文件、新闻、黄页、白页等信息的检索,支持关键词检索和主题目录浏览检索。关键词检索提供基本检索和高级检索两种检索方式,高级检索可从检索词、语种、日期、结果显示、域名过滤、成人内容过滤等方面对检索进行限制。

Dogpile的自动归类技术会根据检索结果中出现的词或者短语将检索结果进一步划为多个类别,如将有关"保险"的检索结果再进一步分为寿险、火险、汽车保险、疾病保险等多类,从而方便用户查找所需检索结果。此外,Dogpile还根据检索统计数据,将一些流行检索词分门别类列出,单击可获取相关信息。

(2)常用中文集合型搜索引擎简介

中文集合型搜索引擎发展较慢,目前为数不多。这里只介绍万纬搜索引擎。

万纬搜索引擎(http://www.widewaysearch.com)是一个中文集合型搜索引擎。集成的英文搜索引擎包括Google、Yahoo!和HotBot,中文搜索引擎包括新浪、雅虎(中文)、搜狐、天网、Google(中文)、百度,用户可根据需要自由选择。提供基本检索和高级检索两种方式,支持"精确查找",但不支持布尔逻辑等各种运算。搜索结果可按相关度、时间、域名和搜索引擎分类,可限定检索结果显示的数量和最大的检索等待时间。高级检索页面还按类提供一些网址导航。

4. 专用型搜索引擎

专用型搜索引擎是用于查找某些特殊类型的信息,如电话号码、多媒体文件、人物、地图等的专门检索工具。由于侧重收录某一方面的信息,因此它们往往能比综合型的搜索引擎更迅速、准确和深入地查找上述专门信息。本节将介绍人物、地图和图像/多媒体等类型的专用搜索引擎。

(1)人物查询搜索引擎

Web中含有大量的个人信息,而且越来越多的搜索引擎都开始提供人物/白页检索功能。我们前面提到的搜索引擎几乎都提供这种功能,如 Yahoo! 的 people search(http://people.yahoo.com)、Lycos 的 WhoWhere(http://www.whowhere.com)等。下面再介绍几种专门用于检索人物信息的搜索引擎。

①Internet Address Finder——IAF(http://www.iaf.net)

IAF 创建于 1996 年,曾是因特网上完全免费的找人工具,目前提供免费和收费两种服务。收费服务用于查询那些保密性质的专业个人社会记录,如查找失散的亲戚、个人背景、犯罪记录、破产情况、邻居资料、根据邮箱地址查找主人的物理位置、公司人员、个人生死情况等。免费服务除了通过输入人名查找其 E-mail 地址的服务外,还可输入 E-mail 地址确认其有效性,输入美国的邮编、电话区号、城市名等了解所属地域的人口统计情况,某一社会保障号所属的州市,以及商标、专利和版权检索服务等。

②Bigfoot Directories(http://www.Bigfoot.com)

Bigfoot 是为商家和个人提供服务的一个门户网站,服务内容包括:Bigfoot Directories、Business solutions 和 Personal Solutions 三部分,其中 Bigfoot Directories 通过利用多方资源提供人物信息、E-mail 地址等的检索查询服务,提供 6 个检索入口。

Bigfoot 所调用的检索入口网站都可独立运作,直接访问。

(2)地图查询搜索引擎

①图行天下(http://www.go2map.com/)

图行天下是我国第一个面向公众提供电子地图服务的网站,是检索全国地图信息的重要工具,可以查询我国 26 个大城市的地图、交通、生活、旅游等信息,通过输入关键词,获取公交路线、周边环境以及所在位置最近的所需设施。目前隶属于搜狐公司。

②网上电子地图(http://www.ppmap.com)

网上电子地图是奥发科技公司开发的一个地图引擎,目前有各类中国地图 400 多张,国外地图 200 多张。其中可以直接用于 GPS、LBS 移动位置服务的图有 80 张,包括了我国直辖市、省会城市、大多数经济发达的中等城市及旅游城市等大多数主要城市。

利用电子地图进行网上查询,可直接进行地图加载、信息点查询、漫游等地图操作,简单迅速、方便直接。

(3)图像查询搜索引擎

万维网上的图像信息有多种形式,如图像、图形、位图、动画和影像等。对于这些信息的查找,我们可以利用一些综合性搜索引擎的图片检索功能,例如 Yahoo!、百度、Google、Lycos、AltaVista 等。也可以访问一些专业的图形图像资料库、俱乐部网站,它们往往也有数量可观的各种图像资料,并且有本站自己内部的分类目录和搜索引擎,如知名的 NIX(美国航空航天总署图片交流中心)、Smithsonian 图片数据库等。此外,还出现了一些专门的图像搜索引擎,这里主要介绍以下两种。

①WebSEEK(http://persia.ee.columbia.edu:8008/)

WebSEEK 是由哥伦比亚大学研制的一个基于内容的图片和影像检索工具,采用了先进的特征抽取技术。用户界面直观,操作简单,查询途径丰富,结果输出画面生动、支持用户直接下载信息。WebSEEK 是基于内容的图像、影像目录和搜索引擎,典型的万维网图像搜索引擎。提供主题分类、文本和图像检索。

WebSEEK 提供两种方式检索,目录浏览和特征检索方式。目录浏览:WebSEEK 是万维网对视频信息进行编目的突破。其主题目录按照字顺(a~z)分为下列 20 余大类:Animals、Architecture、Art、Astronomy、Cats、Celebrities、Dogs、Food、Horror、Humour、Movies、Music、Nature、Sports、Transportation、Travel。检索方式:可以检索视频(videos),彩图(colorphotos),灰度图(grayimages),图形(graphics),或者选择所有途径(All)5 个选择进行组合检索。

②图像词典(中文)(http://cn.gograph.com)

图像词典是一个多语言、多类别网上图像搜索引擎,以中、英、法、德、挪威、意大利、西班牙和葡萄牙 8 种文字显示。

在中文界面下,大量的图像被划分为动态图像、艺术剪辑图、图标、照片、壁纸、界面、背景、成套图像共 8 个大类和若干细类。提供关键词检索和主题目录浏览检索两种方式。

五、搜索技巧

当你在某个搜索引擎中查询一个关键词,而访问了几千个网页时,那情形一定是令人沮丧的,有时几乎没有看完每个网址,就被信息淹没了;有时输入一个关键词,却没有返回我们需要的全部内容,因为一个关键词往往无法描述我们的全部需求。

不同的搜索引擎,提供的复杂条件查询的功能和实现的方法各有不同,网站中一般都提供有"帮助"或"说明"来解释各自的功能和方法。以下是一些常见的功能:

1. 模糊查询与精确查询

模糊查询又称为智能查询。当我们输入一个关键词时,搜索引擎不但返回包括了关键词的网址,同时也发来与关键词相近的内容。比如,查找"查询"一词时,模糊查询会返回包含了"查询"、"查找"、"查一查"、"寻找"、"搜索"等内容的网址;查询"海燕出版社"时,会连带"海天出版社"一同返回。返回网址的排列,一般是完全符合关键词的网址在最前边,其次是相近的网址。一般的搜索引擎都有此功能,只是模糊的程度不同。

模糊查询没有特殊的方法,只要在文字框中输入关键词即可。而在英文查询中,还可以使用通配符星号(﹡)和问号(?),使关键词更为模糊。但查询中文时这一应用较少。

模糊查询往往会返回大量不需要的信息,如果想精确地只查某一个关键词,则可以使用精确查询功能。精确查询一般是在文字框中输入关键词,加一对半角双引号("")。

2. 逻辑条件限制查询

这个功能允许我们输入多个关键词,而且,各关键词之间的关系可以是"和"、"或"、"非"(and、or、not)。也就是说,我们可以指定甲词和乙词,甲词或乙词,除乙词之外的甲词。各搜索引擎实现这种查询方式不尽相同,可以通过各引擎的帮助页找到各自不同的方法。下边所列的例子,只是为了帮助你更好地理解什么是逻辑条件,同时也是一些较常见的用法。

(1)"与"(或在关键词之间使用半角的加号)

例:法国足球 and 英国足球 and 巴西足球,或者"法国足球+英国足球+巴西足球"表示要查询的内容必须包括"法国足球,英国足球,巴西足球"3个关键词。有的搜索引擎使用＆号代替 and。

(2)"或"(或使用半角的逗号把关键词分开)

例:法国足球 or 英国足球 or 巴西足球,或者"法国足球,英国足球,巴西足球"表示查询的内容不必同时包括3个关键词,而只要包括其中任何一个即可。有的搜索引擎使用空格,而非半角逗号。

(3)"非"(或将要排除的关键词前加半角的减号)

例:法国足球 not 英国足球,或者"法国足球-英国足球"表示查询的内容应包括"法国足球",但必须没有谈到"英国足球"。

(4)组合使用

将"和"、"或"、"非"组合起来使用,可以产生许多复杂的条件,用以实现精确检索。

注意:输入代表逻辑关系的字符时,一定要用半角。

3. 范围限制查询

范围限制的功能,可以使我们在某一范围中查询和搜索指定的关键词。搜索引擎提供的范围限制类型大体有以下几个方面:

(1)分类范围:在某一类别中查询,如自然科学、教育、商务、黄页等。

(2)地域范围:在某一地区中查询。

(3)时间范围:查询某一时间范围内建立的网站或编写的网页。

(4)网站类型范围:在某一类型的网站中查询,如 www、Ftp、Gopher、BBS、新闻组等。

(5)其他特殊范围:有些搜索引擎提供了许多特殊范围的限定,如域名后缀(com、gov、org 等)、文件类型(文本、图形、声音等)。

范围限制实现的方法各不相同,有些是通过在关键词前加特殊的字符,有些是通过下拉式菜单。需要查看该引擎的帮助,进行详细了解。

总之,搜索引擎的使用比较方便,但不同的搜索引擎,其指令不完全相同,大家在使用时要注意了解不同搜索引擎的指令才能起到事半功倍的效果。同时,在使用搜索引擎时,不要只查一个词,必须灵活运用短语或多个词来缩小搜索范围。

第三节 Internet 网络资源利用介绍

一、Internet 概述

Internet,通常译作"国际互联网",它实际上就是一个靠 TCP/IP 协议连接起来的,由各种不同类型和规模的独立运行和管理的计算机网络组成的世界范围的巨大的计算机网络——全球性计算机网络。

1. Internet 的发展概况

Internet 起源于美国 1969 年的 ARPANET 计划,其目的是建立分布式的、存活力极强的全国性信息网络。1980 年 ARPANET 成为 Internet 的主干网。随着 TCP/IP 协议被人们广泛接受和 UNIX 操作系统的发展,越来越多的计算机连接到 Internet 上。八十年代初,美国先后建立了两个著名的科学教育网 CSNET 和 BITNET。CSNET 是计算机科学研究单位之间建立的网络设施,BITNET 是一个对高等学校开放的网络。1982 年,美国一些有名望的科学家和工程师对当时美国高校计算机设施不能满足教育、科研的需要表示十分关注并向政府呼吁。1984 年美国国家科学基金会 NSF 为根本改变高校计算机落后状况,规划建立了 13 个国家级超级计算机中心及国家教育和科研的主干网 NSFNET!

目前 Internet 已不局限于 NSFNET。在美国国内,NASANET、HEPNET、ESNET、MILNET 等都属于 Internet 的一部分。在国际上,英国的 JANET、德国的 CFNET、法国的 FNET 等都已接入 Internet。

2. 中国的互联网络

Internet 在中国起步较晚,但是由于政府的高度重视以及人们的积极参与,使中国互联网络的发展达到了惊人的地步。

1994年,中国作为世界上第71个成员国加入了Internet;同年4月,中科院高能物理所率先以64Kbps的速率与Internet建立了连接;邮电部开通了北京、上海两个Internet的国际出口;经过3年的建设,先后建成了中国科学技术网(CSTNET)、中国公用计算机网(CHINANET)、中国教育和科研计算机网(CERNET)、中国金桥信息网(CHINAGBN)等四大互联网络,到1997年底,四大网络之间实现了互通。中国用户可以方便地通过四大网络接入国际互联网(Internet)。1999年,中国联通公用计算机互联网(UNINET)经国务院批准,成为第五家公用互联网单位。

中国互联网络中,目前最主要的是中国公用计算机互联网(CHINANET)和中国教育和科研计算机网(CERNET)。

CHINANET由信息产业部(原邮电部)主管,1994年8月由邮电部建立,在北京、上海等地设有主结点,1996年1月全国骨干网建成并正式开通,通过中国公用数据网向全社会提供中国公用Internet服务,现为中国Internet骨干网络,可通过中国电信各分公司的主页访问其信息资源,如江苏电信的网址为www.telecomjs.com。

CERNET由国家教育部(原国家教委)主管,是1994年底由国家教委、科委等单位牵头组织实施的,其网控中心设在清华大学网络中心,第一阶段在北京、沈阳、上海、南京、武汉、广州、成都、西安等地10个高等院校设立了8各地区网络中心和2个主结点,连接100所左右的高等院校入网;第二阶段从1996年到2000年,建成各地区网络,连接全国大部分高等院校入网,提供丰富的网络应用资源,其网址为www.edu.cn。

3. Internet 的作用

Internet可提供以下服务:

(1)通讯服务

可通过Internet提供的网络电话和电子邮件与世界范围内的朋友、亲属或同事保持联系、互通信息,而费用远低于长途电话和航空信件;同时,还可以与世界上其他地方的人通过聊天或BBS论坛等方式讨论感兴趣的任何问题。

(2)检索服务

可通过Internet与世界上成千上万个信息数据库或图书馆连接并使用它们可检索和复制不可计数的文件、期刊、书籍和计算机软件等。

(3)最新动态服务

可通过Internet及时了解和掌握世界上最新政治事件、政府决策、体育新闻和天气预报等信息。

(4)娱乐服务

可通过Internet与世界上不同地区和国家的许多人玩实时游戏,如打桥牌、下围棋等。

此外,利用 Internet 进行网上商业活动,是目前发展最迅速的服务焦点之一。从个人的角度来说,每个人都有展示自我的愿望,可以把自己的个人资料做成主页,连接到一些知名网站的免费主页存放空间,推销自己;从政府、企业的角度来说,Internet 是一个对外宣传的阵地,企业可在网上进行广告宣传、开设网上虚拟商店等等。

4. Internet 网络协议和网络地址

(1) TCP/IP 协议

为了使不同类型的计算机能够在一起协调工作,软件设计和编程工作是按某种标准协议进行的。TCP/IP 就是用来连接计算机和计算机网络的 100 多个协议的总称,其中用得最广的是 SMTP(电子邮件协议)、FTP(文件传输协议)、TELNET(远程登录协议)。最重要的两个协议是 TCP(Transmission Control Protocol)和网际协议(Internet Protocol)。

IP 协议是 Internet 网中使用的一个关键协议。IP 非常详细地制定了计算机在通信时应该遵循的规则,连接到 Internet 上的每一台计算机都必须遵守网际协议的约定。TCP 协议的主要作用是保证 Internet 数据传送得比较可靠。

(2) 网络地址

由于 Internet 是由世界各地众多的计算机网络组成的,要访问 Internet 中的某一个主机,就一定要知道它的地址。Internet 地址有两种形式:一种是数字式的,称作 IP 地址;另一种用字符来表示,称作域名地址。

①IP 地址:Internet 的 IP 地址共 32 位,每 8 位为一个单元转换成十进制数,因而可以用 4 个十进制数字表达,每个十进制数字可取值 0～255,数字间用"."隔开(如:211.70.96.89),每个地址由网络号和主机号两部分组成。这种编址方法使 Internet 可容纳 40 亿台计算机。

②域名地址:由纯数字组成的 IP 地址难以记忆,因此人们用有一定意义的文字来代替 IP 地址,这就是域名地址。域名地址和 IP 地址是一一对应的,且域名地址的大小写没有区别。

域名采用层次结构,每一层构成一个子域名,子域名之间用"."隔开。通常入网的每台计算机都具有类似结构的域名:

计算机主机名.网络名.机构名.最高层域名

常见的 Internet 最高层域名有:com(商业机构)、edu(教育机构)、net(网络管理部门)、mil(军队)、gov(政府部门);涉及国家的最高层域名有 fr(法国)、jp(日本)、cn(中国)等。因此,当你在 Internet 查询信息时,根据你得到的信息资源的网络域名就能判断该资源所在的国别地区,甚至还能判断出提供该资源的机构。

(3)统一资源定位器

统一资源定位器(Uniform Resource Locator),简称 URL,是用来指示某一项信息(资源)的所在位置及存取方法。其格式如下:

存取方式://服务器地址/路径名

存取方式:指出 www 客户程序用来操作的工具,可以是 http,用来连接 www 服务器;也可以是 FTP,用来连接 FTP 服务器;或者是 Telnet,远程登录对方的机器,等等。

如:http://www.sina.com.cn

在这里,http 表示获取资源所用的协议,通过超文本传输协议来连接并获取新浪网上的信息资源,www.sina.com.cn 就是新浪网主页所在的主机地址。访问该页面时,只要在浏览器的地址栏中输入相应的 URL 就可以了。

二、Internet 信息资源的检索

Internet 上的信息资源浩如烟海,其中肯定有需要的资源,但要想快速准确地获得所需资源,必须掌握一些获取信息的方法和技巧。一般来说,查找和获取网络信息资源的都是通过搜索引擎(见本章第二节)和 www 浏览器这两大工具。

1. www 信息资源检索

网上信息资源站点 Internet 上的信息资源非常丰富,并且许多是免费的,这些信息资源特别是学术资源,应该是我们检索的重点对象。

2. 利用电子邮件(E-mail)搜集信息

电子邮件是利用计算机和通讯网络传递文字信息的现代化手段,具有快速、简便、高效、价廉等特点。由于电子邮件是通过邮件服务器传递,因此,当用户发送邮件时,不管对方是否在、机器是否打开,都能把邮件送入对方邮箱内。

电子邮件是当今世界上使用最广泛的 Internet 工具之一,每天约有 2500 万人在世界各地发送电子邮件,信件大多为文本格式、图形和照片,经过计算机处理的电视图像、音乐、语音信号也可进行发送。

为了接收电子邮件,每个用户必须事先申请一个电子邮件通讯地址和电子"信箱",即一块磁盘空间用以保存收到的邮件。每台计算机和用户都有独自的地址,电子邮件地址格式固定、且在全世界范围内统一,它由两部分组成:即主机地址和用户名,两者被"@"分开组成一个完整的电子邮件地址。例如:

lib@mail.cit.edu.cn

用户名　　主机名

有了 E-mail 地址,就可以进行电子邮件的收发了。其实,E-mail 不但可以用来收发电子邮件,还可以实现 Internet 网上的其他各种功能,如 FTP 文件传输、信

息检索(Gopher、www)、参加专题讨论组、远程登录等。其中,专题讨论组就是平时所说的邮件列表、邮件清单(Mailing List),它是通过 E-mail 来进行的,不必安装其他阅读软件。人们可以通过 Internet 网参加各种专题讨论组,互相讨论共同关心的问题。当你加入一个小组后,可以收到其中任何人发出的信息,你也可以把你的观点发送给小组的每个成员。网上有无数的 Mailing List,每个人可以去网上寻找并加入你感兴趣的 Mailing List。

3. 其他信息查询方法

网上的各种信息资源,还可以通过 FTP、BBS、新闻组等服务方式获得。

(1)FTP 信息检索

FTP(File Transfer Protocol),是文件传输协议。Internet 网上有许多可提供文件传输(上传、下载)的服务器,其涉及的内容很广泛,这些服务器能为用户提供查询文件和传送文件服务,这就是 FTP 服务器。FTP 是一个开放的非常有用的信息服务工具,可用来在全世界范围内进行信息交流。用户在使用提供 FTP 服务的计算机时,需要输入相应的口令才能被允许登录,但 Internet 网上的大部分 FTP 服务器提供的文件都是公开免费发布的,所以就提供一种称为"匿名文件传输服务",即匿名 FTP,此时用户可以不必输入账号和密码就可以直接浏览并下载文件。

通过 FTP 服务器下载文件,可以通过命令行方式和在浏览器地址栏直接输入 FTP 站点的地址这两种方式进行,其中用得最多的是后者。

(2)BBS 信息检索

BBS 是电子公告牌系统(Bulletin Board System)的简称,它是一个信息的集散地,任何人都可以通过电脑在这里发表见解、参加讨论、提出问题或回答他人的问题。BBS 是 Internet 上信息最庞杂的系统,选择优秀的 BBS 站点将有助于人们快速获取有价值的信息。BBS 一般采用 telnet 方式访问,但现在可以通过在浏览器的地址栏中输入 BBS 站点地址来访问许多 BBS 站点。

思考题

1. 什么叫搜索引擎?搜索引擎有哪些功能?使用搜索引擎时应该注意哪些技巧?

2. 什么叫国际互联网?国际互联网有什么作用?对我们的工作、学习、生活有哪些影响?

3. 要获得国际互联网上的信息,需掌握哪些获取信息的方法和技巧?

第十四章 专题信息检索与利用

第一节 四六级考试信息检索与利用

一、四六级考试概况

大学英语考试从 1987 年开始,是由教育部高教司主持实施的一种大规模全国性的教学考试,分为四级和六级,四级为基础要求,六级为较高要求。其目的是对大学生的实际英语能力进行客观、准确的测量,为大学英语教学提供测评服务。

四级考试(CET-4)和六级考试(CET-6),每年各举行两次。多年来,四六级考试也进行了多次改革。从 2005 年 1 月起,成绩满分为 710 分,凡考试成绩在 425 分以上的考生,由国家教育部高教司委托"全国大学英语四六级考试委员会"发给成绩单。

四六级证书早已成为各用人单位招聘人才的最基本要求,很多高校在选择保送研究生、评优、选干部时也将四六级证书当成其必备条件。随着社会的发展,各用人单位对招聘人才的外语水平要求越来越高。因此,英语四六级考试的普及面最广,几乎所有在校大学生都要参加这项考试。

各高校图书馆馆藏的四六级考试学习用书,各种数据库中的四六级考试学习材料,是我们获得四六级考试学习知识的重要途径;同时各网站上发布的英语四六级考试信息有历年试题、模拟题练习、语法、词汇、听力、作文、阅读复习指导,经验交流,政策改革等,这些信息都是参加四六级考试的大学生必备信息源。

二、四六级考试信息获取途径

1. 四六级考试官方网站

(1) 全国四六级考试委员会(http://www.cet.edu.cn),由国家教育部任命成立,是发布四六级考试相关信息的官方网站,负责发布四六级考试概览,发布当年的四六级考试大纲和笔试、口试信息,同时负责四六级口试网上报名,并提供最权威的四六级考试信息、考试政策、成绩查询、考试样题详解和分数解释等。

(2) 中华人民共和国教育部(http://www.moe.gov.cn)是发布四六级考试相关信息的权威机构,我们可进入该网站的服务大厅,点击招生考试栏目,再点击英语四六级考试(CET),就可以获得相关四六级考试政策信息等。

2. 四六级考试专门网站

(1) 中国四六级考试网:http://www.china-cet.com,包括网上授课、千人大背词、题库、下载中心、在线考场、英语世界、历年真题、机考专题、模拟试题、查分、学习经验、英语四级考试吧(www.cet44.cn)、英语六级考试吧(www.cet66.cn)等栏目。

(2) 考试吧四六级考试频道:http://www.exam8.com/english/CET46,包括网络课程、考试动态、考试指南、学习资料、历年真题、模拟试题、在线模考、名师指导、心得技巧、每日一练、考试用书、论坛、成绩查询等栏目。

(3) 爱思英语学习网英语四六级考试:http://www.24en.com/cet,汇集了丰富的考试资讯、考试动态、考试指南、考试简介、报考条件、考试样题、学习方法、考试技巧、真题下载、题库在线测试等资源,更按照听力、写作、阅读理解、词汇、完形填空等题型给予英语学习者指导。还有成绩查询等栏目。

3. 门户网站中四六级考试栏目

(1) 中国教育在线大学英语四六级考试(CET)频道:http://www.eol.cn/CET_4255,提供四六级考试介绍、报名时间、考试时间、备考辅导、口试大纲、口试样题、题型分值、真题、模拟题答案、专家点评、考试经验、写作历年真题与范文。

(2) 人民网教育频道四六级考试专栏:http://edu.people.com.cn/GB/cet,提供四六级考试各种信息、学习辅导、试题解释和模拟、历年真题下载等。

(3) 新浪四六级频道:http://edu.sina.com.cn/cet/index.shtml,包括试题集锦、复习指南、资讯报考、互动社区、合作专区、四六级论坛、报考流程和考试日程表等栏目,提供大学英语四六级考试复习、考试大纲、历年真题、历年分数线、答题汇总、免费大学英语四六级考试学习资料下载、大学英语四六级考试英语范文、考试动态信息查询等各项服务。

(4) 搜狐教育四六级频道:http://learning.sohu.com/cet.shtml,报道大学英语四六级考试动态、备考策略、复习方法、写作技巧、作文真题和范文、听力备考规则、听力训练方法解读、名师传授考试过关技巧、成绩查询网址、考友心得分享等。

(5) 腾讯大学英语四六级考试辅导站:http://edu.qq.com/kszx/cet.shtml,提供四六级作文、听力、阅读、完形、翻译、语法、改错、口语等复习辅导和历年真题解析;还提供四六级作文题型分析及话题预测、写作高分突破技巧等。

4. 四六级考试论坛

(1) 英语四六级论坛:http://bbs.cet4.com,包括考试信息区、综合讨论区、经验分享区、互助问答区、资料分享区、真题发布区、小组讨论区、习题交流区、机考交流区等板块。

（2）大家论坛的大学英语四六级子论坛：http://club.topsage.com/forum-58-1.html，包括英语四级论坛、四级问题讨论区、英语六级论坛、六级问题讨论区、四六级综合区等子板块，提供四六级考试资讯，报名，考试时间，成绩查询、查分，经验心得，信息交流，四六级听力 MP3 下载，四六级词汇，四六级试题，历年真题等内容。

第二节 考研信息检索与利用

近几年，随着我国市场经济的发展，社会对各类高级专门人才的需求更加迫切，自1999年全国研究生扩招以来，各招生单位都逐年加大了研究生招生规模。研究生教育深受社会关注，为广大青年所热切向往，考研已成为目前高校乃至整个社会的一个热点。随着报考研究生人数的攀升，高校大学生为了能够顺利通过研究生考试，加强考研信息检索与利用尤为重要。

一、考研文献信息需求的特点

考研信息是指研究生入学考试、复习、报名、笔试、面试、录取以及考试政策等方面的信息。考研信息的收集工作贯穿于考研备考各个阶段。

考研信息有其基本规律和需求特点。一是在选择报考方向上的信息需求，要有实效性和准确性，如招研学校、机构名称、招生人数、学习年限、考试科目、专业研究方向、导师姓名及联系方式、课程辅导材料、考研新动向等，也就是考研简介、各校招生简章、招生专业目录等信息。二是在专业上的信息需求，强调全面性、新颖性，考生在选定自己报考专业及研究方向后，该专业的信息资料是急于得到的材料，尤其是必考科目，如、政治、数学、英语及相关的辅导材料。考生需要全面了解自己所报专业的各种信息资料，掌握的复习资料信息越全面，内容越新颖，在考研复习阶段就能少走弯路，为考研取胜提供坚实的基础。另外，考研也有时间性，国家一年一度的研究生考试，形成了考研信息及其需求在时间上的特别要求，超过了时间段即失去意义。如国家相关政策、招生单位及招生人数、报名时间等。以上这些都表现出考研信息具有较强的准确性、新颖性、及时性、全面性等特点。

二、考研各个阶段需要获取的主要信息

1. 选择报考单位及专业阶段获取的信息

选择报考单位及专业是考研一个重要阶段，报考阶段需要收集招生专业目录、

导师情况、拟报考招生院校与录取情况等等。招生专业目录是报考及全部复习计划的依据。考生可参考拟报考院校的历年招生专业目录,以最终确定自己的报考方向。最新一年的招生专业目录一般在每年7~9月份左右由各招生院校公布,届时考生登录考研教育网(www.cnedu.cn)或招生院校研究生院网站和招生院校二级院系主页上即可查阅。

拟报考招生院校历年报考与录取情况的收集也非常重要,具体包括历年报考人数、录取比例、历年国家复试分数线及院校复试基本分数线等;另外,导师的情况,如拟报考专业有哪些导师,每个导师的研究方向是什么等也是必须要了解的。这些信息,考生可首先通过百度等搜索引擎检索到拟报考院校的网址,再进入该校的院系网或研究生院网查看。

要了解某单位某导师研究方向和指导过的学生,我们还可以通过CNKI中国优秀硕士学位论文全文数据库或者万方的学位论文数据库中,将检索控制条件的检索入口限定为"导师",输入导师姓名,在"作者单位"检索框中输入其所在学校或研究机构的名称后执行检索,即可查询到这位导师指导过的学生所做的硕士论文。或通过导师单位和姓名在这类数据库中获取导师研究方向。

2. 复习备考阶段获取的信息

考研复习资料根据内容、用途和针对性的不同,可以分为以下几大类:全真试题、考试大纲、专业教材以及各种考研辅导书和内部资料。

全真试题包括历年考研政治、英语、数学等公共课试题和所报专业的专业试题。公共课全真试题可以到专门的考研书店购买,也可以从网上获取。专业课试题一般可先向报考学校咨询,部分学校在网上会公布历年专业课试题,也有学校还可以提供邮购服务。中国教育在线的考研频道(http://kaoyan.eol.cn)就提供公共课和法律硕士、教育学、计算机、历史学、心理学、西医综合、中医综合等专业课试题的历年考研真题,并附有试题答案。历年考研真题集锦(http://zhenti.kaoyan.eol.cn)也可以获取真题资料。

考试大纲是规定研究生入学考试公共科目考查知识点及考试题型等重要信息的纲领性文件,由国家教育部考试中心(www.neea.edu.cn/index.jsp)每年4、5月份组织专家会议进行修订后由高等教育出版社公开出版发行。

除全国统考专业课外,其他专业课都是由各个招生院校自主命题、阅卷。因此,专业教材一般需要向招生院校获得。考生可参考拟报考院校的研究生院网站或院系网站公布的参考书目,然后按照书目去购买即可。在购买之前可以先检索一下学校图书馆是否收藏有这些书,或者图书馆的电子资源里是否有这些书的电子图书。

考研辅导书是指一些考研政治、英语、数学、日语、俄语、中医、西医等全国统考科目复习指导书,品种多,数量大,每年市面上大概有上百种之多,这些辅导书给了广大考生更多的选择。

三、考研信息获取途径

1. 通过各高校图书馆获取考研文献信息

我国高校图书馆一般都收集各高校发布的考研信息,包括招生专业目录、往年招生情况、录取比例、考试题目、统招生所占比例等。这些材料一般都陈列在各图书馆阅览室,供广大学生查阅,这对于考生准确报考院校、专业方向十分重要。

另外我国部分高校图书馆在网页中建立了考研信息导航栏目,我们可以通过这一栏目的链接,直接进入国内知名考研信息网站去查询考研信息。

2. 考研相关网站

（1）考研官方网站

①中国研究生招生信息网：http://yz.chsi.com.cn,是隶属于教育部的以考研为主题的官方网站,是教育部唯一指定的研究生入学考试网上报名及调剂网站,主要提供研究生招生简章、网上报名及调剂、专业目录查询、院校信息、在线咨询、准考证下载、复习备考资料等。

②中华人民共和国教育部网：http://www.moe.edu.cn/index.htm,进入服务大厅,点击招生考试进入研究生招生考试子栏目,主要报道研究生招生政策,各种通知、规定。

③教育考试网：http://www.neea.edu.cn,进入研究生考试栏目,主要提供报考指南、考研动态、考研大纲、考研论坛等。

④中国教育科研网：http://www.edu.cn,有专门的考研频道,主要提供考研报名、考研新闻、综合查询、研招政策、考研攻略、热门专业、备考知识、复试调剂、经验心得等。

（2）考研信息门户网站

①搜狐考研：http://learning.sohu.com/kaoyan.shtml,提供考研新闻、备考辅导、考研微博、考研政治、考研英语、考研数学、考研专业课、经验交流等。

②腾讯教育考研：http://edu.qq.com/y,提供考研新闻动态、招考政策、考研名词解释、招生院校等,还有考研政治、英语、数学、专业课辅导,也提供真题中心和考纲解析等。

③新浪教育考研：http://edu.sina.com.cn/kaoyan,提供考研要闻、考研时评、报考资讯、备考辅导、考研大纲、报名指南、初试真题、招生院校及联系方法以及复试和调剂等。

(3）考研论坛

①考研加油站：www.kaoyan.com，国内最早考研论坛之一，包括考研论坛精华区、大学考研网、考研资料下载等栏目，考研交流氛围浓厚。

②免费考研论坛：www.freekaoyan.com，也是一个起步较早的考研论坛，考研资源集聚地，大家有空可以去淘淘资料。

③无忧考研社区：www.5ukaoyan.com，这个社区成立的时间虽然不长，但是他们的最新资料很多，社区FTP里面还有近几百吉字节的音频、视频资料，里面有很多都是最新考研辅导班的现场录音和讲义，对于眼下经济略为困难的考生来说比较有帮助。

④考研家园：http://home.kaoyan.com，分为我要考研（包括走近考研、初试飞越、挑战复试、调剂专区和保送读研）、考研路（包括考研心经、学习方法、复读研帮、在职、辞职考研和考研影音酷5个子版）、公共课、专业课板块。

(4）考研辅导机构

①万学海文考研：www.vipkaoyan.com

②启航考研：www.aim99.com

③文都考研：http://kaoyan.wendu.com

(5）其他考研信息网站

①中国考研网：www.chinakaoyan.com，考研门户网站，包括院校信息、考研论坛、考研信息、报考指南、招生简章、复习资料、专业试卷、考研题库、考研政治、考研英语、考研数学、考研分数查询等栏目。

②考研宝典：www.exambook.net，考研门户，提供考研图书、考研笔记、考研试题和考研培训班等一站式服务的考研信息交流平台。

③中国招生考试在线考研：www.yuloo.com/ky，包括考试动态、报考指南、考研论坛等栏目。

第三节 公务员考试信息检索与利用

自从1994年国家公务员考试制度正式实施以来，全国报考公务员的人数逐年剧增。特别是近几年高校扩招带来了大学生就业高峰，使得大学生"公务员报考热"也愈演愈烈。据有关机构调查，每年国家和一些地方公务员的报名人群中，高校应届毕业生应考比例超过7成，成为报考公务员的主力大军。在这种情况下，高校学生对公务员考试信息的需求也迅速增长，出现了前所未有的公务员考试信息需求热。

一、公务员考试信息的特性

近年来,我国每年都会举行几十次大大小小的公务员考试,公务员考试信息主要是招考单位、职位、专业、人数、资格条件、报名方式、考试科目、内容、报名及考试时间和地点等,都是考生们所密切关注的。

公务员考试不同于一般的教育考试,公务员考试侧重于考察考生的政治敏感度、政策水平与实际工作能力。就其考试的主要科目来说,《行政职业能力测验》考生复习要涉猎到马克思主义哲学、邓小平理论、"三个代表"重要思想、科学发展观和当年国内国际重大时事、社会主义市场经济理论、法学基础理论、宪法、行政法、经济法和民法一般常识、行政管理的基本理论和实践运用、人文与科技的一般常识等方面;《申论》考试是对应试人员的分析能力、概括能力、提炼能力、加工能力、阅读理解能力、综合分析能力、提出问题的能力、文字表达能力等多方面进行综合检测,考核其运用马克思主义哲学、邓小平理论、"三个代表"重要思想、科学发展观、法律、行政管理等理论知识解决实际问题的能力。由此可见公务员考试具有涉及面较广的特性。

二、公务员考试各个阶段的信息获取

公务员考试信息主要包括公务员报考指南、各地招考信息、经验交流、政策资讯、试题集锦等信息,要想在公务员考试中获得满意的成绩,及时获取相关信息非常重要。

1. 公务员考试报考和录取阶段信息获取

报考阶段考生必须要对公务员报考条件、报考过程、考试流程等常识,以及中央和地方公务员考试的时间、考试科目、招考单位、职位、人数及有关考试最新政策等考试最新动态进行了解,做到心中有数,及早安排。

中华人民共和国人力资源和社会保障部网站:www. mohrss. gov. cn,是发布中央机关及其直属机构公务员考试信息的官方网站,提供最权威的国家公务员考试招考和录取信息。考试注册登录后既可通过该网站报考相关职位,考试结束后可查询考试成绩和录取信息。另外,该网站还开通与国务院各部门网站和各地人事网站的链接,提供省、区、直辖市的公务员招考信息。

2. 公务员考试复习阶段信息获取

公务员考试复习阶段信息获取的主要任务是了解如何备考,即考试科目有哪些,需要看哪些考试参考书、复习资料,复习时要注意哪些问题等;笔试通过后,对于获得面试资格的考生还要及时准备面试,了解面试的时间、考试范围、复习资料等信息。网络上有丰富的公务员复习资料,考试可以通过公务员考试官方网站了解,也可查看一些专门的公务员考试资料网站。

233在线考试中心：http://ks.233.com/1/,提供公共基础知识、行政能力、申论的预测试题、模拟试题、历年真题、随机试题的在线测试。

三、公务员考试相关信息获取途径

1. 通过各高校图书馆获取公务员考试信息

我国有些高校图书馆会针对学生报考公务员的需要,编制公务员考试专题推荐参考书目,把考试相关书籍的书名、馆藏地点、索取号、馆藏册数等信息提供给读者,方便读者查阅。有些高校图书馆在网页中设立公务员历年试题库栏目,把图书馆收集到的各年国家及地方公务员考试的试题及答案提供给考生,帮助备考的学生节约查找试题的时间,也可为考生及早制订学习计划提供参考。

另外我国部分高校图书馆在网页中建立了公务员信息导航栏目,我们可以通过这一栏目的链接,直接进入国内知名网站去查询公务员考试信息。

2. 公务员考试相关网站

（1）公务员考试门户网站

①公务员考试网：www.gwyksw.com,提供往年公务员考试、国家公务员考试、国家公务员考试试题、公务员考试答案、申论试题答案、公务员考试成绩查询、公务员培训课程、公务员考试公文写作指导、面试题库、实事政治与形势政策等。

②公务员考试在线：www.gwyks.com,提供公务员考试新闻、考试报名时间、公务员考试试题、公务员考试联考专题、各考试名师培训专题、省公务员考试知识堂、面试公告和考试成绩查询等。

③腾讯公务员考试网：http://edu.qq.com/official,腾讯公务员频道提供海量的公务员考试信息,涉及国家及各省市公务员资讯,同时联合公务员权威辅导机构、名师打造高效复习备考平台。

④人民网公务员考试站：http://edu.people.com.cn/GB/gongwuyuan,人民网公务员考试权威发布国家公务员考试、地方公务员考试报考、历年公务员考试真题、国家公务员职位查询、公务员面试的全部相关资讯,以及申论、行测试题答案及详解。

⑤新浪教育：http://edu.sina.com.cn,提供国家公务员报考指南,行政职业能力测试、申论、历年真题试题,模拟冲刺在线估分,面试技巧、面试题集,资料共享、经验交流、公务员论坛、公务员考试博客圈等公务员考试辅导和相关参考书的信息查询；还有地方公务员网站的链接,内容非常全面。

⑥考试吧公务员考试网：www.exam8.com/zige/gongwuyuan,提供公务员报考时间和职位表、模拟考试、网络课程、当年国家公务员考试成绩查询、公务员成绩

查询时间、国家公务员考试答案、国家公务员考试网、公务员考试面试等。

⑦无忧考网的公务员考试频道：www.51test.net/gwy，提供往年公务员考试、国家公务员考试、国家公务员考试试题、公务员考试答案、申论试题答案、行测试题答案、公务员考试成绩查询、公务员培训课程、公务员分数线、公务员调剂等。

⑧233网校公务员考试网：http://ks.233.com/gwy/，提供往年考试答案、考试试题、成绩查询；包含公务员职业教育、考试介绍、报名培训、综合辅导、申论、行政能力测试、试题专项、章节知识点、论坛等栏目。

⑨公务员365网：http://www.gwy365.com，提供公务员报考信息、备考指导、复习资料、公考试题等。

(2) 公务员考试论坛

①QZZN论坛：http://bbs.qzzn.com，QZZN是知名公务员考试论坛，可以在QZZN获得最新的公务员考试资讯信息、经验、资料、真题，还可以认识大量志趣相投的公务员朋友、交流学习与生活，并提供地方各省市公考论坛的链接。报考者通过这一论坛了解公考情况。

②华图公社论坛：http://bbs.htexam.com，提供公务员考试交流论坛，可以获得最新的公务员考试备考经验、辅导资料、各地历年真题。可以在线模考，还能得到名师答疑。

③公务员考试论坛：www.gwybbs.org，有大量公考资料，分为考试资讯区、行测考试交流区、申论考试交流区、公共基础交流区、面试经验交流区等，可以与考友们交流经验、心得。该论坛号称公务员考试百事通。

第四节　留学信息检索与利用

一、留学信息需求的基本内容

随着改革开放的深化和发展，我国留学生规模空前，已成为世界上最大的留学生生源国。根据教育部最新的统计数据，截止2012年，我国出国人数达到了230多万，2012年有近40万中国学生出国留学，增长速度超过20%。这已经是连续4年增长比例超过20%。获取准确的信息是出国留学的前提，留学信息的内容是多方面的，它包括留学国家的情况、奖学金信息及种类、名校申请、留学政策、留学费用、留学中介、留学签证、语言考试、院校排名、院校介绍等信息；同时还要了解考试内容、考试动态、考试政策的变化，留学类考试主要有TOEFL托福考试、IELTS雅思考试、GRE考试、GMAT工商管理硕士入学考试等。

二、留学信息获取途径

1. 通过各类型图书馆获取留学信息

我国大部分高校图书馆和部分省级以上公共图书馆都收藏有大量与留学相关的图书文献，可供读者借阅和查询。同时，图书馆拥有的大量数据库，如中国知网、万方、重庆维普中也有许多关于留学的文章，均可作为有用信息。部分图书馆还建立了"留学生信息知识导航"，提供与相关网站链接，可以让读者轻松获得留学相关信息。

例如，上海图书馆新馆开馆之日起即设立了"留学指南"阅览室，收藏有关留学出国的图书文献和情报资料两万余册（件），其中有纵览世界各国大学的资料，如《学术世界》(The World of Learning)介绍世界一百多个国家和地区的大学以及研究所，并且每年都有更新。还有《世界著名学府丛书》、《世界著名大学概览》、《各国大学手册》、《大学历史国际字典》及《欧洲大学指南》等。2004年在"网上联合知识导航站"上建立了"留学指南"网页(www.library.sh.cn/tsgc/lxzn)，以多种方式为用户提供出国留学方面的信息。该网页内容比较丰富新颖，包括主要大学介绍、大学排名、网站链接、中介机构和使领馆地址等多项超级链接，实现了信息的整合集成，同时方便了当地用户和远程用户。

2. 通过相关网站获取留学信息

（1）提供留学服务的国家官方机构及网站

①国家留学基金委：国家留学网(www.csc.edu.cn)，根据国家法律、法规和有关方针政策，负责中国公民出国留学和外国公民来华留学的组织、资助、管理。提供出国留学申请指南、最新留学信息报道、出国留学管理规定、国家自费留学生奖学金等。还可以链接我国驻美国、法国、德国、英国、加拿大、俄罗斯、日本、韩国等国大使馆教育处。

②教育部留学服务中心：中国留学网(www.cscse.edu.cn)，留学网是国内最大的留学门户网站。提供最新、最全、最热的留学资讯，涵盖美国、加拿大、英国、澳大利亚、韩国、日本等各国留学国家的情况，设有留学预警、讲座信息、专家答疑等。还可链接到中国留学服务中心全国各地分中心。

③教育部教育管理信息中心：教育部教育涉外监管信息网(www.jsj.edu.cn)，是教育涉外活动监督与管理信息的专门网站。该网站设有政策法规、留学预警、热点问答、名单公布、典型案例等栏目，公布经资格认定的自费出国留学中介机构法定代表人、办公地址等核心资质情况。可链接中国驻外使领馆教育处（组）。

（2）提供留学服务的中介机构

目前，我国所有的留学中介机构基本都建立了网站，用户可以通过搜索引擎和其他方式得知中介机构名称,并通过登录网站的方式深入了解该中介,再通过与中介机构和网友的在线交流决定中介机构取舍。但是我国留学中介机构名目繁多,良莠不齐。我们可以通过教育部教育涉外监管信息网,了解到270家自费出国留学中介机构法定代表人办公地址等核心资质等情况。

①威久留学:www.wiseway.com.cn,提供留学攻略,留学选校咨询,介绍热门专业,提供雅思、托福、GMAT、GRE考试咨询,友情链接全国各种关于出国的留学网络,还提供国内数十个城市咨询热线电话号码。

②教育时空网:www.edutime.net/Default.aspx,提供世界各国留学咨询、及时报道留学新闻,开设留学讲座等。还可链接各国驻华使馆网站。

③伯乐留学:www.bole.me,提供在线咨询、国外大学排名、留学申请攻略,提供全国主要城市咨询热线电话等。

(3) 提供留学信息的各种网站

①新浪出国频道:http://edu.sina.com.cn/a/index.shtml,设有热点聚焦、专家在线、实用英语、远程教育、论坛、知识库等栏目,详细列出了留学申请的过程,提供国家、地区、学校、专业性质等内容。

②搜狐出国频道:http://goabroad.sohu.com,设有留学看点、政策法规、院校搜索、留学国家、案例等栏目。详细列出了留学申请的过程,在醒目位置链接了伯乐留学网的海外大学最新排名信息。在留学专区,提供留学5步成功步骤,即选校选专业、递交申请、获得offer、获得签证和准备入学。

③环球教育网:www.gedu.org,该网站设有海外学府、留学咨询、正常法规等栏目。网站还提供在线评估服务,提供各种考试课程导航、教学教材,以及全国主要城市雅思考试辅导机构推介。

④五洲留学网:www.overseasstudy.cn,该网站的特色是免费指导申请和办理留学的全部过程,提供在线填写出国留学申请表的服务。在"留学生活"栏目中提供了世界天气、外汇牌价、各国时差、护照签证、出行指南等实用信息。还友情链接有关国外留学论坛和奖学金情况介绍。

⑤滴答网:www.tigtag.com,有各个国家专业的留学出国信息,如澳大利亚、加拿大、英国、德国、法国、新加坡、日本、西班牙等。提供各类外语考试介绍、考试资料下载等。

⑥留学专搜:www.zhuansoo.com,是专注于留学的搜索引擎,为留学人群提供留学信息查询,留学问题解疑以及讨论与交友的专业系统的留学搜索平台。

(4) 标准化考试网站

①雅思:www.ielts.org/default.aspx,ETS、TSE主办机构网站,可以下载ETS介绍、考题练习、考试报名等。

②托福：www.ets.org，TOEFL 官方网站，提供最新动态、考试时间、报名方式、考题练习、复习资料等相关信息。

③GRE：www.ets.org/gre，GRE 考试的官方网站，提供 GRE 考试相关信息。

④GMAT：www.mba.com/mba，GMAT 考试官方网站。提供有关的服务信息，如最新动态、考试时间、报名程序、考题练习、复习资料订购等。

要想全面地了解网上考试信息资源的分布情况，门户网站不可忽略。许多门户网站都设有考试专栏，如中国教育在线（www.eol.cn）、新浪网教育频道（http://edu.sina.com.cn）、中青在线教育频道（http://edu.cyol.com）、人民网教育频道（http://edu.people.com.cn）、新华网教育频道（www.xinhuanet.com/edu）等。

第五节　大学生就业信息检索与利用

一、获取就业信息的重要作用

近年来，我国大学生就业已成为一个引人关注的话题，大学生就业是一项涉及千家万户的社会系统工程，构成该系统的基本要素是政府、学校、企业、人才市场、学生及其家庭。为此，我国各级政府、高等院校以及有关组织部门、家庭和个人都积极寻求对策，采取措施，为毕业生成功就业提供各种支持和信息服务。

就业信息是指就业相关的政策法规，能够提供就业岗位或就业机会的所有相关信息。获取有价值的就业信息是大学生顺利就业的基础和前提，大学生只有掌握了大量的信息后，才有可能对其整理、分析和处理，最后做出选择，制定应聘策略。信息资料越多，选择的自由度就越大，也就是说谁先拥有就业信息，谁就掌握了求职的主动权。在激烈的市场竞争中，是否能有效地获取就业信息，决定了大学生能否叩响就业的成功之门。

目前，我国大部分大学生就业主要考虑的是就业单位及岗位，往往忽视了充分利用我国大学生就业相关的政策法规。近几年，国家相关部委包括教育部、国务院办公厅、人力资源和社会保障部、财政部等中央部委政府部门，发布出台了与大学生就业相关的政策法规文件。各省级人民政府、直辖市政府等有关部门，如教育厅、人力资源和社会保障厅、财政厅、科技厅等，以国家相关部委发布的宏观就业政策文件为指导原则，根据所辖区域的实际情况，制定与本区域经济、文化发展水平相适应的就业政策法规文件。

政府为了多渠道开发就业岗位，完善相关政策措施，切实加强就业服务，千方百计促进高校毕业生就业，制定了一系列拓宽毕业生就业渠道的就业政策。如积极支持和鼓励高校毕业生投身现代农业建设,鼓励农业企业吸纳高校毕业生就业。鼓励引导高校毕业生面向城乡基层、中西部地区以及民族地区、贫困地区和艰苦边远地区就业的政策,统筹实施"选聘高校毕业生到村任职"、"三支一扶"(支教、支农、支医和扶贫)、"大学生志愿服务西部计划"、"农村义务教育阶段学校教师特设岗位计划"等基层服务项目,切实做好免费师范毕业生就业工作。积极做好征集高校毕业生入伍服义务兵役工作。鼓励中小企业吸纳高校毕业生就业的政策。鼓励支持高校毕业生自主创业的政策。鼓励科研项目单位吸纳高校毕业生就业的政策等,这些都是我们大学生就业时必须掌握的信息。

二、获取就业信息的主要渠道

1. 通过社会"门路"获取信息

这里的"门路"是指获取信息的途径、渠道,不能等同于传统观念中的"走后门",它从一个侧面也反映出一个人的"人脉"资源和社交能力。据相关资料统计,大约有65%的毕业生是通过社会各种"门路"找到工作的。"就业门路"以"三缘"为基础,即"血缘"、"地缘"和"学缘"。

2. 通过学校就业主管部门获取信息

学校的就业指导中心作为毕业生就业指导、推荐部门,他们既与毕业生就业工作所涉及的各级主管部门之间保持着密切联系,同时也是用人单位选录毕业生所依赖的一个主要窗口。

3. 通过社会实践实习获取信息

在求职择业的过程中,一个很大的障碍是供求双方缺乏了解。而毕业生在校期间所从事的社会实践和就业实习等活动,是毕业生了解用人单位,并让用人单位了解自己的最好途径。

4. 通过人才市场和洽谈会获取信息

各地方、各行业及各高校每年都要举办各种"人才交流会",毕业生可通过"交流会"在较短时间内获取到大量的就业信息,与用人单位直接洽谈,确定工作单位。

5. 通过新闻媒介获取信息

报刊、广播、电视媒体等以其信誉度较高、普及面广、易于大众接受等特点,成为各类企事业单位介绍单位情况和发布人才需求信息的重要工具。

6. 通过互联网获取信息

对处于信息时代的毕业生而言,借助互联网查阅和交流信息,已经成为毕业生求职择业的重要途径。目前基于互联网的毕业生就业服务和人才招聘市场逐步走向成熟,包括企业和学校在内的各级各类毕业生就业或人才招聘服务机构,都已在网上建立了自己的网站,向社会提供就业指导和就业信息服务,很多企业单位已经实现了网上招聘。

网络获取招聘信息的主要渠道有：(1)浏览专业招聘网站；(2)浏览校园就业信息网；(3)浏览企事业单位网站；(4)浏览主管部门网站；(5)浏览大型综合网站或行业网站。

三、获取就业信息的主要网站

1. 国家有关部门主办的就业网站

(1) 新职业(www.ncss.org.cn)，主管部门是国家教育部，是全国大学生就业公共服务立体化平台，是面向高校毕业生主办的网站，全面解读就业新政策，提供就业信息、就业指导和法律咨询等。

(2) 应届生求职网(www.yingjiesheng.com)，是中国第一个专门面向大学毕业生及在校生的求职招聘网站。该网站向大学毕业生及在校生提供最新、最全、最准确的校园全职招聘、实习招聘、兼职招聘、企业宣讲会、招聘会、企业招聘截止日期等招聘信息，并同时提供职业测评、应聘指导等求职就业资讯及辅导。

(3) 中国教育在线(www.eol.cn)，是中国教育网就业通，提供校园招聘、中小学教师招聘信息。

(4) 人力资源市场网(www.chrm.gov.cn)，是由国家人力资源和社会保障部主办，为全国人力资源市场公益性服务平台。面向社会提供人事人才政策咨询和人才服务的公益性网站。提供就业信息报道、人才开发、市场行情统计、自主创业、最新用人职位和各地人才招聘会等信息。

(5) 中国就业网(www.lm.gov.cn)，是人力资源和社会保障部大型就业培训门户网站，向社会各界提供劳动力市场策略咨询和就业服务信息。提供中央和地方就业政策、人才培训，为各类人员(包括大学生)就业提供服务。

(6) 中国人事考试网(www.cpta.com.cn)，介绍各类资格考试信息等，为就业前期准备。

2. 各省(市)、自治区主办的就业网络

我国各个省(市)、自治区教育与人才部门也都分别建立了自己的就业网站，以及人事部的考试网。这些网站一是通过进入国家有关部门的就业网络进行链接；另外，可通过百度等搜索引擎进行查找。

3. 专门的人才招聘网

人才招聘网站有全国各地、各行各业、不同要求的人才需求信息，可以帮助求职者开阔视野、调整就业思路，从中找到契合自己专业、兴趣和能力等方面的相关就业信息。

(1) 528招聘网(www.528.com.cn)，是全国性的大型人才招聘网。该网能即时更新招聘信息和求职信息,有庞大的招聘信息数据库(40万家企业)和求职信息数据库。

(2) 中华英才网(www.ChinaHr.com),在全国各主要城市都设有工作站,提供最新的工作机会、工作和职位搜索、简历投递、求职指导、职业测评、猎头服务以及校园招聘等求职服务。

(3) 百大英才网(www.baidajob.con),是专注于分行业人才招聘的门户网站,拥有丰富的职位信息和人才库。

(4) 搜狐招聘(job.sohu.com),是商业门户招聘网站,拥有大量的全国各地最新职位。

(5) 前程无忧(www.51job.com),是国内第一个集多种媒介资源优势的专业人力资源服务机构。

(6) 智联招聘(www.zhaopin.com),为求职者提供职位搜索、简历管理、职位定制、人才评测以及培训信息等。

4. 大学生求职简历范文网站

互联网上有许多的求职指南网提供免费的求职简历范文供求职者参考。

(1) 应届生求职网（www.yingjiesheng.com）的应届生论坛（http://bbs.yingjiesheng.com）是中国大学生求职第一论坛。该论坛分为职业规划及测评、笔试、面试、签约、薪资、户口等十多个板块,提供简历要素及写简历技巧、英文简历制作详解、分行业/专业简历模板、简历点评/修改、简历投递与网申技巧等方面的就业知识。应届生求职网还提供了到各省的应届生求职网的链接。

(2) 中国人才网(www.CNrencai.com)的免费简历板块提供简历制作、简历封面、英文求职信、中文求职信、简历模板和简历常识等简历制作知识。

思考题

1. 了解四六级考试信息有哪些官方网站?
2. 选择报考研究生单位及专业可通过哪些渠道获取信息?
3. 获取就业信息的主要渠道有哪些?

第十五章　图书馆服务实用指南

第一节　文献借阅服务

文献借阅是图书馆传统的、最基本的服务方式,主要包括文献外借、馆内阅览等。除需要保护的文献,如古籍、珍稀文献、孤本等只提供馆内阅读外,其他文献通常均可以外借。读者需要了解图书馆馆藏资源的组织和图书借阅流程。

一、图书馆馆藏组织

1. 图书排架

图书是按索书号排架的。索书号是索取图书的号码,它反映每种图书在一个图书馆的具体排架次序和位置。索书号主要由分类号和书次号组成:分类号反映图书的学科内容,是文献分类标引的结果;书次号进一步区别同类图书的不同种次,按照同一个分类号下的不同品种图书到馆先后顺序排序。例如,某种藏书的索书号为 G252.7/12,其中 G252.7 是分类号,反映该书的学科内容;12 则是书次号。图书的排架是先按分类号的字母及数字顺序排,分类号相同者,再按书次号的顺序排列。

2. 期刊排架

期刊分为现刊与过刊,在阅览室尚未装订的期刊称"现刊",装订成册的合订本称"过刊"。不同图书馆的现刊和过刊排架方式不太一样,有的按分类排架,有的则按刊名排架。

二、图书书目查询

读者利用图书馆联机公共检索目录 OPAC 系统查出所需文献及其索书号,再借阅即可。在系统中检索书目信息时可根据书名、著者、书号、分类和主题等途径。通过书目查询,即可了解某种藏书馆藏情况,如果在馆系统会提醒可借阅。读者可凭借书号入室或入库取书,办理借阅手续。

第二节　参考咨询服务

参考咨询是图书馆馆员对读者在利用文献和寻求知识、情报方面提供帮助的活动。它以协助检索、解答咨询和专题文献报道等方式向读者提供事实、数据和文献线索。许多图书馆设有专门的参考咨询部门，配备具有一定专业知识、工作经验丰富的参考馆员开展此项工作。随着信息环境的变化，咨询服务的方式与手段也发生了很大变化。

当读者在利用图书馆资源与服务的过程中遇到问题时，可以采取以下几种方式寻求帮助：

一、现场咨询：到图书馆咨询台向值班工作人员咨询。

二、网上咨询：通过图书馆的参考咨询服务平台进行网上实时咨询。

三、电话咨询：直接拨打咨询台的电话进行咨询。

四、其他咨询：对图书馆的建议和意见可通过图书馆主页的留言板进行反馈与咨询。

第三节　用户教育与培训服务

图书馆开展多层次、全方位的知识讲座与培训，帮助读者更好地利用馆藏文献资源、各类数据库使用方法和网络学术资源。

一般图书馆都会定期、不定期地举行用户培训讲座，为广大读者开展系列讲座，目前开展的用户培训活动主要包括以下主要内容：网络资源特征及利用知识，各种专业数据库特征及检索利用，有关检索工具介绍及投稿常识，常用软件的使用及相关知识，有关文献检索与利用的相关知识。高校图书馆还会开展新生入学培训、针对不同院系资源检索的专场培训以及中外文数据库使用培训等。培训通知一般都会在图书馆网页发布培训信息。为了培养大学生的信息素养，高校图书馆还针对本科生和研究生开设文献检索课程，学生可在本校教务网络管理系统中查看课程详情，并选修该课程。

第四节　文献传递与馆际互借服务

文献传递与馆际互借是文献信息服务机构为弥补馆藏文献之不足，根据合作馆之间的互借协议，通过复印、扫描、邮寄、E-mail等方式传递本馆未收藏的读者所需文献，是一种共享文献资源的服务。这种服务分为返还式（即馆际互借

Interlibrary Loan）和非返还式（即文献传递 Document Delivery）两种，它可以跨系统、地区、国界传递文献。目前，国内主要的文献传递系统有 CALIS 馆际互借/文献传递服务网、国家科技图书文献中心（NSTL）、中国科学院国家科学数字图书馆（CSDL）、中国高校人文社会科学文献中心（CASHL）等。使用文献传递服务，需要向所在单位图书馆的文献传递部门提出申请，由相关的馆员进行处理后将需求信息发送给收藏馆，后者根据收到的请求将文献传递给需求馆。

第五节 科技查新服务

科技查新是在我国科技体制改革进程中萌生并发展起来的一项情报咨询工作。20 世纪 80 年代后期，各级科研管理部门为了提高科研立项、成果鉴定与奖励的严肃性、公正性、准确性和权威性，采取了不少措施，制定了一系列管理办法和规定。其中，为避免科研课题重复立项和客观正确地判别科技成果的新颖性而设立了科技查新工作。科技查新在科技立项和验收、科技成果的鉴定和评价、科技奖励评定、技术引进等科技活动中扮演着"把关人"的角色。近年来我国科技查新机构不断增加，主要分布在图书馆和情报机构，我国许多大学图书馆都设有教育部科技查新工作站。

一、科技查新的概念

科技查新，简称查新，是指具有查新业务资质的查新机构根据查新委托人提供的需要查证其新颖性的科学技术内容，首先通过计算机检索和手工检索等手段查出国内外公开发表的与该课题相关的文献；再对查出的文献与被查课题进行对比分析；最后根据分析结果对被查课题的"新颖性"进行判定，并得出结果即为被查课题出具一份"查新报告"。科技查新包括立项查新、成果查新等。其中新颖性的判定是科技查新工作的核心任务。新颖性是指在接受查新委托日期以前，查新项目的科学技术内容部分或者全部没有在国内外出版物上公开发表过。

二、科技查新的服务对象

科技查新的服务对象主要包括以下七类：
1. 申报国家级或省（部）级科学技术奖励的人或机构；
2. 申报各级各类科技计划、各种基金项目、新产品开发计划的人或机构；
3. 各级成果的鉴定、验收、评估、转化；
4. 科研项目开题立项；
5. 技术引进；

6. 国家及地方有关规定要求查新的项目;
7. 其他(如博士论文开题、评审等)。

三、查新委托人需要提供的资料

查新委托人除了应该熟悉所委托的查新项目外,还需要据实、完整、准确地向查新机构提供查新所必需的资料,具体包括:

1. 查新项目的科学技术资料及其技术性能指标数据。具体包括:科技立项文件(如立项申请书、立项研究报告、项目申请表、可行性研究报告等),成果鉴定文件(如项目研制报告、技术报告、总结报告、实验报告、测试报告、产品样本、用户报告等),申报奖励文件(如奖励申报书及其他有关报奖材料等)。
2. 课题组成员发表的论文/申请的专利。
3. 中英文对照的查新关键词。
4. 与查新项目密切相关的国内外参考文献。

四、科技查新的基本程序

1. 查新委托人提出查新申请,填写查新检索委托单,提交相关技术资料。
2. 查新机构受理,并签订查新合同。
3. 查新机构根据查新委托人的课题进行检索。
4. 撰写查新报告,查新人员如实地根据检索结果和对比分析结果起草查新报告,并由查新专家审核查新报告。
5. 向查新委托人出具正式查新报告。

思考题

如何通过文献传递和馆际互借获取本馆以外的文献?

第十六章 学术论文写作基础

第一节 概　述

一、学术论文定义

学术论文是某一学术课题在实验性、理论性或观测性上具有新的科学研究成果或创新见解和知识的科学记录；或是某种已知原理应用于实际中取得新进展的科学总结，用以提供学术会议上宣读、交流或讨论；或在学术刊物上发表；或作其他用途的书面文献。学术论文应提供新的科技信息，其内容应有所发现、有所发明、有所创造、有所前进，而不是重复、模仿、抄袭前人的工作。

二、学术论文的类型

1. 按研究内容表述形式划分

按照研究内容的表述形式划分，学术论文一般分为理论性、应用性、调查性和综述性4种类型。这几种形式的学术论文互为条件、互相渗透，在具体写作时往往"你中有我，我中有你"。

（1）理论性论文

理论性论文是基础理论性研究成果的表达形式，即从学术性角度对基础理论研究信息进行收集、筛选、评价、分析、研究而形成的论文。其表现特征是具有抽象性，即以概念、判断、推理等逻辑思维方式而达到的高度抽象的理性认识形式；其基本研究方法主要是理论证明、数学推导和综合考察，有的也涉及实验和观测。

（2）应用性论文

应用性论文是应用性研究成果的表达形式，即运用基础理论知识，研究社会实践中的具体问题而形成的研究成果。其特点是具有明确的目的性和针对性，提出能够指导实践的具有可操作性的方案、措施；其成果能够直接应用于社会生活和生活实践中，具有社会和经济效益。包括对策性研究报告、实验型论文、设计型论文等。

（3）调查性论文

调查性论文是对通过社会现象、客观事物以及文献资料的调查所获得的资料进行理论研究而形成的成果。其研究方法是对有关资料进行分析、综合、概括、抽象，通过归纳、演绎、类比，以得出某种新的理论和新的见解。其主要特征是所记载的材料其数据的真实性、全面性以及对事实材料所作的理论概括有相当的深度，包括调查报告和专题调查报告。

（4）综述性论文

综述性论文是对分散的、不易集中的某学科领域的发展状况、研究现状、发展趋势等资料进行收集、整理、浓缩、介绍，并记录成文的成果形式。

2. 按写作目的划分

（1）期刊论文

期刊论文是作者根据某期刊载文的特点和取向（表现为学科特征及专业特色），将自己撰写的学术论文有针对性地投稿，并被所投刊物采用发表的论文。

（2）会议论文

会议论文是作者根据即将召开的各种学术会议的研讨主题及相关的规定，撰写专题论文并投寄给会议主办单位，经有关专家审查通过后被录用的学术论文。这些论文将在会议期间进行大会交流或分组交流，会议论文可由主办单位集合出版会议论文集，未参加会议论文集出版的论文可向期刊投稿。

（3）学位论文

学位论文是作者为了取得高等学校及科研院所的相应学位，通过专门的学习、从事科学研究取得创造性成果或创造性的认识、观点，并以此为内容撰写而成学位论文，作为提出申请授予相应学位时评审用的论文。有学士学位论文、硕士学位论文及博士学位论文三种层次之分。

三、学术论文的特点

1. 学术性

学术性是学术论文的根本特征，也是它与一般议论文的根本区别。学术论文是学术成果的载体，以学术问题为论题，把学术成果作为描述对象，以学术见解为核心内容，具有系统性和鲜明的专业色彩。学术论文是议论文的一种，它同一般议论文一样都是由论点、论据、论证构成。学术论文要有一定的理论高度，要分析带有学术价值的问题，要研究某种专门的、有系统的学问，要引述各种事实和道理去论证自己的新见解，所以它不同于一般的议论文。

2. 科学性

学术论文的科学性特点由它的文体性质决定，与科学研究的特点相联系。学术论文的任务与科学研究的任务是一致的，要正确地反映自然和社会现象及其客观规律,帮助人们认识改造世界,不具备科学性,论文就不能承担这一任务。学术论文的科学性主要是指作者有实事求是的工作态度。能以科学的思想方法进行论述,得出科学的结论。在文章中表现为立论客观、合理,建立在对科研命题系统、深入、细致研究的基础上,切忌主观臆断或轻率盲从;论据真实、可靠,力戒不加核实、信手拈来或有意夸饰渲染;论证严谨、周密、逻辑性强、令人信服,不能含混矛盾、任意发挥,要论说有据,言之成理。

3. 理论性

科学研究离不开理论思维。理论思维成果反映到论文里,构成论文的理论性。理论高度是人类认识发展的标志。论文所能达到的理论高度是衡量其水平和价值的重要标志之一。学术论文的理论性要求我们在论文写作中不能停留在就事论事的水平上,而是要分析具体事物的具体矛盾,从中找出事物的规律和本质,从而把自己的认识和发现上升到理论高度。

4. 创造性

虽然任何科学研究都是在学习和借鉴他人成果的基础上发展起来的,但是,科学研究的意义在于不断地发现新领域、探索新现象、提出新见解、解决新问题、取得新进展。因此,论文写作不能单纯重复前人的结论和经验,而应在别人研究成果的基础上,提出作者自己的、有创造性的见解。当然,这种创造性可以表现为提出新的发现、新的理论、新的见解;也可以从新的角度,进一步说明和阐述他人研究过的课题等。

第二节 学术论文写作准备工作

一、选题

1. 选题的作用

撰写学术论文,首先要确定论题,即选题。选题实际上就是明确论文的主攻方向,明确主要研究和解决的问题。能否写好一篇学术论文,原因是多方面的,但首先要看作者是否选到了一个合适的论题。也就是说,在动笔之前,必须明确写什么,怎么写。这两个问题都解决了,论文就比较好写了。一篇论文的好坏,关键是论题选择是否合适。所谓"合适"就是作者从自己的实际出发,量力而行,恰如其分地选择论题。如果不考虑主客观条件,贪大求全,把选题定得很大,结果力不胜任,是难以完成的;而缺乏勇气,贪图省事,把题目定得太小太浅,舍不得下工夫,那样写出的论文,质量不高,也就没有实用价值了。如果所选的论题是对科学发展益处不大的烦琐考证,脱离现实需要而没有实际价值的课题,不了解学术动态而重复别人搞过的题目等等,是没有意义的。由此可见,选题是学术论文成败的关键。要写好学术论文,首先要选好论题。

2. 选题的基本原则

选题是确定研究方向的重要突破口,它标志着具体的科研的开始。为了避免走弯路,选题必须充分考虑各方面的综合因素。进行科学研究就是找问题,探索现有的理论没有表述、无法解释的现象。有的题目前人没有涉及过,有较大的难度,这属于开辟新领域的探索性研究;有的前人已经做过,某些结论欠妥,或者有进一步探讨的余地,这属于发展性研究;有的题目许多人探讨过,但是众说纷纭,如有突破性的新解,这属于争鸣性研究。无论是哪种研究,都必须遵循需要性、创新性、科学性和可行性原则。

(1) 需要性原则

选题的需要性原则,就是选题要根据科研和生产实践需要,将科学理论和先进技术的研究反映到生产实践中来,为人类创造财富。在论文写作选题过程中不可盲目行事,要从市场需要出发,按照市场规律选题。在选题时,许多作者缺乏"需要"这个原则,不从市场需要出发,常常依据自己手头的资料进行选题;或是站在自己的小天地里看问题,缺少信息来源,这都是违背市场规律的选题,其结果是花费了时间和精力却劳而无功。

选题首先要从专业发展和技术实践存在的问题去选题。在选题前,要考虑选题的价值、意义,应进行可行性分析论证,还要考虑此选题是否填补本专业研究中的空白及是否在生产实践中具有指导意义等。二是根据学术期刊的需要原则进行选题。在学术论文进行选题前应掌握各期刊的性质、办刊宗旨、读者对象及其风格和出版计划。了解期刊在近期需要哪方面的选题,以此进行选题。

(2) 创新性原则

创新是科研的灵魂。创新性是指选题的新颖性、先进性,它所反映的学术水平能推动该学科的发展,它要求所选课题应是国内外还没有人研究或没有充分研究的问题,如果是别人也在研究的问题,则起点要高,要在原有的基础上有所发现而不是单纯重复别人的研究。要选好具有创新性的课题,最好寻找各学科之间交叉和渗透所产生的空白区,要寻找课题与课题之间,容易被忽视的空白区或薄弱环节。

(3) 科学性原则

科学性原则是指选题必须符合基本的科学原理和客观实际,也就是说要有理论和事实根据。选题必须建立在总结过去有关领域的实验结果和理论的基础上,不能"空想",否则会误入歧途。

(4) 可行性原则

可行性原则主要是选题时要充分考虑研究的主客观条件,考虑有无实现的可能。只有把主客观两方面的条件结合起来，才能选出最适合自己的课题来。为此，在学术论文写作前要充分论证选题的可行性。要做到凡与自己专业差距较大的课题不选；与自己的实际专业水平、知识结构距离较远的课题不选；资料来源有困难，或资料不足的课题不选。也就是在选题时尽量符合自己的主观条件，又符合客观条件，选择自己熟悉、资料较多、与自己的实际业务水平相适应的课题。

3. 选题的方法与途径

（1）选择自己熟悉的课题

一般说来，自己最熟悉的东西，对它才能有独特的见解或深刻的理解，对它才能有较全面的看法，才能提出新的观点或新的做法，反之便达不到这种目的。选题时要注意扬长避短，所以选题要切合自身实际，力求选择那些与自己所学专业对口，或者自己原有知识基础较好，又有一定研究条件的选题。

（2）选择新课题

也可以叫选择前人没有研究过的问题，学术论文的最大价值是其创造性，所以我们在选题时应写那些前人没有研究过的问题。正像控制论的创始人维纳说的"在科学发展史上可以得到最大收获的领域是各种已经建立起来的部门之间被忽视的无人区。"当然，这是具有开拓意义的研究，既然是开辟新领域，就要提出新观点，所以难度较大，但一经成功，则有较大影响。

（3）选择热门课题

许多专业不同时期总有不同的中心议题。由于它是议论的热点，智者见智，仁者见仁，相互讨论、相互补充，容易深入思考，产生独到见解。又因为热点话题往往是与广大人民群众密切相关，是社会亟待解决的问题，运用理论知识对其进行研究，提出自己的见解，探讨解决问题的方法很有现实意义。

（4）选择冷门课题

与热门选题相反，有些议题因其难度大，或其重要意义还不为人们所认识而成为冷门。如果作者能耐得住寂寞，不畏艰难，坚持研究下去，也能收获成功的喜悦。

（5）选择有争论的课题

这类课题虽然有不少人研究过，但各有所见，以至几种观点并存。我们可以在分析诸种观点的基础上，或者是吸取争论诸方的合理成分，去另辟蹊径，创立新说，或者是择其善者而从之，补充新的论据，改变论证的方法，使论证更为充分，更加严密。

（6）选择向传统观点提出质疑的课题

人认识的真理性是相对的，认识不可能一次完成，绝对正确。即使是真理，也还需要发展。更何况，由于历史局限，前人的观点还有许多错误的东西。可以选择对传统观念提出质疑的课题，以新的角度、新的研究方法、新的材料做进一步研究，大胆假设，小心求证，纠正原来片面、偏颇甚至错误的观点，积极大胆、实事求是地探索真理，也是很有创造性的选题。

(7) 选题要注意题目大小适中

初学者以题目小一点为好，因为题目太大了，驾驭不了，难以完成。即使勉强完成，内容也会贫乏、空泛。题目小一点，容易把握得住，经过努力能够完成。

二、资料收集

资料的收集是科学研究的依据和基础。可以说，科学研究过程就是文献信息的获取、积累、整理、加工的过程，这是写好学术论文的基础。学术论文资料的来源可分为两大类，一是直接资料，即通过实验、观察和调查直接获得的资料，它是科研工作的真实记录；二是间接资料，即通过查阅文献收集资料。

1. 资料收集的途径

(1) 文献收集

文献收集即是通过检索工具或检索系统查找所需要的文献资料。要迅速获取文献资料，需要熟悉各类信息源的分布，熟悉各种信息检索系统的功能与使用，掌握信息检索的途径和方法。

(2) 科学实验和调查

科学实验和调查可获取第一手真实可靠资料。但这一过程必须围绕课题进行深入细致的调查，调查方法有问卷调查、抽样调查、随机采访和跟踪考察。科学实验是为了明确研究的目的，用科学的方法认识客观事物，不同学科领域和不同实验目的所采用的实验是不同的，常用的实验有定性、定量、析因、对照、模拟等实验方法。

2. 阅读和整理材料

在收集材料的过程中，要结合课题研究和论文写作的需要，阅读、整理文献资料和调查、观察、实验中所收集的材料。

阅读要明确读什么、读多少、怎样读。首先要把握好阅读范围，选读与课题紧密相关的、真实新颖的、多方面和多角度的材料。阅读时要采用恰当的阅读方式，通过浏览、速读筛选材料，研读最重要、最有价值的部分；随读随记，把认定有用的材料、收获、感受记录下来，帮助记忆，引发新见。记录的内容包括有启发性的论点、看法和新颖、有力的论据材料，阅读中引发的心得感受及篇章提要、佳句妙语等。记录的类型有摘录、摘要、提纲、索引、心得等。记录可以是卡片式、活页式、笔记本式，也可以剪贴、复印。

整理材料就是按照选题的要求和材料的性质，通过归纳分类、调整取舍，将收集来的复杂零乱的材料系统化、条理化。做笔记本身就是一种整理工作。保留下来的资料要按一定的类目存放,便于随时取用。

3. 资料收集应注意的问题

(1) 对资料的收集必须把握研究的主题

阅读中应注意不可被非研究资料吸引,到处"流连忘返",忘记了研究主题需要的是什么。也就是说,对资料必须进得去、出得来,始终围绕主题这个中心。

(2) 对资料要作科学处理

对资料的处理要尽量消化、理解、融会贯通,化为自己真正可以吸收的东西,切忌望文生义,一知半解便盲目地搬用,生吞活剥;或者是有意地断章取义,甚至歪曲原意,对资料采用自利态度。

(3) 资料的使用应避免"观点+例子"的形式

在学术论文写作的资料使用中应避免"观点+例子"的形式,必须有逻辑上的必然联系和文字上的融为一体,使资料真正变成论文的一个有机部分。

三、论文提纲的拟定

在撰写初稿之前,应拟出一个尽可能详细的提纲。写作提纲是论文写作的设计蓝图,是对论文进行构思和设计的过程,可描绘出通篇的轮廓,先写什么、后写什么、前后表述如何一致,首尾如何贯通呼应,全文的重点在哪里等,在提纲中都可一目了然。拟写提纲是构思文章实用而有效的办法,也是锻炼思路、提高构思能力的手段。

1. 拟定提纲的意义

论文提纲是一个反映论文基本观点、佐证材料、论证角度和步骤,以及依照逻辑关系层层展开的纲目体系,它是一篇论文的骨架和纲领,也是一篇论文的雏形和缩影,没有好的提纲,就很难写出质量较高的论文,拟写提纲有利于理清思路,突出重点,探求最佳的论证角度,层层展开讨论;有利于建立框架,勾出论文雏形,组织剪裁材料;有利于根据纲目结构,科学安排时间,分段写作论文。

2. 拟定提纲的原则

(1) 提纲要紧贴主题和论点

拟定提纲时,要结合选题和论点,确定从何角度,以何种方式立论,以及中心论点之下有哪些次要论点,文章的内容和结构要服从论文的立论,各级纲目都要围绕主要论点和从主要论点区分出来的次要论点展开,主次分明,从容序列,为全文的写作打好基础。

(2) 提纲结构要有逻辑性

由于科研工作研究的对象都具有自身的规律性,要揭示反映这种规律性及其多个现象之间的联系,论文的纲目结构必须要具有严密的逻辑性。论文的逻辑性主要表现在论文结构、论证、论述过程等各个方面,既在横向纲目之间,又在上下层次的纲目之间,以及它们和它们所包含的内容之间。

(3) 提纲结构要完整齐备

由于论文内容反映的是一个完整的研究过程,要表达完整过程就要有一个完整的结构。完整的论文结构要求有合理的布局,将文章各部分有机的组织在一起,使整篇文章层次清楚、前后呼应、材料充实,文字疏密得当。这些都必须建立在纲目的完整性基础上。

3. 拟定提纲的方法

论文提纲可简、可详,一般有标题式和句子式两种,标题式写法是以简要的语言,以标题的形式把该部分内容概括出来,这种写法简明扼要,一目了然。句子式写法是以能够表达完整意思的句子形式把该部分内容概括出来,这种写法具体明确,但费时费力。

第三节 学术论文的写作要求

一、撰写初稿

撰写初稿是按照拟订的论文结构和写作提纲,运用语言文字,将作者的研究成果、思想观点表达出来。撰写初稿之前,许多思想是模糊的、混乱的、未成形的,撰写初稿时使它们明朗化,条理化、定型化。在行文的过程中,将原来的选题、创意、布局不断调整、补充、修正,这是文章从内容到形式的基本成形的过程。

1. 撰写初稿要求

(1) 围绕中心,紧扣主题

中心论点是学术论文的灵魂和核心,学术论文的各个环节都是围绕中心论点而展开。材料的取舍、结构的安排甚至句式的选择、词语的使用都要紧紧把握中心论点,这样写出的文章不至于杂乱无章、支离破碎。

(2) 思路清晰,完整统一

学术论文除要做到观点鲜明,中心明确外,各部分之间要具有内在的逻辑联系。比如各段落之间要完整统一,每段大意要单一而不杂乱,还要注意段与段之间的衔接,这样,使得全文每一段落、每一章节、每一部分都能前后照应、浑然天成。

2. 撰写初稿的方法

(1) 全文一气呵成法

一气呵成法指按照事先拟订的写作提纲,一直写下去,不使思路中断,直到初稿完成后,再对文稿仔细推敲、修改和润饰。这种方法要求作者对论文各部分内容了如指掌,各种材料准备很完备。即使在写作过程中遇到观点不深刻、材料不充实、结构不严谨、文字不通顺时,一概不做停顿,待到初稿完成后再做修改。

(2)按章节各个击破

对于篇幅较长的论文,可把论文划分成若干个相对独立的部分,然后一个部分一个部分地写,最后排列组合成一篇完整的论文。这种方法使作者不受写作提纲中部分与部分之间排列顺序的限制,考虑成熟一部分,撰写一部分。这种写法要注意根据实际情况,制订出分段写作的计划,既要保持各部分内容的独立性,又要保证论文的完整统一性。

二、论文格式

学术论文的内容和表达方式虽各不相同,但贯穿其中的思想方法和科学逻辑思维却基本相同。因此,学术论文的写作格式越来越趋于程式化和国际化,国内外对论文格式的要求基本上是一致的,一般由前置部分、主体部分、后置部分组成。

1. 前置部分

(1)题名

题名又叫篇名,是学术论文的中心和总纲。它要求用最简洁、恰当的词组反映文章的特定内容,把论文的主题明白无误地告诉读者,并且使之具有画龙点睛、启迪读者兴趣的功能。题名应尽量避免使用化学结构式、数学公式、不太为同行所熟悉的符号、简称、缩写以及商品名称等。题名应简短,不应很长,国际上不少著名期刊都对题名的字数有所限制。对于我国的学术期刊,论文题名用字不宜超过20个汉字,外文题名不超过10个实词。使用简短题名而语意未尽时,可借助于副标题名以补充论文的内容。

(2)作者及工作单位

作者署名是文责自负和拥有著作权的标志,便于读者与作者的联系及文献检索,应是参加论文撰写的主要人员,按贡献大小先后排列,需用真实姓名,一般不用笔名、化名、不带头衔或职称,署在文章标题下一行,多作者姓名之间用","分开。作者单位及其通讯地址应用全称,不得用简称,写在姓名下一行,并要注明地区及邮政编码,同时,在篇首页页脚标注主要作者简介,内容包括姓名、性别、出生年月、学历、学位、职称、研究方向、E-mail、联系电话等。(作者简介也可放在文章最后,视投稿期刊要求进行标注。)

(3)文摘

文摘是以提供文章内容梗概为目的,不加评论和补充解释,简明、确切地记述文章重要内容的短文。其基本要素包括研究的目的、方法、结果和结论。文摘应具有独立性和自明性,并拥有与文献同等量的主要信息,即不阅读全文,就能获得必要的信息。

文摘有报道性文摘、指示性文摘,以及介乎其间的报道/指示性文摘。一般的学术论文都应尽量写成报道性文摘,而对综述性、资料性或评论性的文章可写成指示性或报道/指示性文摘。通常中文文摘要求 200 字左右。

报道性文摘是文章的主题范围及内容梗概的简明摘要,相当于简介。它反映了论文的目的、方法及主要结果与结论,在有限的字数内向读者提供尽可能多的定性或定量的信息,充分反映该研究的创新之处。指示性文摘是文章的论题及取得的成果的性质和水平的摘要,其目的是使读者对该研究的主要内容(即作者做了什么工作)有一个轮廓性的了解。

文摘的内容不得简单地重复文章中已经表述过的信息,要求结构严谨,语义确切,表述简明,一气呵成,一般不分段落;忌发空洞的评语,不作模棱两可的结论。要用第三人称的写法,应采用"对……进行了研究""报道了……现状""进行了……调查"等记述方法,不必使用"本人""作者""我们"等作为文摘陈述的主语。

(4) 关键词

关键词是从其题名、层次标题和正文中选出来的,能反映论文主题概念的词或词组,是表达文献主题概念自然语言词汇,是学术论文的文献检索标识。一般每篇文章标注 3~8 个,英文关键词与中文关键词相一致。

(5) 中图分类号

中文学术论文应按照《中国图书馆分类法》对论文标引分类号,一篇论文一般提供一个分类号,涉及多学科的可给出几个分类号,主分类号排在第一位。

(6) 文献标识码

文献标识码是我国目前较有影响的大型全文学术期刊数据库《中国期刊网》对其收录的期刊上刊登的论文的类型所规定的标识码。

A——理论与应用研究学术论文(包括综述报告)。

B——实用性技术成果报告(科技)、理论学习与社会实践总结(社科)。

C——业务指导与技术管理性文章(包括领导讲话、特约评论等)。

D——一般动态性信息(通讯、报道、会议活动、专访等)。

E——文件、资料(包括历史资料、统计资料、机构、人物、书刊、知识介绍等)。

另外,不属于上述各类型的文章以及文摘、零讯、补白、广告、启事等不加文献标识码。

(7) 基金项目

论文如系国家基金项目或部、省级以上攻关课题,应在论文文题页脚注中注明。基金项目名称及编号应按国家有关部门规定的正式名称填写;多项基金项目应依次列出,其间以分号隔开。示例如下:基金项目:国家自然科学基金资助项目

(59637050);"八五"国家科技攻关项目(85—20—74)。

2. 论文的主体部分

(1) 引言(或前言)

学术论文一般都有引言或前言,以概述本论题研究目的、意义、背景、范围、主要方法、前人工作程度、目前的研究现状和存在的问题,以及该项研究工作在本学科中的地位、作用等。必要时还可写出该项研究工作的区域范围、合作单位和个人。引言应能起到引导全文和为正文主体部分奠定基础的作用。引言的写作要注意开门见山,言简意赅,不要与文摘雷同,或成为文摘的注释。"引言"或"前言"二字通常可以省略。

(2) 正文部分

正文是学术论文的核心组成部分,正文应充分阐明论文的观点、原理、方法及具体达到预期目标的整个过程。由于研究工作涉及的学科、选题、研究方法、工作进程、结果表达方式等存在很大差异,对正文的内容不能规定得千篇一律。但实事求是、客观真实、合乎逻辑、层次分明、简练可读是任何一篇学术论文的起码要求。

根据需要,论文可以分层深入,逐层剖析,按层设分层标题。分层标题是指文章题名以下的各级分标题。分层标题应简短明确,准确反映该层次的内容。同一层次的标题应尽可能"排比",即语词类型意义相同或相近,语气一致。分层标题一般以 15 个字以内为宜,最多不超过当行字数。标题编号一般方式是用阿拉伯数字连续编号,不同层次的数字之间用小圆点"."相隔,末位数字后面不加点号,如"1"、"1.1"、"1.1.1"等。

(3) 结论

结论又称结束语、结语。它是在理论分析和实验验证的基础上,通过严密的逻辑推理而得出的富有创造性、指导性、经验性的结果描述。它又以自身的条理性、明确性、客观性反映了论文或研究成果的价值。结论与引言相呼应,同摘要一样,其作用是便于读者阅读和为二次文献作者提供依据。

3. 后置部分

(1) 致谢

现代科学技术研究往往不是一个人能单独完成的,而需要他人的合作与帮助,因此,当研究成果以论文形式发表时,作者应当对他人的劳动给以充分肯定,并对他们表示感谢。致谢的对象是对本研究直接提供过资金、设备、人力,以及文献资料等支持和帮助的团体和个人。致谢一般单独成段,放在文章的最后面,但它不是论文的必要组成部分。

(2) 参考文献

参考文献是指那些著者亲自阅读过和论文中引用过,而且是正式发表的出版物,故一般又称之为引文。

① 参考文献的表现形式

学术论文中参考文献的表现形式(加注的方法)主要有以下三种：

• 夹注——即段中注，在正文中对被引用文句在相应位置标注顺序编导并置于方括号内。在文后参考文献著录部分其编号与正文部分对参考文献的完整记录内容顺序一致。

• 脚注——在某页中被引用文句出现的位置加注顺序编号并置于括号内。同时，在当前页正文下方编排相应编号参考文献的完整记录。

• 尾注——将所有需要记录的参考文献顺序编号，统一集中记录在全文的末尾。

② 参考文献的著录项目

A. 主要责任者

是指对文献的知识内容负主要责任的个人或团体，包括专著作者、论文集主编、学位申请人、专利申请人、报告撰写人、期刊文章作者、析出文章作者等。多个责任者之间以"，"分隔，责任者超过3人时，只著录前3个责任者，其后加"等"字。主要责任者只列姓名，其后不加"著"、"编"、"合编"等责任说明文字。

B. 文献名及版本(初版省略)

文献名包括书名、论文题名、专利题名、析出题名等。文献名不加书名号"《》"。

C. 参考文献类型标识

在参考文著录中，用英文大写方式标识以下各种参考文献类型。

• 文献类型标识：专著[M]；期刊[J]；论文集[C]；学位论文[D]；标准[S]；报告[R]；专利[P]；报纸[N]。

• 电子文献类型标识：数据库[DB]；计算机程序[CP]；电子公告[EB]。

• 电子文献的载体类型及其标识：联机网上数据库[DB/OL]；磁带数据库[DB/MT]；光盘图书[M/CD]；磁盘软件[CR/DK]；网上期刊[J/OL]；网上电子公告[ED/OL]。

D. 参考文献起止页码

参考文献的起止页码，指引文所在的位置编码。应著录引文所在的起始页码或起止页码，如为起止页，则在2个数字之间用"-"号连接。如：10-12。若论文中多次引用同一文献上的多处内容，则应依次著录相应的引文所在起始页码或起止页码，各次之间用"，"相隔。例如：1987:25-30,40,101-120)。

③ 参考文献的著录格式

A. 图书著录格式

• 图书(原著)：

[序号]著者. 书名[M]. 版本(第1版不著录). 出版地：出版者，出版年：引文页码

[1]余敏.出版集团研究[M].北京:中国书籍出版社,2001:179-193

[2]中国社会科学院语言研究所词典编辑室.现代汉语词典[M].修订本.北京:商务印书馆,1996:258-260

• 图书(译著):

[序号]著者.书名[M].译者,译.版本.出版地:出版者,出版年:引文页码

[3]霍斯尼 R K.谷物科学与工艺学原理[M].李庆龙,译.2版.北京:中国食品出版社,1989:15-20

B. 期刊著录格式

• 期刊(有卷)

[序号]著者.题名[J].刊名,出版年份,卷(期):引文页码

[4]蒋超,张沛,张永军,等.基于 SRLG 不相关的共享通路保护算法[J].光通信技术,2007,31

• 期刊(无卷):

[序号]著者.题名[J].刊名,出版年份(期):引文页码

[5]周可,冯丹,王芳,等.网络磁盘阵列流水调度研究[J].计算机学报,2005(3):319-325

C. 学位论文著录格式

[序号]著者.题名[D].出版地:出版者,出版年:引文页码

[6]孙玉文.汉语变调构词研究[D].北京:北京大学文学院,2000

D. 论文集著录格式

[序号]著者.题名[C]//著者.专题名:其他题名.出版地:出版者,出版年:引文页码

[7]白书龙.植物开花研究[C]//李承森.植物科学进展.北京:高等教育出版社,1998:146-163

E. 电子文献著录格式

[序号]主要责任者.题名:其他题名信息[文献类型标志/文献载体标志].出版地:出版者,出版年(更新或修改日期)[引用日期].获取和访问路径

[8]杜小勇.下一代搜索引擎[J/OL].(2006-07-8)[2006-07-23].http://www.baoye.net/bencandy.php?fid=336&id=12201.

三、论文修改

好文章都是改出来的,对完成的初稿要反复推敲琢磨,经过多次修改、润饰,论文才能更加完善。

1. 论文修改的范围

(1) 论点

论点的修改要综观全局,立足全篇。首先要审视中心论点是否正确、集中、鲜明、深刻,是否有创新。再者根据中心论点审视各分论点是否与中心论点保持一致。

(2) 结构

结构是文章的整体框架,是作者思路的表现,也是表达思想内容的重要手段。结构包括层次、段落、开头和结尾等内容。论文的结构是否完整、严密,层次是否清晰,段落划分是否合适,开头和结尾是否呼应,直接关系到论文的表达效果。调整结构时注意把杂乱无章的层次梳理顺畅,上下文断裂的地方连贯协调,详略不当、轻重倒置的调整适宜。

(3) 材料

对选用的材料要求真实、典型、新颖、合适,恰到好处,不滥不缺。如不符合要求,就要增补、删减、调换。

(4) 语言

语言运用是否准确、精炼,直接影响论文的质量。对语言的修改,是对字、词、句及标点符号的修改。要看用词是否准确,句子是否通畅,使语言精练,文字通顺。

(5) 标题

标题的修改包括总标题和节段标题的修改。总标题在写作前已经拟好,对文章的写作有重要的指导作用。初稿完成后,应根据内容对总标题再进行斟酌和推敲,如文不配题,要再调整、修改使之具有高度概括性。对节段标题要检查层次是否清晰,格式是否一致。对同一层次的标题表达应一致。

2. 论文修改的方法

论文修改的方法主要有热改法、冷改法、求助法和诵读法。

(1) 热改法

热改法指初稿完成后立即进行修改的方法。在作者完成初稿,还处于写作兴奋状态,对需要删改的地方及时修改。这种方法比较适合对论文进行补充修改。

(2) 冷改法

冷改法指初稿完成后,放上一段时间再修改的方法。论文初稿完成后,不急于修改,待写作兴奋期已过,跳出原来的思路和情绪,用一种更加客观、清醒的眼光重新审视原稿,能够摆脱原来固定思路的束缚,发现原稿中的不足和毛病,修改时更趋理性。

(3) 求助法

求助法指初稿完成后虚心听取别人的意见,请求他人帮助修改的方法。由于每个人的生活阅历、文化水平和思维方式不同,别人意见可作为参考意见,不一定要全盘接受。

（4）诵读法

诵读法指初稿完成后,诵读几遍发现问题及时修改的方法。通过诵读,有时会发现论文存在的问题,能把论文修改得更好。

四、投稿

学术论文大多数是通过学术期刊发表的,也有的是通过学术会议的论文集或专业报纸发表,前者是学术论文发表的主要形式。投稿,一般是指作者向学术期刊投寄学术论文。投稿要讲究方法,如果投稿不当会影响论文的发表率。为了提高论文的发表率,投稿时应注意以下几个问题。

1. 选择期刊

学术期刊一般都有明确的办刊方针。办刊方针规定了学术期刊的性质、任务、报道范围、读者对象、刊期、版面以及发行方式。投稿时尤其要注意它的报道范围和刊期。若投寄的稿件不在其报道范围之内,自然不会予以发表。刊期短者,发文的速度快且用稿量相对较大,刊期长者,发文的速度慢且用稿量相对较小。投寄稿件前要充分考虑自己论文的内容和水平,投寄给相应的期刊。

学术期刊有正式出版者,也有非正式出版者。鉴别标志是其有否正式刊号,即ISSN号或CN号,前者是国际统一刊号,后者是国内统一刊号。学术期刊根据其主办单位的级别也可分为国家级、省级、地市级等。一般来讲,主办单位的级别愈高,其刊物的档次愈高,对论文的水平要求愈高。除此之外,学术期刊还有核心期刊和非核心期刊之分。核心期刊指在本学科中刊载专业学术论文量（率）大,引用量（率）及文摘量（率）、利用量（率）高,被专家公认为代表该学科或该领域发展水平和方向的少数期刊。核心期刊具有学术的权威性,对论文的质量要求更高。

2. 不要一稿多投

一稿多投指同一作者的同一论文同时向多家期刊投稿。这样容易造成多家刊物同时或先后发表同一篇论文,造成重复发表,有损作者和期刊的声誉。但在内部刊物上刊登过的文章可以再投公开发行的刊物（刊出时加以注明）。

第四节　学术规范

一、学术规范的定义

学术规范是人们在长期的学术实践活动中所逐步形成的被学术界公认的一些行为规则。学术规范的主要内涵是指学术活动过程中,尊重知识产权和学术伦理,严禁抄袭剽窃,充分理解、尊重前人及今人已有的相关学术成果,并通过引证、注释等形式加以明确说明,从而在有序的学术对话、学术积累中加以学术创新。

学术规范体现在学术实践活动的全过程,由学术道德规范、学术法律规范、学术技术规范三个基本部分组成。

二、学术规范的组成

1. 学术道德规范

学术道德规范是对学术工作者从思想修养和职业道德方面提出的应该达到的要求,它是学术规范的核心部分。学术道德规范的具体内容包括:

(1) 在学术研究工作中要坚持严肃认真、严谨细致、一丝不苟的科学态度。不虚报科研成果,反对投机取巧、粗制滥造、盲目追求数量不顾质量的浮躁作风和行为。反对急功近利,贪图捷径,甚至不劳而获,在他人成果上轻易署名,换得个人名利的做法。

(2) 学术评价应遵循客观、公正、准确的原则,如实反映成果水平。在充分掌握国内外相关材料基础上作出全面分析、评价和论证。不可滥用"国际领先"、"国内首创"、"填补空白"等词语。

(3) 学术论著的写作,要充分尊重前人劳动成果,在论著中应明确交代本著作(或论文)中哪些是借鉴引用前人成就,在学术论文中列出参考文献。

2. 学术法律规范

学术法律规范是指学术活动中必须遵循的国家法律法规的要求。根据我国《宪法》、《著作权法》及《保密法》等有关法律法规的条款,在学术活动中应严格遵守的法律规范的主要内容包括:

(1) 必须遵守《著作权法》

按照《中华人民共和国著作权法》等有关法律文件的规定,注意做到以下点:

① 合作创作的作品,其版权由合作作者共同享有,合作作者中的每一个人都无权单独行使合作作品的版权。

② 未参加创作,不可在他人作品上署名。

③ 不允许剽窃、抄袭他人作品。应坚决杜绝以稍微改变形式或内容,直接将他人作品的大部分或部分内容,以相同的形式,窃为已有的抄袭行为。

④ 禁止在法定期限内一稿多投。目前,我国学术性期刊一般都把投稿期限规定为1~3个月之间,在此规定的时间内避免一稿多投。

⑤ 合理使用他人作品的有关内容。合理使用他人作品的有关内容必须符合以下条件:一是引用的目的仅限于介绍评论某一作品或说明某一问题;二是所引用的部分不能构成引用人作品的要部分或者实质部分;三是不得损害被引用作品著

作权人的利益。符合这三个条件,可不经过著作权人同意,不向其支付报酬,但必须在自己作品中列为参考文献。

(2) 必须保守党和国家秘密

维护国家和社会利益。遵守《中华人民共和国保守国家秘密法》,对学术成果中涉及国家机密等不宜公开的重大事项,均应严格执行送审批准后才可公开出版(发表)的制度。

(3) 遵守其他适用法律法规

按《中华人民共和国民法通则》规定,不得借学术研究以侮辱、诽谤方式损害公民法人的名誉;按《中华人民共和国统计法》规定,必须对属于国家机密的统计资料保密;在学术研究中应遵守《国家标准化法》、《计量法》等法律法规的规定。

3. 学术技术规范

学术技术规范是指在学术论文写作中必须遵守国家和国际有关文献编写与出版的标准、法规文件等有关规定。学术技术规范的主要内容应包括以下几方面。

(1) 选题应新颖独特,或开拓新领域,或提出新观点,或发掘新资料,或运用新方法,具有一定理论深度和较大学术价值。按照国际惯例,应在论文的引言中对本成果所涉领域研究的历史与现状作出准确的概括与评价。

(2) 应观点明确,资料充分,论证严密。观点必须反映客观事物的本质或规律,必须科学、准确且有创新性。资料必须真实、可靠、翔实,最好选用第一手资料。论证必须概念清晰一致,判断准确无误,推理逻辑严密,达到材料与观点、历史与逻辑的有机统一。

(3) 学术论文的内容应与形式完美统一,达到观点鲜明,结构严谨,条理分明,文字通畅,形式要索齐全、完整。其项目应包括题名、作者署名及工作单位、作者简介、文摘、关键词、中图分类号、文献标识码、正文、注释、参考文献以及英文题名、英文摘要和英文关键词。基金资助项目的论文亦应对有关项目加以注明。

三、防治学术不端行为

1. 学术不端行为的界定

为了引导广大科研人员自觉遵守科学道德规范,抵制学术不端行为,净化学术风气,中国科学技术协会在 2007 年 1 月发布的《科技工作者科学道德规范(试行)》(以下简称《规范》)中对学术不端行为做了明确的界定。学术不端行为是指在科学研究和学术活动中的各种造假、抄袭、剽窃和其他违背科学共同体惯例的行为,《规范》将之界定为以下七个方面。

(1) 故意做出错误的陈述,捏造数据或结果,破坏原始数据的完整性,篡改实验记录和图片,在项目申请、成果申报、求职和提职申请中做虚假的陈述,提供虚假获奖证书、论文发表证明、文献引用证明等。

（2）侵犯或损害他人著作权，故意省略参考他人出版物，抄袭他人作品，篡改他人作品的内容；未经授权，利用被自己审阅的手稿或资助申请中的信息，将他人未公开的作品或研究计划发表或透露给他人或为己所用；把成就归功于对研究没有贡献的人，将对研究工作做出实质性贡献的人排除在作者名单之外，僭越或无理要求著者或合著者身份。

（3）成果发表时一稿多投。

（4）采用不正当手段干扰和妨碍他人研究活动，包括故意毁坏或扣压他人研究活动中必需的仪器设备、文献资料，以及其他与科研有关的财物；故意拖延对他人项目或成果的审查、评价时间，或提出无法证明的论断；对竞争项目或结果的审查设置障碍。

（5）参与或与他人合谋隐匿学术劣迹，包括参与他人的学术造假，与他人合谋隐藏其不端行为，监察失职，以及对投诉人打击报复。

（6）参加与自己专业无关的评审及审稿工作；在各类项目评审、机构评估、出版物或研究报告审阅、奖项评定时，出于直接、间接或潜在的利益冲突而作出违背客观、准确、公正的评价；绕过评审组织机构与评议对象直接接触，收取评审对象的馈赠。

（7）以学术团体、专家的名义参与商业广告宣传。

2. 学术不端行为的处理

对学术不端行为的处理，要本着实事求是、严谨慎重的态度，在处理过程中要注意以下几点。

（1）应尊重和维护当事人的尊严和正当权益，对投诉人提供必要的保护。

（2）调查学求不端行为应遵循合法、客观、公正原则，在调查过程中要准确把握学术不端行为的界定。

（3）对认定为有学术不端行为的人员，应由所在部门或机构的最高行政决策会议做出处理决定并报备案。

（4）对认定为非学术不端行为的，应在所有知情人和被投诉人要求的范围内公布事实和结论，被投诉人名誉受到损害的应为其恢复名誉。

思考题

1. 学术论文选题的主要途径有哪些？
2. 什么是学术规范？学术规范有哪几个组成部分？

第十七章　社会科学文献综合利用示例

第一节　经济类文献检索示例

一般来讲,经济类课题的检索,总体上按照文献检索的步骤进行,但由于经济类课题的广泛性,因此经济类课题检索的范围、检索的深度不尽相同。在实际检索过程中,并非每个检索课题都要逐一经过各步骤,可视具体检索需求而定,下面通过范例说明。

课题:检索"当前我国国企国有资产监督管理的研究"的有关文献

一、分析检索课题

从题意可知,该课题属专题检索,其检索需求应是查找专题文献,即通过检索要获得一批与课题有关的文献资料,而不是某一有关事实或若干数据。因此,该课题的检索目的是尽量获取与专题有关的研究性的文献资料。

要实现该课题的检索目的,必须分析检索课题,确定主题内容,形成检索需要的主题概念,以便具体检索操作的实施。一般来讲,课题主题内容的分析,可从如下几个方面切入。

1. 弄清检索该课题的目的和意图。

本课题主要是在进行"当前我国国企国有资产监督管理研究"课题研究工作前对该课题进行全面查寻,广泛收集资料,以便撰写研究文章,为领导决策提供参考。

2. 分析课题涉及的学科范围、主题要求

这是研究分析课题的最主要任务。学科范围的确定以及反映课题内容的主题概念的形成是整个课题能否顺利操作实施直至完成的关键所在。

从课题名称看,本课题的学科范围,是国有资产的监督管理问题,明显属于经济学科范畴,但亦涉及社会科学的管理学类别。

本课题的检索内容,从课题含义看,至少应包括如下几个方面内容:

(1)该课题检索内容只涉及国企的国有资产,外资、民营等其他类型企业资产的监督管理均不在检索范围内。据此,"企业"、"国有资产"就是该课题的主题概念。

（2）该课题检索内容仅涉及国有资产的监督管理问题。国有资产的其他方面的管理问题如经营管理、生产管理等，均不在该课题检索范围内。据此，"监督管理"亦是该课题的主题概念。

（3）该课题意在检索研究性的文献资料。一般来讲，对某问题产生的原因与根源，发展演变的过程与状况，以及发展趋势，均属研究范畴。据此，在检索过程中要注意筛选出国有资产的现状、监督管理中的问题、对策研究等与主题概念相关的文献。但凡对国有资产管理机构介绍性的、报道性的文献均不符合本课题的主题内容。

3. 确定所需文献的范围（包括时间、地区和文献类型等）

课题的时限有的很清楚，从题意上一目了然，有的很含糊，需要进一步分析才能确定。该课题属后一种。我们可以从题目中的"当前"用语来分析，将其时限确定在 2～3 年内。

课题的地域范围，通常在课题中都会有明确的表示。该课题从"我国"用语可知，主要限定在中国大陆范围。

课题的文献类型主要为报刊文献。

4. 明确课题对查新、查准、查全的指标要求

分析用户对检索评介指标是查新、查准还是查全。一般来说，若要了解某学科最新进展和动态，则要检索最近的文献信息，强调一个"新"字；若要解决研究中某具体问题，找出技术方案，则要检索有针对性、能解决实际问题的文献信息，强调一个"准"字；若要撰写综述、述评或专著等，强调一个"全"字。本课题主要要做到"新"与"准"。

综合上述分析，该课题的检索宽度与深度，以及具体检索操作步骤的依据就十分清晰明确了。

根据对该课题的分析，为了便于获取全文，主要考虑以数据库中的文献信息资源为主。

二、制定检索策略

1. 选择检索工具

检索工具合适与否，将直接影响到检索的质量与效率。因此，选择检索工具，一方面要根据课题的检索要求，另一方面还要根据各种检索工具或数据库的特点来确定。

依据上述对课题的分析研究，考虑现有检索条件，本课题采用机检的方式。选用的检索工具为《全国报刊索引》(数据库)、《中国学术期刊（CNKI）数据库》、《中文

科技期刊数据库》(全文版)、中国人民大学书报资料中心的《人大复印报刊资料专题全文数据库》

2. 选择检索手段

本课题主要采用计算机检索。

3. 选择检索方法

根据检索条件、检索要求和检索课题的特点，本课题选择倒查法。以了解本课题的现状、趋势等动态性信息以及最新科研成果。

4. 选择检索途径和检索标识

根据课题的已知条件和课题的范围及检索效率要求以及决定使用的检索工具，确定本课题采用主题检索途径检索。根据对课题的分析采用"企业"、"国有资产"、"监督管理"作为检索标识。

5. 构造检索式

因本课题采用计算机检索，因此可根据需要将检索课题的标识用逻辑运算符进行组配，并选择检索字段和检索提问的先后次序如下：

国有资产　AND　监督管理　AND　企业

三、具体检索查找

1.《全国报刊索引》(数据库)

根据所确定的检索方法——倒查法，以及检索途径——主题途径，在篇名中用检索词："国有资产"和"监督管理"检索，从2007年查到2005年。共检得77篇论文线索，为提高检索的准确性，加入检索调整"企业"再次检索，检得相关论文线索8篇。从两次检索结果中根据课题要求选出与课题内容相关度高的论文线索共8条。如：

题名：地方国有资产监管、国企改制辨析及其路径选择

个人著者：韩世春

团体著者：

刊名/会议名：改革

年　卷期　页：2006，(4)，10～17

摘要：地方国有资产监督管理委员会，在探索新的国有资产监管方式、继续深化国企改革等方面推出新的举措，取得了不小的成绩。但现阶段各地国有资产和国有企业改革实践中的一些思路和具体做法也存在令人疑惑之处。地方国资委职能应定位为国有资本运营机构和国企股东，通过股东会、董事会、监事会运行来履职。

2.《中国学术期刊(CNKI)数据库》

首先选择查询范围,在总目录中选择"经济与管理"。在检索项中选择"主题",使用"国有资产*监督管理*企业"作为检索词,年份选"2005"到"2007",范围为"全部期刊",共检得相关文献78条。如:

①关于加强国有资产产权监督管理若干问题的思考　孙延兵　苏盐科技 2006/04

②企业国有资产监督管理的问题与对策　乔希玲　中共山西省委党校省直分校学报　2006/04

③进一步深化国有企业和国有资产管理体制改革　郭国荣　红旗文稿 2006/02

④国资委对国有独资企业实施财会监管的探讨　綦好东　经济问题探索 2006/01

点击篇名可看到篇名、全文的 ARJ 下载和 PDF 下载、作者、作者单位、刊名、关键词、摘要、DOI、相似文献、相关研究机构、相关文献作者、文献分类导航、相关期刊。点 ARJ 下载或 PDF 下载即可看到全文。

3.《中文科技期刊数据库》(全文版)

根据课题主题内容分析所确定的学科范围以及依据检索内容提炼出的主题概念,结合检索工具《中文科技期刊数据库》(全文版)的特点。具体检索查找:选择关键词检索途径检索,检索条件:关键词=国有资产*监督管理*企业*年=2001~2007,模糊查询的查询结果:共找到 856 条。检索条件:(题名=国有资产*监督管理*企业)*Year=2001~2007,精确查询的查询结果:共找到 173 条。与课题要求贴切的如:

①企业国有资产监督管理的问题与对策　乔希玲　薛喜成　中共山西省委党校省直分校学报－2006/04

②做好企业经营业绩考核工作落实国有资产监督管理责任　刘源　国有资产管理－2005/04

③如何对国有参股企业的国有资产进行监督管理　龚斌　陕西审计－2003/03

④加强改制企业国有资产监督管理初探　何启海　商业经济与管理－2001/05

4. 中国人民大学书报资料中心的《人大复印报刊资料专题全文数据库》

根据本课题的检索要求,从"人大复印报刊资料专题全文数据目录索引"、"人大复印报刊资料专题全文数据索引总汇"、"人大复印报刊资料专题全文数据库"中选取"人大复印报刊资料专题全文数据库"进行检索。

打开"人大复印报刊资料专题全文数据库",从中选取"经济"类中的"经济类2006年四季度""经济类2006年三季度""经济类2006年二季度""经济类2006年一季度""人大全文2005年经济类专题"进行检索。

在"任意词"输入框中输入检索词:国有资产　监督管理　企业,查询结果为:在5个库中共查询到0条记录。

调整检索词,在"任意词"输入框中输入:国有资产＊监督管理＊企业,查询结果为:在5个库中共查询到139条记录。

序号	库　　名	库中文献数	命中篇数	查阅否
1	人大全文2005年经济类专题(JL)	6282	72	查阅
2	经济类2006年一季度(J1)	1717	21	查阅
3	经济类2006年二季度(J2)	1584	19	查阅
4	经济类2006年三季度(J3)	1660	16	查阅
5	经济类2006年四季度(J4)	1555	11	查阅

点击"经济类2006年三季度(J3)　1660　16　查阅"可浏览到16篇,其中12、13、14条较切合课题要求,点击第12条篇名《地方国有资产监管、国企改制辨析及其路径选择》即可打开全文进行查阅。全文格式如下:

地方国有资产监管、国企改制辨析及其路径选择
【原文出处】改革
【原刊地名】重庆
【原刊期号】20064
【原刊页号】10～17
【分类号】F10
【分类名】国民经济管理
【复印期号】200609
【英文标题】Supervision and Administration of Local State-owned Assets, Transformation of SOE System and Choice of Routes
【作者】韩世春
【作者简介】韩世春,北京市国有资产监督管理委员会规划发展处。北京　100053

【内容提要】地方国有资产监督管理委员会,在探索新的国有资产监管方式、继续深化国企改革等方面推出新的举措,取得了不小的成绩。但现阶段各地国有资产和国有企业改革实践中的一些思路和具体做法也存在令人疑惑之处。地方国资

委职能应定位为国有资本运营机构和国企股东,通过股东会、董事会、监事会运行来履职。

【摘要题】资产管理
【英文摘要】略
【关键词】国有资产/国有企业/资本运营/监管
state-owned assets,SOE,capital operation,supervision
【责任编辑】莫远明
【参考文献】略

地方国有资产监督管理委员会成立以来,在对国有企业清产核资,对企业负责人进行经营业绩考核,规范企业负责人薪酬管理,规范国有企业改制和国有产权转让等方面做了大量行之有效的工作。然而,在国有资产监管定位、国有企业改制等方面也有一些值得反思的问题。(以下全文略)

同样方法,可以对查得的其他文献线索进行分析,选择切合课题要求的文献线索,获取全文。

四、获取原始文献

将上述检索出的文献线索,利用二次文献检索工具获取原始文献;按其出处到图书馆或有关出版部门查借或复印,即可获得原文;利用馆藏目录和联合目录获取原始文献;利用文献出版发行机构获取原始文献;利用文献著者获取原始文献;利用网络获取原始文献;数据库检索出的文献可直接利用打印机打印或先下载再打印的方法获取原文。

第二节 政法类文献检索示例

课题:检索"查找近五年来我国网络犯罪的对策研究"的有关文献

一、分析检索课题

互联网与人们的生活已经密不可分。但是网络黑客、网络色情、网络知识产权纠纷、垃圾邮件等糟粕也正在将网络的副作用扩张。如果不加强对互联网犯罪对策的研究,中国互联网产业前进的步伐必将受到阻碍。随着电子商务的兴起及世界政局动荡不安因素的加剧,计算机网络犯罪的主体趋于平民化,将会更多地由个人转为集团、组织甚至国家。同时,计算机网络犯罪的危害程度明显增加,从网络赌博、电子色情、诈取金钱向政治暴乱、军事摧毁、甚至向网络恐怖主义、网上信息战争趋势发展。而计算机网络犯罪的手段越来越巧妙,犯罪领域越来越广泛。随着社会的发展,计算机网络犯罪很可能将成为犯罪的"主流",所以我们应做好对付网络犯罪的对策研究,以迎接这一挑战。

1. 弄清检索该课题的目的和意图

本课题检索目的是撰写研究论文。本课题主要是研究近五年来我国网络犯罪的类型、特点及其防治对策的研究,希望通过检索获取一批报刊论文资料。

2. 分析课题涉及的学科范围、主题要求

本课题主要涉及政治、法律专业。

3. 确定所需文献的范围(包括时间、地区和文献类型等)

查找 2003~2007 年的文献。本课题主要以国内有关网络犯罪的对策研究的报刊文献为主要检索重点。

4. 明确课题对查新、查准、查全的指标要求

如要了解科技的最新动态、学科的进展,了解前沿、探索未知,则强调一个"新"字;如要解决研究中的具体问题,则要强调一个"准"字;如要了解一个全过程、写综述、作鉴定、报成果,就要回溯大量文献,要求检索得全面、详尽、系统,则要强调一个"全"字。本课题需要以查准、查新为重点。

二、制定检索策略

1. 选择检索工具

结合课题的内容要求,考虑现有检索条件,本课题采用机检的方式。选用的检索工具为《全国报刊索引》(数据库)、《中国学术期刊(CNKI)数据库》、《中文科技期刊数据库》(全文版)、"中经网"。

2. 选择检索手段

本课题主要采用计算机检索。

3. 选择检索方法

根据检索条件、检索要求和检索课题的特点,本课题选择倒查法。以了解本课题的现状、趋势等动态性信息以及最新科研成果。

4. 检索途径和检索标识

根据课题的已知条件和课题的范围及检索效率要求以及决定使用的检索工具,确定本课题采用主题检索途径检索。根据对课题的分析采用"网络犯罪"、"对策"作为检索标识。

5. 构造检索式

因本课题采用计算机检索,因此可根据需要将检索课题的标识用逻辑运算符进行组配,并选择检索字段和检索提问的先后次序如下:

网络犯罪　AND　对策

三、具体检索,查找文献线索

1.《全国报刊索引》(数据库)

根据检索途径——主题途径,在篇名中用检索词:"网络犯罪"和"对策"检索,从 2007 年查到 2003 年,从检索结果中根据课题要求选出与课题内容相关度高的论文线索共 6 条。如:

①
题名:大学生网络犯罪及对策探析
个人著者:张树启
团体著者:
刊名/会议名:佳木斯大学社会科学学报
年 卷期 页:2006,24(4),110~111
摘要:网络犯罪在大学生中出现,为所有高校思想政治教育工作者敲响了警钟。深入了解大学生网络犯罪的现状,剖析其发生和发展的动因,从而在预防大学生网络犯罪上做文章,是我们每一位高校思想政治教育工作者的责任。

2.《中国学术期刊(CNKI)数据库》

首先选择查询范围,在总目录中选择"政治军事与法律"。在检索项中选择"主题",使用"网络犯罪 * 对策"作为检索词,年份选"2003"到"2007",范围为"全部期刊","匹配"选择"模糊"共检得相关文献 243 条。将"匹配"选择为"精确",则共检得相关文献 10 条。如:

①首都信息网络犯罪特点与对策研究　杜彦辉　网络安全技术与应用 2007/01

②网络犯罪是一种典型的最新犯罪(上)　康树华　辽宁警专学报　2006/05

③青少年网络犯罪之对策研究　舒洪水　青少年犯罪问题　2006/04

④浅谈网络犯罪的类型与对策　央吉　青海师专学报　2006/03

点击篇名可看到篇名、全文的 ARJ 下载和 PDF 下载、作者、作者单位、刊名、关键词、摘要、DOI、相似文献、相关研究机构、相关文献作者、文献分类导航、相关期刊。点 ARJ 下载或 PDF 下载即可得到全文。

3.《中文科技期刊数据库》(全文版)

根据课题主题内容分析所确定的学科范围以及依据检索内容提炼出的主题概念,结合检索工具《中文科技期刊数据库》(全文版)的特点。具体检索查找:选择关键词检索途径检索,检索条件:关键词=网络犯罪 * 对策 * 年=2003~2007,模糊查询的查询结果:共找到 54 条。精确查询的查询结果:共找到 21 条。与课题要求贴切的如:

①我国网络犯罪的变化趋势及防治对策　陆晨昱　公安理论与实践:上海公安高等专科学校学报－2006年5期
②中美预防未成年人网络犯罪问题比较　马治国　李晓鸣　美中法律评论－2005年6期
③大学生网络犯罪及对策探析　　张树启　佳木斯大学社会科学学报－2006年4期
④网络对青少年犯罪的影响及对策　　任月勤　江西青年职业学院学报－2006年2期

4."中经网"的检索

根据课题主题内容分析所提炼出的主题概念,结合"中经网"的特点,具体检索查找:选择全文检索途径检索,在检索输入框中输入检索词:网络犯罪,点击"GO",获得如下检索结果:

检索站点:整个站点;检索范围:全文;任意词:"网络犯罪";查询结果:共127篇;

通过浏览发现检索准确性不高,选择"在结果集中检索"。在检索输入框中输入检索词:中国,点击"GO",检索结果如下:

检索站点:整个站点;检索范围:全文;任意词:"中国" and "网络犯罪";查询结果:共84篇;

其中与课题相关的文献如:
①熊光楷:信息时代的国家安全(2007－05－09 08:48:31)
②中国网络犯罪威胁国家利益　恶意软件问题突出(2006－12－28 08:42:19)
③我国网络安全建设快步推进(2006－05－22 00:00:00)
点击篇名即可打开全文。

四、获取原始文献

将上述检索出的文献线索,按其出处到图书馆或有关出版部门查借或复印,即可获得原文。数据库检索出的文献可直接利用打印机打印或先下载再打印的方法获取原文。

第三节　文史类文献检索示例

课题:某高校教授准备开设"鲁迅及其作品"的讲座,需要全面了解鲁迅的人生经历、生活的时代背景、代表作品、作品的风格特点及其对社会的影响。

检索鲁迅相关的文献资料可分以下几步进行：

一、分析检索课题

1. 弄清检索该课题的目的和意图

该课题提问范围较宽，答案具有一定的伸缩性，可以判断这是一个专题文献的检索课题，需要利用多种检索工具，采取多种检索方法进行检索。

2. 分析课题涉及的学科范围、主题要求

因为本课题涉及具体人物，所以检索时既要查考鲁迅生平简历，又要查考其作品概况，还要查询鲁迅及其作品的评论性的文献，这样才能全面系统收集"鲁迅及其作品"这个专题的有关文献，具体检索时就应从生平、作品和评论三条线分别检索。

3. 确定所需文献的范围（包括时间、地区和文献类型等）

本课题内容涉及的时间跨度较大，可将重点放在1949～2007之间。

所查文献地域范围可主要限定在中国大陆范围。

课题的文献类型主要为报刊文献、图书、工具书等。

4. 明确课题对查新、查准、查全的指标要求

通过对课题题意的分析我们可以看到，本课题重要的是检索结果的质量，也就是检索结果的经典性、代表性，因此查准为首要，检索结果要围绕课题主题。其次是检索结果应具有一定的新颖性。

二、制定检索策略

1. 选择检索工具

检索时就应从生平、作品和评论三条线分别选择相应的检索工具。

（1）查找鲁迅的生平简历及其传记资料

查出鲁迅的姓名、字号、国别、朝代、籍贯、职业、著述以及一生主要活动与事迹。在查考这类文献时，首选考虑的是《辞海》，因为它收录人物7000条左右，可查到古今中外各类名人的生平简介，而各种人名辞典则是查考人物生平简历的主要工具书。我们可以利用《中国文学大辞典》、《鲁迅简明词典》、《中国大百科全书》等。传记是叙述人物生平事迹、思想、学术、著作的重要个人资料，而查考传记资料，主要通过日记、书信、年谱、传记资料等工具书，如《鲁迅年谱》。另外笔名是作者发表文章时题署的别名，这是文坛上的一种特殊现象。笔名常常可以从一个侧面反映作家复杂的思想情感，记录人世沧桑、个人坎坷的经历和遭遇、作者执著的探索与追求，显示出作者的性格与他所处的时代特征。许广平指出：鲁迅的笔名，深深地打上了时代的烙印，记录了他的思想变迁的历程，表现了一个伟大革命家韧性战斗的精神和灵活巧妙的战斗艺术。我们也可以从笔名来查找其相关文献,如要了解鲁迅笔名可查《鲁迅名号笔名年里录》,该书是鲁迅笔名记录中较为完备的一种工具书,该书最后附有《鲁迅谈笔名》、《鲁迅笔名研究资料索引》,提供了进一步研究鲁迅笔名的资料线索。《鲁迅笔名索解》、《鲁迅笔名探索》等也是查询鲁迅笔名的重要工具书。

(2) 查找鲁迅的作品

可利用的二次文献书目有《全国总书目》、《全国新书目》、《中国国家书目》、《中国出版年鉴》、《中国现代作家著作目录》、《中国现代文学史资料编目》、《中国现代文学作家著作联合目录》等。从这些书目中可全面了解鲁迅撰写和发表的作品有哪些,进而找到所需阅读和研究的原著。

(3) 查找鲁迅及其作品的研究评论资料

可通过以下途径进行资料收集:

①利用专题性的工具书,如《鲁迅研究书录》、《鲁迅研究资料编目》、《鲁迅研究资料编目索引》、《鲁迅手迹和藏书目录》、《鲁迅著作系年目录》等二次文献来查找。还可利用综合性的报刊资料索引来查,如《全国报刊索引》的哲社版、《复印报刊资料》、《全国高等院校社会科学学报 1906～1949 总目录》等,均可按专题查到相关的报刊上发表的研究和评论性的论文。

②鲁迅生平史料或研究的文献资料,如许寿裳的《亡友鲁迅印象记》、《我所认识的鲁迅》、周作人的《鲁迅的故家》、许广平的《欣慰的纪念》、《鲁迅回忆录》、冯雪峰的《回忆鲁迅》、周建人和茅盾等著的《我心中的鲁迅》等。

③收集专家研究鲁迅的有关文献资料。鲁迅研究专家沈雁冰、冯雪峰、李何林、王瑶、陈涌的研究鲁迅的论文是研究鲁迅的重要文献,如王瑶的《鲁迅作品论集》、陈涌的《鲁迅论》、刘再复的《鲁迅美学思想论稿》、陈鸣树的《鲁迅小说论稿》等。这些研究资料对全面了解鲁迅及其作品有很重要的参考价值。此外,中国社会科学出版社出版的《六十年来鲁迅研究论文选》,也可查到有关鲁迅的研究论文。

上述文献均是利用手工检索工具来进行检索的,随着现代信息技术的发展和利用,网络为我们检索电子信息提供了方便。我们可利用光盘数据库和网上信息来检索。有关鲁迅的网站如:鲁迅中文网(http://www.lu-xun.com.cn)、鲁迅纪念馆(http://luxun.chinaspirit.net.cn)、绍兴鲁迅纪念馆(http://www.luxunhome.com)等,光盘数据库有《中国学术期刊》,它的文史哲专辑为我们迅速查找近十年来研究鲁迅的期刊论文提供了有利条件。

2. 选择检索手段

本课题主要采用手工检索和计算机检索相结合的方式。

3. 选择检索方法

根据检索条件、检索要求和检索课题的特点,本课题选择倒查法。

4. 选择检索途径和检索标识、构造检索式

根据课题的已知条件和课题的范围及检索效率要求,依据不同检索工具的检索途径,确定相应的检索标识。

检索工具确定以后,应根据课题的具体要求及检索工具所提供的索引来确定采用何种检索途径进行查找。一般常用的有分类、主题、著者、题名等几种途径。从本课题来看,可从多种途径进行检索。如利用《全国总书目》检索时,可利用其分类目录查找出一批鲁迅著作及研究鲁迅的图书资料;利用《中国大百科全书》的内容索引,可从主题角度查找出一批有关鲁迅的文献;利用《中国学术期刊》数据库检索时,从题名字段即可查找到许多研究鲁迅及其作品的论文资料;利用《鲁迅研究书录》检索时,可从著者角度(如许广平、沈雁冰、冯雪峰等鲁迅研究专家)查找到他们所著的研究鲁迅的文献。

三、具体检索查找

我们以下列工具书为例,介绍具体的检索过程。

1.《辞海》(1989 年版)

《辞海》有笔画索引、汉语拼音索引、四角号码索引等索引,这些索引为我们查找文献提供了方便,本课题要查"鲁迅及作品"只要将"鲁迅"作为检索词,在笔画索引中按十二画,起笔为[丿乙],在汉语拼音索引中按 LU 的拼音顺序以及在四角号码索引中按"2760"顺序就可查到"鲁"字在 5704 页。然后翻到 5704 页,即可查到:鲁迅是中国文学家、思想家和革命家。20 世纪 20 年代陆续出版了《呐喊》、《彷徨》、《野草》、《朝花夕拾》、《华盖集》、《华盖集续编》等专集,表现了他的爱国主义和彻底革命民主主义的思想特色。从 1927 年到 1935 年,鲁迅创作了《故事新编》中的大部分作品和《而已集》、《二心集》、《伪自由书》、《且介亭杂文》等杂文集。这是利用题名进行检索的方法。

2.《中国大百科全书》

众所周知,鲁迅在我国文学史上占有很重要的地位,《中国大百科全书》是按学科分类分卷出版的,所以我们只要在中国文学卷中即可查到相关文献。具体过程:在《中国大百科全书》中国文学Ⅰ卷中的条目分类目录中,按中国文学－现代文学－散文家(或小说家、理论评论家)－鲁迅的顺序可查到"鲁迅幼名樟寿,字豫山"等详细内容。这是利用分类途径查找的方法。《中国大百科全书》附有"内容索引",该索引实际上是内容的主题分析索引,所以我们还可以从主题角度来查,确定主题词为"鲁迅",按汉语拼音字母的顺序在中国文学Ⅱ卷的"内容索引"中查知"鲁迅 472e、20c、998a、1054c、1071c",翻到相应的页码和版面区域,即可查知"鲁迅是他 1918 年发表《狂人日记》时开始使用的笔名"等有关内容。

3.《鲁迅简明词典》

该书设有分类目录,将全部内容分为生平活动、《鲁迅选集》篇目及作品集、书籍、作品、笔名、团体、流派等十二大类,然后同类再按笔画顺序排列,书后附有汉语拼音索引,我们可根据课题需要,只要找鲁迅生平作品、笔名等方面内容即可,如笔名,只要根据"笔名"在 463 页就可以按笔名的笔画顺序查到"丁萌、巴人、孺牛"等鲁迅用过的一百多个笔名。

4.《鲁迅年谱》

该书是查找鲁迅有关文献的重要检索工具书。它按时间顺序介绍了鲁迅生平事迹和所有著作及译文,书信、日记也部分选收。书后附有"鲁迅著译书名篇目索引"、"鲁迅笔名表"等。所以只要按时间顺序就可以查找到有关鲁迅的文献。

5.《全国总书目》1991 年版

《全国总书目》是按分类进行编排的,具体检索时就可以从分类途径进行,先分析课题,利用"分类目录目次"确定分类号"I 210 鲁迅作品",获知该类文献在 905 页,然后翻到 905 页仔细阅读,就可查找到 1991 年出版的鲁迅的作品及鲁迅研究的图书的一些信息。如《鲁迅选集》、《上海鲁迅研究》、《鲁迅与中外文化》。

6.《鲁迅研究书录》(1986)

该书的收录范围,是以研究鲁迅的专著为主,其次是研究鲁迅专刊和有关文集。它以分类为主,书后附有"著者人名索引",所以我们可从著者角度查找,如我们想了解许广平所著有关鲁迅的文章,即可按"许"的汉字笔画"六画"顺序在"著者人名索引"中查知"许广平 0030 0048 0049 0082"等,按顺序号 0030 等到正文中可获知:《鲁迅回忆录》,许广平著,1961 年 5 月作家出版社出版,168 页;《欣慰的纪念》,许广平著,1981 年 5 月,人民文学出版,200 页。

7. 中国知识资源总库《中国图书全文数据库》

如要查 1949～2007 年间有关鲁迅的图书,只要在题名检索字段中输入"鲁迅",即可查出有关图书共 32 条,如《鲁迅文集》、《鲁迅作品的教学与研究》、《鲁迅散文、杂文》、《鲁迅小说》等。

8.《全国报刊索引》(数据库)

根据检索要求选择相应的数据库进行检索。如:选择"主题"途径,输入检索式"鲁迅",数据库为"社科 2004 年数据库"进行检索。共检得与鲁迅相关的记录 57 条。例如:

序号   04002608
分类   I210.97;I054
题名   鲁迅对中国现代小说理论的贡献
著者   谢昭新

单位　安徽师范大学文学院,241000
刊名　安徽师范大学学报:人文社科版
年份　2003,31(5).—568—575
主题　鲁迅;小说理论;典型;方法;体式
文摘　鲁迅是中国现代小说及现代小说理论的开创者,他的小说理论开创性特色主要表现,小说观念的创新为人生的启蒙主义小说观,小说本体艺术的典型化理论,多样开放的小说谩骂创作方法;小说体式的独创性。

其次,还可根据检索途径——全字段途径,用检索词:"鲁迅"检索,从"社科2004年数据库"中共命中622条记录。

依同样方式,可从其他年份数据库中检索相关文献线索。

9.《中国学术期刊(CNKI)数据库》

(1)根据检索要求,查鲁迅的作品

选择查询范围,在总目录中选择"文史哲"。在检索项中选择"作者",使用"鲁迅"作为检索词,年份选"1999"到"2007",范围为"全部期刊","匹配"选择"精确"共检得如下相关文献37条。如:

[1]鲁迅.在酒楼上[J].名作欣赏,2007,(7).

[2]鲁迅.伤逝——涓生的手记[J].名作欣赏,2006,(23).

[3]鲁迅.无题——为纪念鲁迅先生辞世七十周年而作[J].音乐创作,2006,(5).

[4]鲁迅.秋夜[J].东方少年(阳光阅读),2005,(10).

(2)根据课题要求,检索有关鲁迅的评论

选择查询范围,在总目录中选择"文史哲"。在检索项中选择"篇名",使用"鲁迅"作为检索词,年份选"1999"到"2007",范围为"全部期刊","匹配"选择"模糊"共检得相关文献12680条。如:

[1]孟庆顺.鲁迅作品中模糊语言的构成方式及表达功效[J].现代语文(语言研究版),2007,(4).

[2]曹颖群.鲁迅作品的语言特点[J].现代语文(语言研究版),2007,(4).

[3]赵京立.鲁迅小说的绘画性特征[J].现代语文(文学研究版),2007,(4).

[4]戴光明.从文言小说《怀旧》看鲁迅的初声吟唱[J].现代语文(文学研究版),2007,(4).

10.《万方数据资源系统》

它所提供的学位论文库也可为我们查找有关研究鲁迅的学位论文。如我们在学位论文库的全文字段中输入"鲁迅"作为检索词,即可查到《论鲁迅的杂文》、《从〈野草〉看鲁迅的生命意识》、《鲁迅与新民主主义文化观》、《鲁迅诗歌情感论》、《论鲁迅的编辑出版思想》等 23 条有关鲁迅的学位论文信息。

11. 利用搜索引擎检索

搜索引擎在收录信息时，一般都在内容、信息源类型、搜索空间、网络信息组织的级别（网站级、网页级等）进行考虑。

本例以百度搜索引擎为例介绍"鲁迅简历"的检索。百度搜索引擎提供三种检索方式：分类检索，普通检索和高级检索，提供"二次检索"功能。

普通检索简单方便。在首页面的检索词输入框中，输入查询内容并敲一下回车键（Enter），即可得到相关信息。在相关信息中可以进行二次检索——在结果中找。输入的查询内容可以是任意一个字、一个词语、多个词语、一句话。百度搜索引擎严谨认真，要求"一字不差"，不支持"词干法"和"通配符"等，要求所输检索词完整、准确，才能得到最准确的信息。

检索中可以运用布尔逻辑运算符组配检索式进行检索。在关键词之间插入"空格"、"|"、"—"，可指定查询串中各关键词间"与"、"或"、"非"的关系。不支持"AND"、"+"等符号的使用，自动带有"AND"的功能，使用类似功能时只需在两个关键词之间加空格即可。注意，前一个关键词，和减号之间必须有空格，否则，减号会被当成连字符处理，而失去减号语法功能。减号和后一个关键词之间，有无空格均可。例如：

"武侠小说—古龙"表示检索"武侠小说"，但"古龙"的不要。

"武侠小说 古龙"表示检索古龙的武侠小说，其他的不要。

"武侠小说|古龙"表示检索"武侠小说"，或者古龙这个人。

百度的高级检索是针对不熟悉百度各种查询语法的用户设计的，使用百度集成的高级搜索界面，可以方便地做各种搜索查询。在高级检索的页面上，搜索结果：包含以下全部的关键词（相当于逻辑"与"）；包含以下的完整关键词（相当于"双引号"不能拆分检索词）；包含以下任意一个关键词（相当于逻辑"或"）；不包括以下关键词（相当于逻辑"非"）。其实就是检索技术的"傻瓜化"语言解释。

要检索鲁迅的简历，可使用普通检索。

检索词：鲁迅　简历

点击"百度搜索"按钮进入检索结果页面，可得所需要的记录。找到相关网页约 476,000 篇。

点击打开"鲁迅简介简历生平事迹—教育资源信息网—http://www.cnhao.cn..."可得到鲁迅简历如下：

鲁迅（1881—1936）中国现代伟大的文学家、思想家和革命家。原名周树人，字豫才，鲁迅是他 1918 年起使用的笔名。出生于浙江绍兴县一个败落的封建家庭。

鲁迅青年时代受进化论思想影响。1902 年东渡日本留学，原学医，后从事文艺创作,企图用以改变国民精神。1907年,以孙中山为首的革命派和以康有为、梁启超为首的改良派展开大论战时,鲁迅发表论文,站在革命派一边。1909年回国,先后在杭州、绍兴任教。辛亥革命后,曾在北京大学、女子师范大学等校授课。1918年5月,首次用"鲁迅"的笔名,发表中国现代文学史上第一篇白话小说《狂人日记》,大胆揭露人吃人的封建礼教,奠定了新文学运动的基石。五四运动前后,参加《新青年》杂志工作,站在反帝反封建的新文化运动的最前列,猛烈抨击封建文化与封建道德,成为"五四"新文化运动的伟大旗手。1918年至1926年间,陆续创作出版了《呐喊》、《坟》、《彷徨》、《华盖集》等专集,表现出爱国主义和彻底革命民主主义的思想特色。在此时期,鲁迅开始接触马列主义。1926年8月,因支持北京学生爱国运动,为反动当局所通缉,南下先后在厦门大学、中山大学任教。"四一二"反革命政变后,愤而辞去中山大学职务。1927年10月到达上海,认真研究马列主义理论。1930年起,先后参加中国自由运动大同盟、中国左翼作家联盟和中国民权保障同盟,不顾国民党政府的种种迫害,积极参加革命文艺运动,介绍马克思主义文艺理论,在中国共产党的领导下,和其他革命文艺战士一起,同国民党政府御用文人及其他反动文人进行了不懈的斗争,粉碎了反动派的文化"围剿"。而共产主义者的鲁迅,正是在这一"围剿"中,成了中国文化革命的伟人。1936年初,"左联"解散后,响应党的号召,积极参加文学界和文化界的抗日民族统一战线。鲁迅后十年的杂文,是以马克思主义思想为指导,创造性地、深刻地分析了各种社会问题,表现出高瞻远瞩的政治远见和坚忍不拔的战斗精神。鲁迅的一生,对中国文化事业做出了巨大的贡献,被人们誉为"民族之魂"。

1936年10月19日病逝于上海。1938年出过《鲁迅全集》(二十卷)。建国后,鲁迅著译已分别编为《鲁迅全集》(十卷)、《鲁迅译文集》(十卷)、《鲁迅日记》(二卷)、《鲁迅书信集》等。1956年,鲁迅遗体从上海虹桥万国公墓以葬虹口公园,毛泽东亲自为重建的鲁迅墓题字。北京、上海、绍兴等地先后建立了鲁迅博物馆、纪念馆等。

也可根据"相关搜索"选择"鲁迅的简历"或"鲁迅个人简历"进行检索。

四、获取原文

查到文献线索后,要对其进行甄别,剔除不需要和重复的文献。现在多数数据库系统都带有全文,可以直接点击链接进行浏览、打印或下载。如果获得的是文献线索,一般可根据线索先从馆藏中获取原文,如馆藏未收,可通过相关的互借系统进行复制、订阅或申请订购。对各类文献信息的获取,要视检索工具和馆藏的具体情况而定。

根据以上检索结果,可以获知很多本课题的相关文献,说明有关鲁迅的作品及研究的著作有许多,删去一些内容重复的,就可以得到一份完整的体现鲁迅生平、作品和评论的专题文献,将形成的专题文献资料交课题用户进行进一步研究。

总之,在检索过程中,要善于综合利用多种检索工具,并注意它们各自的优缺点,充分利用检索资源才能获得圆满的答案。

参考文献

1. 江友霞,常思浩,王涛.信息检索教程[M].北京:人民邮电出版社,2013
2. 陈氢,陈梅花.信息检索与利用[M].北京:清华大学出版社,2012
3. 计斌.信息检索与图书馆资源利用[M].北京:人民邮电出版社,2013
4. 李澄君,罗学妹.社科信息检索与利用[M].北京:人民出版社,2011
5. 费业昆.信息检索综合教程[M].北京:中国电力出版社,2013
6. 邓发云,杨忠,吕先竞.信息检索与利用[M].北京:科学出版社,2010
7. 李玉莲,陈文.信息检索与知识创新[M].重庆:重庆大学出版社,2011
8. 陆宏弟.网络环境下的文科信息检索[M].上海:上海交通大学出版社,2009
9. 严大香.社会科学信息检索[M].南京:东南大学出版社,2006
10. 彭奇志.信息检索与利用[M].北京:中国轻工业出版社,2013
11. 魏联华,孙艳美.信息检索与利用[M].北京:知识产权出版社,2011
12. 赵国璋,等.社会科学文献检索(增订本)[M].北京:北京大学出版社,2005
13. 凤元杰.文献信息检索[M].北京:科学出版社,2010
14. 袁曦临.信息检索:从学习到研究[M].5版.南京:东南大学出版社,2011
15. 红岩,坤燕昌,罗明英.信息检索实训教程[M].成都:四川大学出版社,2012
16. 王兰成.信息检索原理与技术[M].北京:高等教育出版社,2011
17. 郑瑜,魏毅.信息检索教程[M].武汉:人民邮电出版社,2012
18. 葛怀东.文献检索与利用:人文社科[M].上海:交通大学出版社,2010
19. 李爱明,明均仁.信息检索教程[M].武汉:华中科技大学出版社,2012
20. 陈茁新.信息检索与利用实用教程[M].北京:国防工业出版社,2011
21. 赵乃瑄.实用信息检索方法与利用[M].2版.北京:化学工业出版社,2013
22. 张怀涛,黄健,岳修志.信息检索新编[M].武汉:武汉大学出版社,2012
23. 朱红,朱敬,李淑青.网络信息检索与利用[M].北京:人民邮电出版社,2010
24. 邹广严,王红兵.信息检索与利用[M].北京:科学出版社,2011
25. 靳小青.信息检索[M].北京:人民邮电出版社,2010
26. 许福运,张承华.信息检索理论与创新[M].北京:高等教育出版社,2012
27. 曾英姿.信息检索与利用[M].成都:四川大学出版社,2013
28. 王立诚.科技文献检索与利用[M].5版.南京:东南大学出版社,2014